歴墾ビブリオ

戦国時代の地域史③

安芸・備後の戦国史

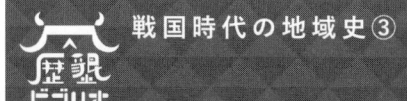

●境目地域の争乱と毛利氏の台頭

光成準治 著

法律文化社 歴墾舎

はしがき

広島・山口・島根・鳥取・岡山の五県は、現在の一般的な地域区分では「中国」に分類されている。その語源は、律令体制下における都からの距離に応じた区分（「近国」と「遠国」の中間）にあると考えられるが、その範囲が右記の五県の地域に定着していくのは南北朝期である。広島県は東を岡山県、西を山口県に接し、中国地域の中でも東西の中間に位置する。また、広島県は瀬戸内海に面しており、日本海には面していない。ところが、広島県の分水嶺は岡山県や山口県との県境付近では島根県との県境にほぼ重なっているが、中央部では県内に大きく入り込んでいる。したがって、広島県北部は流域でみると、日本海につながる地域が少なくない。さらに、廃藩置県以前には、広島県に相当する地域の西部は安芸国、東部は備後国で、備後国は古代吉備国が分かれて成立したものである。このため、中世になっても備後国は東方面とのつながりも強かった。

このような地理特性や国の成り立ちなどを反映して、安芸・備後国は室町期においても、中央政権の影響力の強い地域と中央政権から自立的な地域大名の支配する地域との「境目」としての性格を帯びる地域だった。一方、南北朝合一時の守護職には幕府中枢にあった細川氏が補任されていたが、応永年間以降、山名氏が両国の守護に補任されている。もっとも、安芸・備後国は山名氏分国の周縁部に位置するため、その支配は不安定だった。東部は都にも相対的に近く、備後国に隣接する備中国の守護職に細川氏が補任されていたため、細川氏の影響力も強かったが、西部は安芸国に隣接する周防国守護大内氏が徐々に影響力を広げつつあった。

そのような状況下で勃発した応仁・文明の乱の後、山名氏による安芸・備後国支配は次第に弱体化していく一方で、西からの大内氏の進出は促進されていった。また、右記の分水嶺が示すように日本海側とのつながりも強かったため、出雲国を統一した尼子氏が南下を進めた。戦国初期には細川氏の影響力も色濃く残っていた。そのため、安芸・備後国人衆は対立する勢力の狭間で、国外勢力に対抗するために一揆を結び、あるいは対抗を諦め国外勢力に従属するなど、家の存続のために苦闘した。最終的に毛利元就を盟主として国外勢力を駆逐。元就は中国地域の過半を制圧して、戦国大名となる。元就の後継者輝元は、織田信長の天下一統戦争に対抗したが、信長横死後、羽柴秀吉と講和して、豊臣政権下において中国地域八カ国を領有する大大名となったが、秀吉死没後の関ヶ原合戦において徳川家康に敵対して、戦後は周防・長門二国に減封され、広島県を去る。安芸・備後二国には関ヶ原合戦において東軍として活躍した福島正則が封じられ、安芸・備後国の戦国期は終焉を迎えた。

本書では、こうした応仁・文明の乱から関ヶ原合戦に至る約一三〇年間の政治史を中心に、宗教・文化、経済流通・民衆生活、城郭など、多角的な面から戦国時代の広島県の実像に迫っていく。とりわけ、従来の通史においては十分な考察が行われていなかった守護山名氏や、「国衆」とも呼ばれる有力な国人層に注目して、その動向を追っていきたい。

なお、広島県の県史編纂事業（中世分）は、一九七三〜八〇年に刊行された資料編、一九八四年に刊行された通史編が直近のものである。また、当時の戦国期に関する研究を総括することを目的に刊行された『戦国大名論集』のうち、『毛利氏の研究』と『中国大名の研究』も一九八四年の刊行で、いずれも約四〇年が経過している。この間の新史料の発見、研究の進展によって、政治史のほか、宗教・文化、経済流通・民衆生活、城郭いずれの分野においても、『広島県史』や『戦国大名論集』に記述された内容には見直しを迫られている箇所が少なくない。

本書の第Ⅰ部は、『広島県史』通史編の記述を踏まえたうえで、近年の先行研究の成果に学びつつ、現時点における私見も加えて、広島県における戦国期の政治動向を追っていったものである。そして第Ⅱ部は、宗教・文化、経済流通・民衆生活、城郭といった政治史以外の分野のうち、近年に研究が深化している分野を取り上げて詳述したものである。

右記のような方針に基づき執筆したため、巻末に記載した参考文献は、主に一九九〇年以降に発表されたものに限定している。それ以前の研究については『広島県史』や『戦国大名論集』をご参照いただきたい。また、『広島県史』以降に編纂された市町村史の記述も本書においては参照したが、直接引用した記述や史料を除き、参考文献としての記載は割愛した。さらに、参考文献や引用史料については、再録されたものや複数の刊行物に掲載されているものもあるが、読者の便宜を考慮し、比較的直接手に取りやすいものを記載している。紙幅の関係から本書においては十分に言及できなかった内容も少なくない。参考文献をぜひご一読いただきたい。

目　次

はしがき

第Ⅰ部　国人衆たちの争乱から盟主・毛利氏の台頭へ

第一章　応仁・文明の乱の波及と守護・国人……3

1　中世前・中期における安芸・備後の地域構造　3
承久の乱までの安芸・備後国　承久の乱後から鎌倉幕府滅亡までの安芸・備後国　南北朝期から応仁・文明の乱に至るまでの安芸・備後国守護職　応永の安芸国人一揆

2　応仁・文明の乱の勃発と安芸・備後国守護山名氏の内紛　12
宗全・勝元の関係と山名八郎の備後下向　山名是豊は備後国守護だったのか　応仁・文明の乱の勃発と是豊の離反　宮上野守の謎

3　応仁・文明の乱の展開と安芸・備後国人　17
東軍に荷担した備後国人　杉原氏一族　安芸国における大内・山名方と細川方との対立　応仁・文明の乱勃発当初の安芸国　山名是豊の下向

4　混迷する安芸・備後　24

毛利豊元の西軍荷担　毛利氏一族の動向　武田元綱の西軍荷担　西軍の優位と毛利氏・宍戸氏・高橋氏の動向

5　応仁・文明の乱の終結と安芸・備後　30

大内道頓の乱と安芸国　高山城攻撃　高山城合戦の終結

第二章　大内氏・尼子氏の安芸・備後への進出……38

1　山名氏の内紛・明応の政変と安芸・備後　38

山名氏内紛の勃発　山名氏内紛の影響　山名氏内紛の終結と備後国人の動向　大内氏と安芸国人　細川政元の巻き返しと宍戸氏の動向　明応の政変後の備後・安芸国

2　大内義興の上洛と安芸国人一揆契約　48

足利義尹の下向　義尹下向の影響　義尹の上洛　安芸国人一揆　小早川氏・毛利氏における変化　義尹上洛前後期の備後国人

3　安芸・備後における反大内勢力の蜂起　56

武田元繁の蜂起　尼子氏と安芸・備後北部の国人　尼子経久指嗾説の評価　有田中井手合戦　高橋興光離反の決着

4　尼子氏の進出と元就の毛利家継承　64

山内氏の台頭　備後国における大内方と反大内方　大内氏の安芸国進攻　安芸国人の向背　尼子方国人の帰服　細沢山合戦　尼子勢の撤退

第三章　戦国大名毛利氏の成立……74

1　高橋氏の滅亡と郡山合戦　74

高橋氏滅亡の謎　高橋氏滅亡の謎に迫る　高橋氏滅亡の影響　山内氏の尼子氏への

屈服　平賀氏の内紛　郡山合戦前夜　郡山合戦　元就と宍戸氏

2　大内義隆の安芸・備後国制圧　87

武田氏・厳島神主家の滅亡　大内義隆の出雲遠征　大内勢の撤退とその影響　山名理興の備後国下向　神辺合戦　宮氏の動向

3　毛利氏の台頭　95

元春の吉川家への入嗣　隆景の小早川家への入嗣　大内義隆排斥の企て　安芸国人はなぜクーデタに賛同したのか　宮上野介家の滅亡と高杉合戦

4　大内氏の滅亡　104

防芸引分　広島湾頭・山里周辺における合戦　厳島合戦　厳島合戦前後の備後国　防長進攻

第四章　毛利氏領国の拡大と織豊期の安芸・備後……116

1　尼子氏・大友氏との抗争　116

出雲富田城の攻略　杉原盛重と伯耆戦線　大友氏との抗争　尼子氏再興活動の勃発　尼子氏再興活動の鎮圧

2　毛利氏の最盛期　123

御四人体制と元就の死　備中兵乱　足利義昭の鞆下向　毛利氏の栄華　毛利氏栄華の陰り

3　毛利氏と秀吉　130

毛利対織田戦争の勃発　上原氏の離反　備中高松城の戦い　杉原氏討伐　国人統制の進展　豊臣政権への服属

4　毛利氏領国の変革と関ヶ原合戦　138

軍事力編成の変革　有力な国人の給地替え　関ヶ原合戦　毛利氏減封　福島正則の入部と大坂の陣

第Ⅱ部　守護権力・毛利氏・国人領主の興亡とともに変容した社会

第五章　守護・毛利氏とともに変容した宗教・文化……149
1　安芸一宮厳島神社　149
戦国前期の厳島神社　大内氏支配下の厳島神社　毛利氏支配下の厳島神社　厳島神社の神事と摂末社
2　備後一宮吉備津神社とその他の寺社　155
備後一宮吉備津神社　吉備津神社と宮氏・毛利氏　その他の寺社と守護、毛利氏
3　安芸・備後における建築物・文芸　159
厳島神社・極楽寺の戦国期建築物　厳島神社と能楽　毛利氏をめぐる文芸
第六章　複層的な地域経済と人々の暮らし……164
1　東西・南北流通経済とともに栄えた安芸・備後　164
守護・毛利氏・国人層の流通支配　山陽と山陰を結ぶ交通路　港湾都市尾道と守護権力　戦国後期の尾道　海賊と港　鞆の直轄化
2　安芸・備後一宮門前町などで暮らした人々の生活　172

守護・毛利氏の商業統制　毛利期以前の厳島と町衆　毛利氏の厳島町支配　備後吉備津神社門前町　廿日市の町
3　安芸・備後において活動したさまざまな民と貨幣　181
貨幣からみた経済政策　守護・国人・毛利氏と職人　広島湾周辺の海・川の民
4　毛利氏とともに変わりゆく村　185
戦国初期の荘園　戦国期における郷村の変容　惣国検地の実施　惣国検地期の村　兼重蔵田検地と村
第七章　安芸・備後の主要城郭の構造……194
1　安芸の主要城郭　194
郡山城　広島城　日山城　五龍城　高松城　金山城　米山城・生城山城　頭崎城　高山城・新高山城　俵崎城
2　備後の主要城郭　215
比叡尾山城・比熊山城　甲山城　神辺城　相方城
参考文献　225
あとがき　235
関係年表　239
事項索引
人名索引

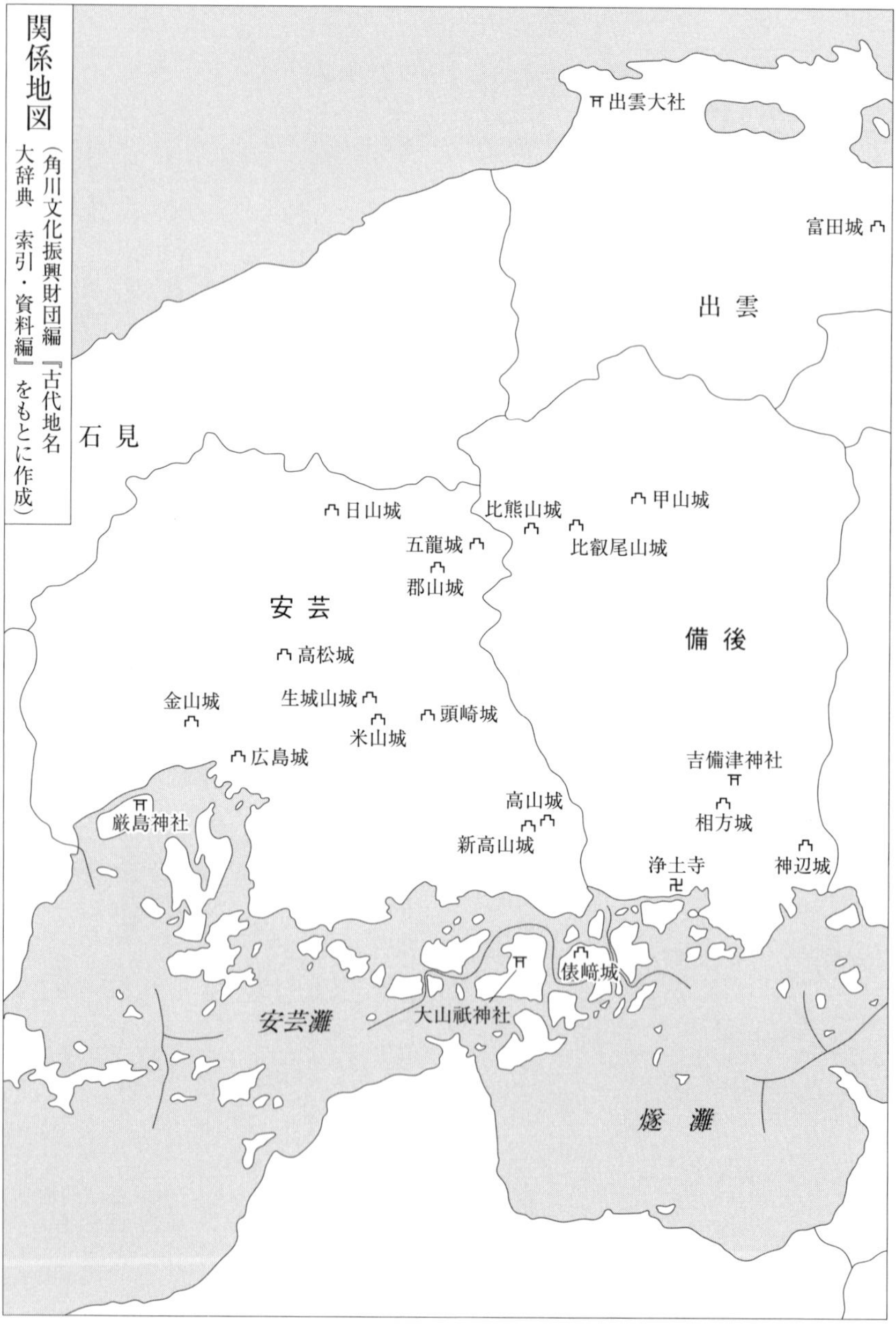

関係地図（角川文化振興財団編『古代地名大辞典　索引・資料編』をもとに作成）

第Ⅰ部　国人衆たちの争乱から盟主・毛利氏の台頭へ

「毛利元就御座備図」（萩博物館所蔵）

第一章　応仁・文明の乱の波及と守護・国人

本章では、応仁・文明の乱が安芸・備後国にどのような影響を及ぼしたか、両国の守護山名氏、かつての両国の守護で幕府中枢にある細川氏、隣接地域を支配する大名大内氏と、安芸・備後国人層との関係に着目しながら、読み解いていく。

第1節では、中世安芸・備後国の地域構造について、応仁・文明の乱勃発以前を中心に整理しておく。第2節では、西軍の首将山名宗全の子是豊の東軍荷担に注目する。第3節では、乱勃発当初の安芸・備後両国における戦闘の展開をみていく。第4節では、両国における戦況が西軍有利へと転じる契機となった、毛利豊元や武田元綱の東軍からの離反の背景を探る。第5節では、東西両軍の最後の決戦となった高山城（沼田小早川家の居城）合戦を中心に、乱終結への道程を辿る。

1　中世前・中期における安芸・備後の地域構造

承久の乱までの安芸・備後国

平家政権下における安芸国は、清盛ら平家一門の崇敬する厳島神社の神主佐伯景弘が、寿永元年（一一八二）に安芸守に任じられるなど、平家の影響力がきわめて強い地域だった。そのため、沼田庄（三原市）・三入庄（広島市安佐北区）・安摩庄（広島市安芸区・呉市・江田島市など）といった平家との関連がうかがえる荘園や、平家の崇敬を背景に拡大した厳島神社領の荘園が多くみられる（図1-2）。また備後国においても、大田庄（世羅町）・信敷庄・地毗庄といった平家との関連がうかがえる荘園がみられる（図1-1）。

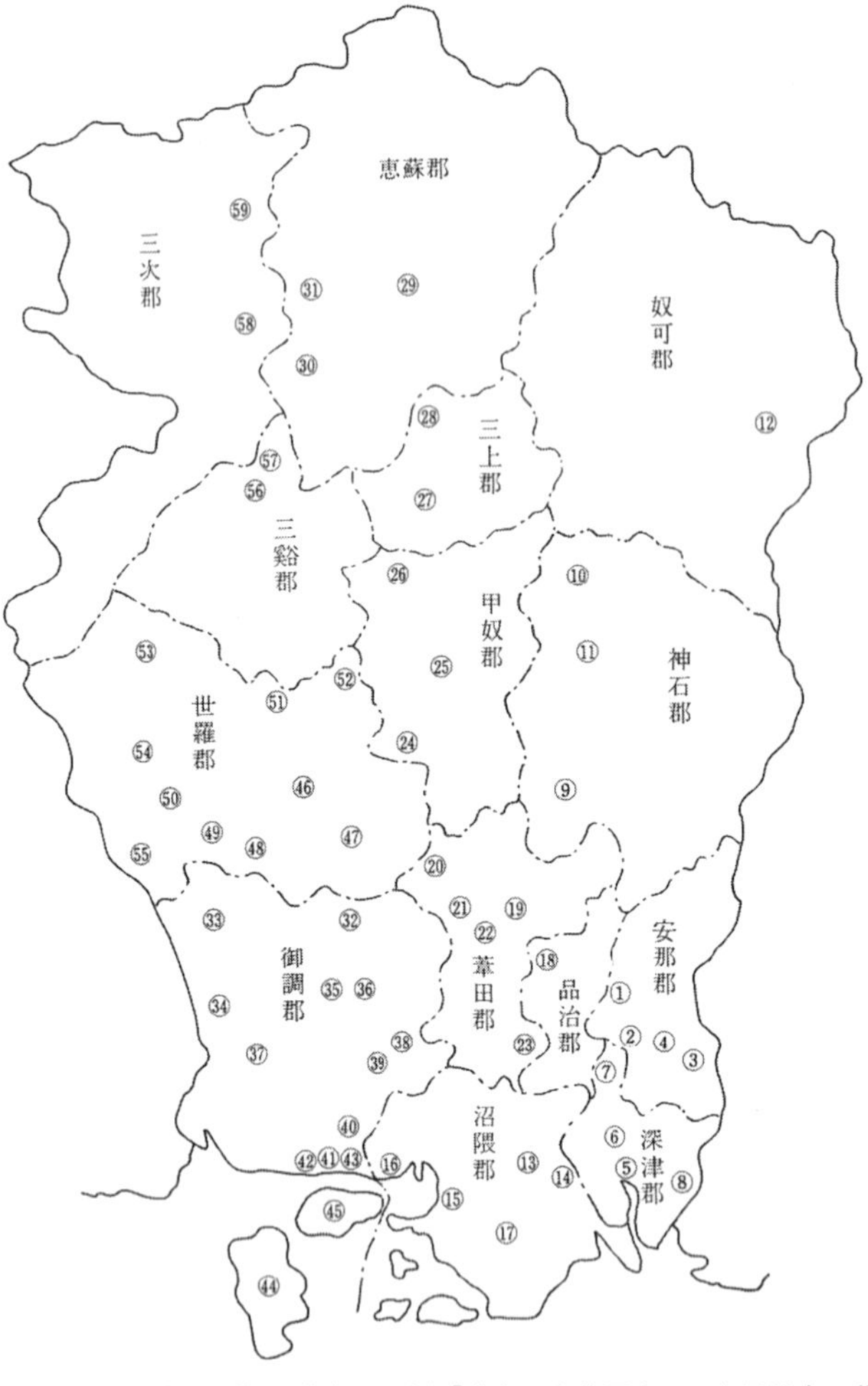

図1－1　備後国荘園分布図（網野善彦ほか編『講座日本荘園史９　中国地方の荘園』より）
①勝田庄　②河北庄　③高富庄　④平野保　⑤深津庄　⑥吉津庄　**⑦石成庄**　**⑧坪生庄**　⑨志摩利庄　**⑩高光郷**　⑪草木保　**⑫奴可東条**　⑬津本郷　⑭長和庄　**⑮藁江庄**　**⑯高洲庄**　**⑰山南庄**　**⑱吉備津宮**　**⑲金名丸**　**⑳草村**　**㉑上山村**　㉒備後三条院勅旨田　㉓福田庄　㉔矢野庄　**㉕有福庄**　**㉖田総庄**　**㉗信敷庄**　㉘長江庄　**㉙地毗庄**　**㉚泉田庄**　**㉛泉庄**　**㉜海裏庄**　**㉝杭庄**　㉞堺庄　**㉟神村庄**　**㊱御調庄**　**㊲御調別宮**　**㊳相原保**　**㊴木梨庄**　㊵御調南条庄　㊶栗原保　㊷吉和郷　**㊸御所崎**　**㊹因島庄**　**㊺歌島**　**㊻大田庄**　㊼河尻庄　㊽神崎庄　**㊾重永庄**　㊿津口庄　(51)戸張保　(52)小童保　(53)津田郷　**(54)小国郷**　**(55)得良郷**　**(56)江田庄**　**(57)和智庄**　**(58)入君保**　**(59)櫃田村**　(60)垣田庄（太字は本書で記述）

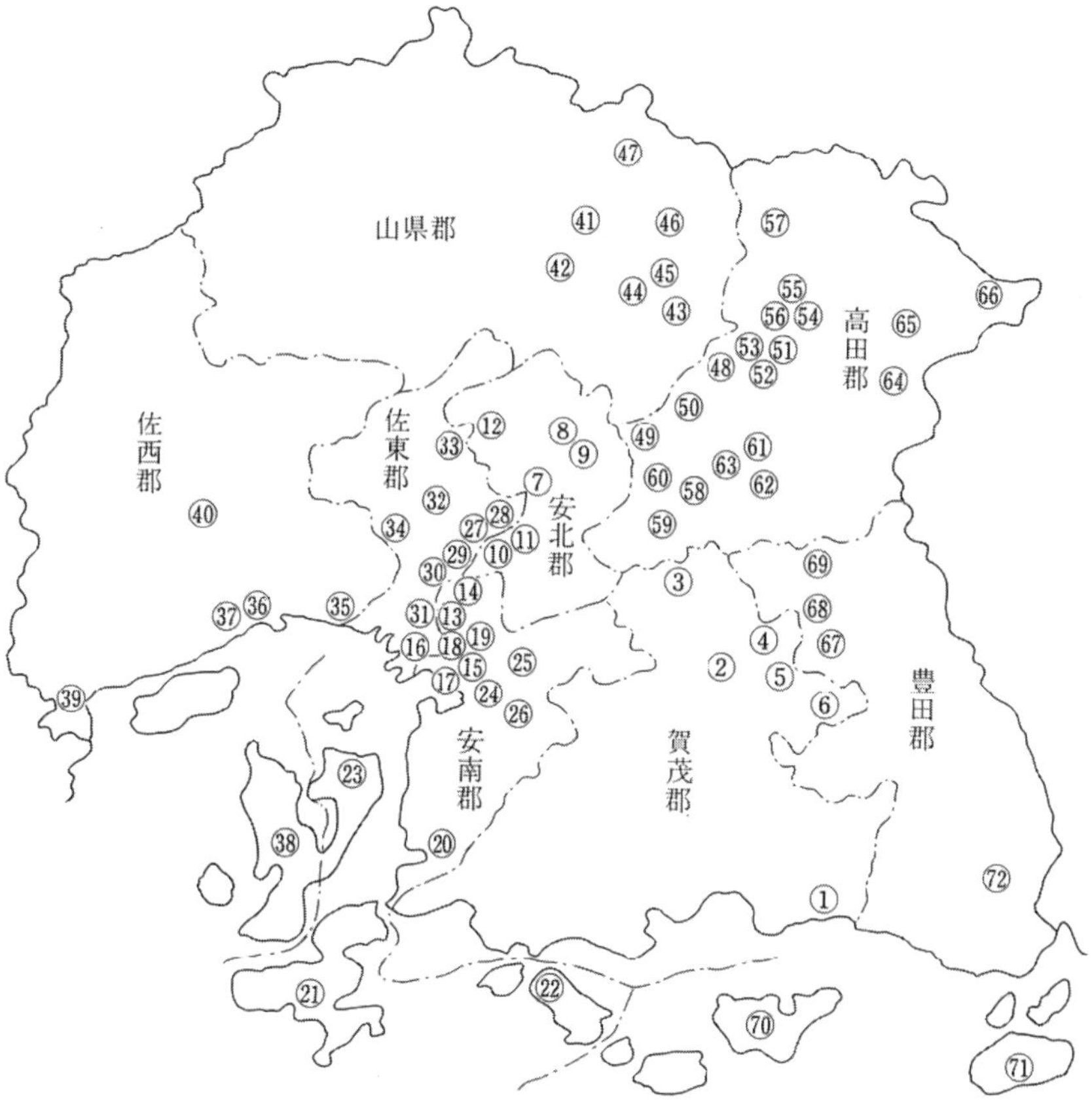

図1－2　安芸国荘園分布図（網野善彦ほか編『講座日本荘園史9　中国地方の荘園』吉川弘文館，1999年より）

①都宇・竹原庄　**②東条郷・西条郷**　**③志芳庄**　**④造果保**　**⑤高屋保**　**⑥入野郷**　**⑦可部庄**　⑧三入庄　**⑨安芸町村**　⑩田門庄　**⑪久村**　**⑫飯室村**　**⑬原郷**　**⑭東原村**　⑮後三条院本勅旨田　⑯後三条院新勅旨田　⑰松崎別宮　**⑱牛田庄**　**⑲温科村**　**⑳呉保**　**㉑倉橋庄**　㉒日高庄　**㉓安摩庄**　**㉔開田庄**　**㉕世能荒山庄**　**㉖阿土熊野保**　**㉗八木村**　㉘細野村　㉙緑井郷　㉚古河村　㉛佐東河社　㉜杣村　㉝阿土毛木村　**㉞大墓村**　**㉟已斐村**　**㊱平良庄**　**㊲宮内庄**　**㊳能美庄**　**㊴大竹・小方**　**㊵久島郷**　㊶志道原庄　㊷三角野村　**㊸壬生庄**　**㊹寺原庄**　㊺春木市折村　**㊻河戸村**　**㊼大朝庄**　㊽苅田郷　㊾禰村　㊿佐々井村　**(51)内部庄**　**(52)入江保**　(53)弥次村　**(54)吉田庄**　**(55)多治比保**　(56)石浦村　**(57)吉茂庄**　(58)三田郷　(59)三田新庄　**(60)志道村**　**(61)長田郷**　**(62)妻保垣別符**　**(63)井原村**　**(64)高田原別符**　**(65)甲立**　(66)粟屋郷　(67)郡戸郷　**(68)戸野郷**　**(69)久芳保**　(70)大崎庄　**(71)生口北庄**　**(72)沼田庄**（太字は本書で記述）

これらの荘園の一部は平家滅亡によって平家没官領（朝廷に没収された平家一門の所領）となったが（厳島神社領の一部は社領として残された）、平家滅亡後すぐに没官領に東国御家人が進出したわけではない。守護職についても、備後国においては東国御家人土肥実平（小早川氏の始祖）が平家滅亡後間もない時期に補任されたが、大田庄の押領を企てたものの、朝廷の抵抗によって失敗に終わっている。一方、安芸国においては実務官人を出自とすると思われる惟宗孝親が初代守護と考えられる（補任時期は建久七年〔一一九六〕以前）。孝親は在庁兄部職も兼帯するなど国衙（律令制下における国の役所）の掌握を図り、土着の在庁官人葉山城氏の権限を吸収していったが、国衙勢力を基盤としていたため、承久三年（一二二一）の承久の乱において京方に荷担して、没落する。承久の乱においては、厳島神社神主佐伯氏や都宇竹原庄（竹原市）の公文層などの在地勢力も京方に荷担して没落している。

京方に荷担して没落した者の権益は鎌倉方として活動した者に与えられ、東国御家人の守護職への補任、新たな地頭職の獲得が進んだ。

承久の乱後から鎌倉幕府滅亡までの安芸・備後国

安芸国守護職については、承久の乱後、甲斐源氏の武田信光が補任され、信光の後任には厳島神社神主を兼ねる藤原親実、その後、武田信時（信光の孫）、北条氏一門名越宗長、武田信宗（信時の孫）が補任され、鎌倉幕府滅亡に至った。

一方、承久の乱の結果、安芸国において地頭職に補任された主な東国御家人として、都宇竹原庄に小早川茂平（実平曾孫）、世能荒山庄（広島市安芸区）の阿曽沼氏（本拠は下野国阿曽沼）、温科（広島市東区）の金子氏（武蔵国村山党）、八木（広島市安佐南区）の香川氏（本拠は相模国香川）、町村（広島市安佐北区）の平賀氏（信濃源氏）、三入庄（広島市安佐北区）の熊谷氏（本拠は武蔵国熊谷郷）、大朝本庄（北広島町）の吉川氏（本拠は駿河国入江庄吉川）が挙げられる。毛利氏も鎌倉中期には吉田庄（安芸高田市）地頭職に補任されていたと考えられる。

次に、備後国守護職には、承久の乱後、大江広元の次男長井時広が補任された。広元は貴族大江維光の子だったが、源頼朝に請われて鎌倉へ下向し、公文所（のちに政所）別当に任じられて、一般政務・財政を統括するなど、鎌倉幕府創成期の功臣として活躍した。ところが、広元の長男親広は承久の乱において京方に荷担して没落し、父

図1－3　毛利氏系図（著者作成）

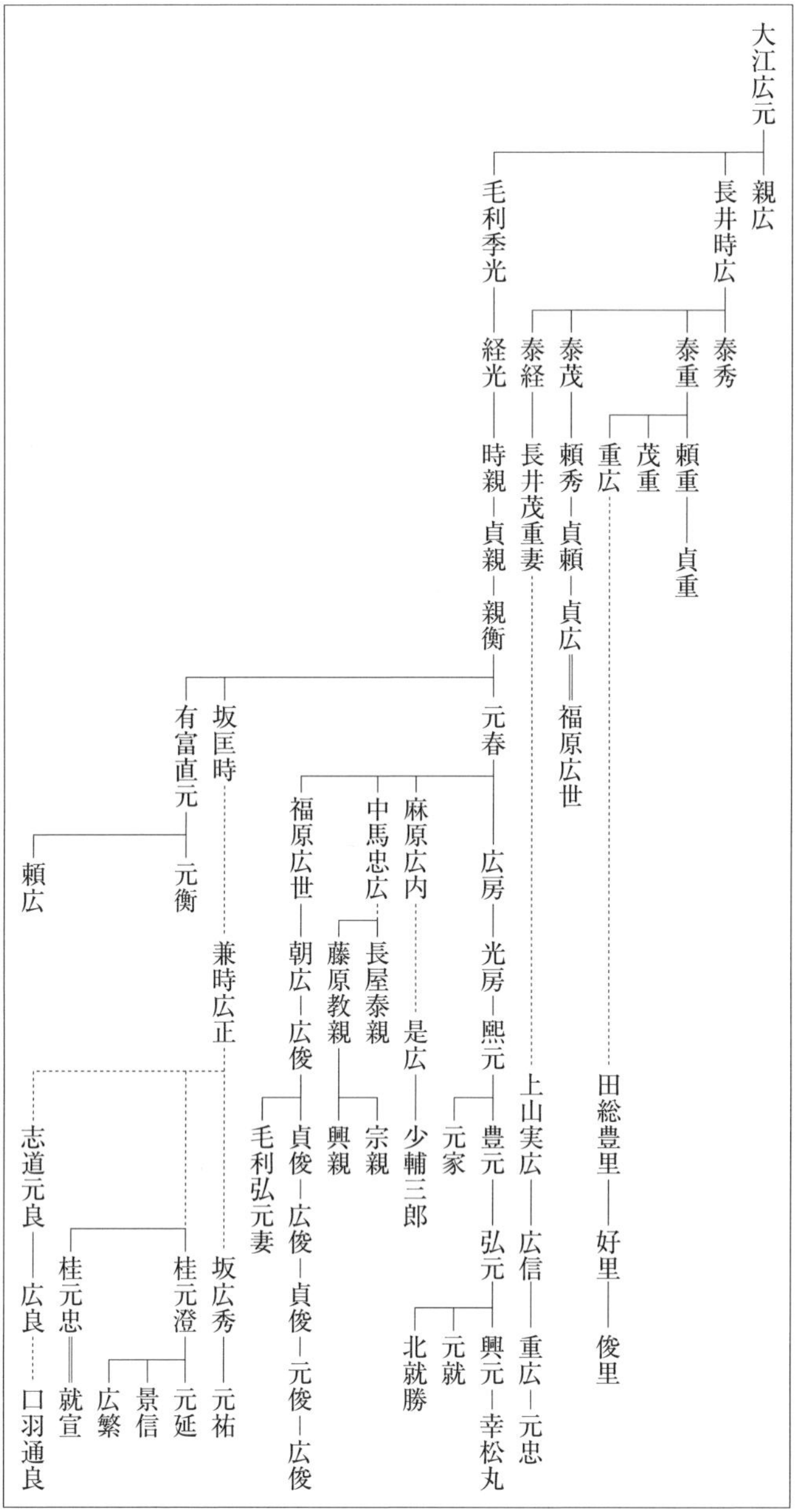

広元とともに鎌倉方として活動した時広が大江一族の惣領となった。なお、時広は出羽国長井庄（山形県長井市）の地頭職を継承して長井氏を称したが、広元四男季光は、相模国毛利庄（神奈川県厚木市）を継承して毛利を称している。その後、備後国守護職は時広次男長井泰重が継承し、以降、泰重系長井氏が鎌倉幕府滅亡まで守護職を相伝した。

承久の乱の結果、備後国において地頭職に補任された主な東国御家人として、三谿郡（三次市）の広沢氏（本拠は武蔵国広沢郷）、地毗庄の山内首藤氏（本拠は相模国山内庄）が挙げられる。

これら守護職・地頭職に補任された東国御家人のうち、守護職に補任された者については、本拠を安芸・備後国へ移した事例はみられない。地頭職に補任された者についても補任当初から安芸国へ本拠を移した事例はみられないが、香川氏はモンゴル襲来前、小早川氏はモンゴル襲来期、吉川氏や山内氏は鎌倉末期に主たる拠点を安芸国あるいは備後国へ移していたと考えられる。広沢氏の庶家江田氏・和智氏も鎌倉末期までには本拠を備後国へ移している。

南北朝期から応仁・文明の乱に至るまでの安芸・備後国守護職

南北朝期には武田信武（信宗の子）が足利尊氏に荷担して安芸国守護職を回復し、次男氏信に継承されていたが、応安四年（一三七一）頃、九州探題となった足利氏一門の今川貞世（了俊）が守護職に補任された。

一方、備後国守護職については、南北朝初期には短期間での交代がみられた。今川了俊は安芸国と同時に備後国守護職にも補任されていたが、康暦元年（一三七九）、備後国のみ山名時義に交代した。

山名氏は源義家の子義国の長男義重の子義範を祖とする。上野国山名郷（群馬県高崎市）を本拠として、山名を称した。源頼朝の挙兵時、義範は早くから頼朝に荷担したため、門葉（一門）として処遇された。また、鎌倉末期の当主山名政氏の妻は上杉重房娘で、重房孫娘が足利尊氏母だったため、尊氏に従って倒幕に参加した。観応の擾乱によって足利氏が分裂状態に陥ると、政氏の子時氏は直義派（直冬派）・南朝に荷担して、足利将軍家と対立した。この背景には、出雲国などをめぐる佐々木高氏（道誉）、美作国などをめぐる赤松氏との対立があったと考えられる。その後、北朝に帰参すると、山名氏帰参が北朝優位を決定づけた一要因となったことから、室町政権内において他の大名を上回る厚遇を受け、最盛期には、十一カ国（但馬・丹後・丹波・因幡・伯耆・播磨・美作・備後・山城・和泉・紀伊）の守護職を獲得した。時義は時氏の五男である。兄師義の死没後に惣領となった時義はこれ以前に但馬国・伯耆国守護職に補任されていたが、管領細川頼之（足利氏一門）と対立した将軍足利義満が反頼之派有力守護と連携して頼之を京都から追放したいわゆる康暦の政変において、反頼之派の中心人物の一人だったことから、その恩賞として備後国守護職にも補任されたのである。

その後の守護職の変遷についてみておこう。備後国については、康応元年（一三八九）に時義が死没すると、師義の子義熙が継承したが、明徳二年（一三九一）の明徳の乱の結果、山名氏は備後国守護職を失い、細川頼之が補任された。明徳三年（一三九二）に頼之が死没すると、頼長（頼之弟頼有の子）・基之（頼之弟満之の子）が継承したが、応永六年（一三九九）に大内義弘が討伐された応永の乱の後、山名惣領家の時熙（時義の子）が補任された。この処遇は、義弘敗死後も義弘の弟盛見が抵抗を続けていたため、山名氏の軍事力に期待したものだったと考えられる。以降、持豊（以下「宗全」、時熙の子）、教豊（宗全の子）を経て、応仁・文明の乱勃発当時の備後国守護は是豊（教豊弟）とされる。

また安芸国については、明徳三年頃から細川頼元（頼之の弟、細川惣領家を継承〔京兆家〕）が補任されていたが、応永元年（一三九

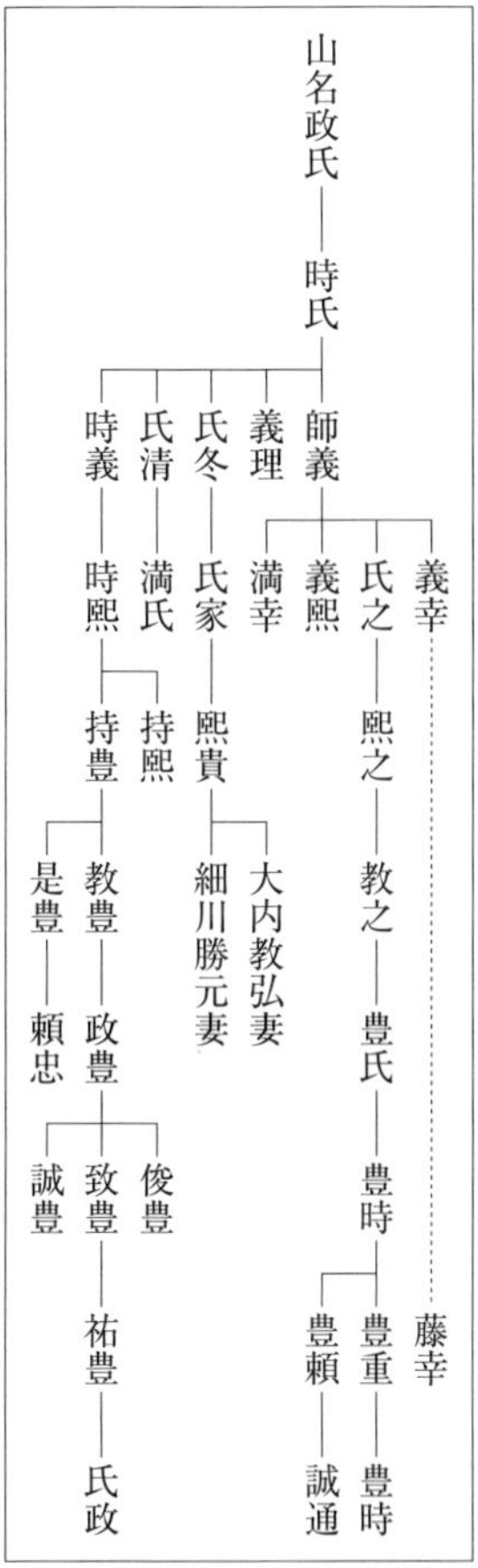

図1-4　山名氏系図（下関市立歴史博物館編集・発行『特別展　大内氏の興亡と毛利氏の隆盛』より）

図1－5　細川氏系図（著者作成）

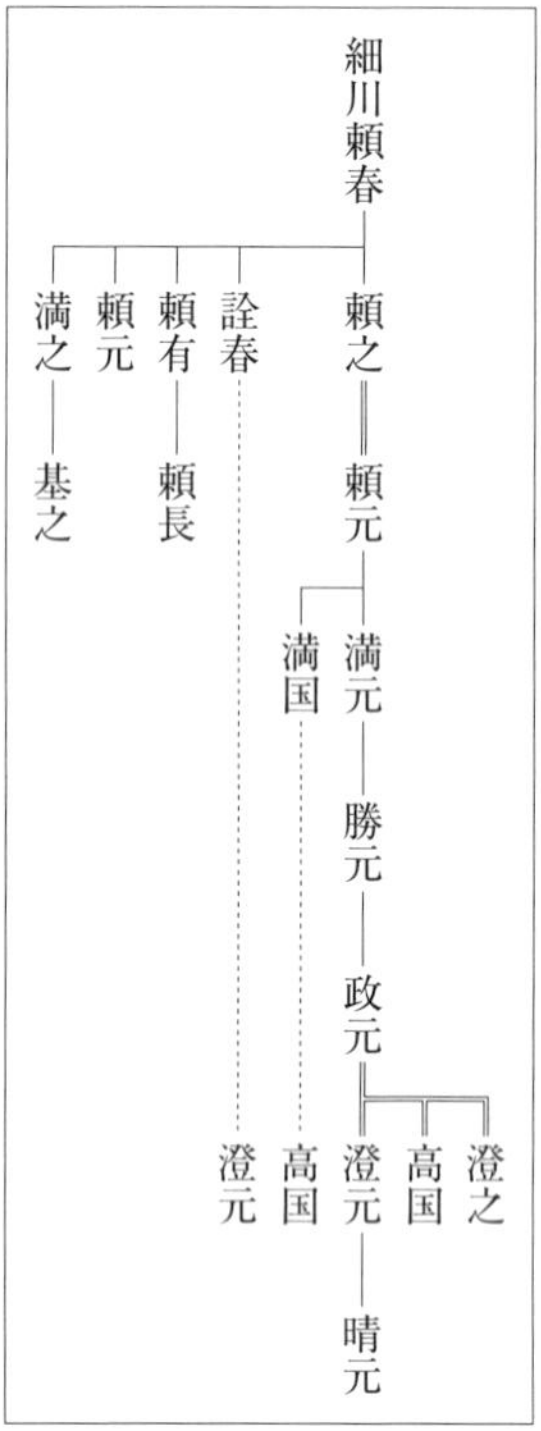

四）頃に補任された渋川満頼（足利氏一門）を経て、応永十一年（一四〇四）に山名満氏（時義の兄氏清の子）が補任されると、以降、山名氏一族に相伝されていった。

応永の安芸国人一揆

もっとも、山名氏による安芸国支配が盤石だったわけではない。東国御家人の中で鎌倉期には本拠を地頭職に補任された地へ移していなかった毛利氏や熊谷氏・阿曽沼氏も南北朝期には本拠を安芸国へ移したと思われ、国人層との緊張関係が生まれている。

ここで、鎌倉後期から南北朝期に東国御家人の本拠移転や国人層の在地支配強化が進んだ原因について整理しておく。鎌倉期当初の基本方針だった分割相続制を成り立たせていた継続的な所領拡大が、鎌倉後期における戦乱・政変の減少や北条得宗家の専制化によって困難となり、細分化された所領では「イエ」の維持に困難を来たしていた。そのうえ、モンゴル襲来への対応が「イエ」経営の悪化に拍車をかけた。そこで、東国御家人の一族の中には、西国所領の在地支配強化によって経営基盤を安定化しようとする者が現れる。しかし、分有するケースも多かった所領を独占しようとする動きは一族内の争いを生む。また、在地支配の強化は、隣接する「イエ」の所領侵犯や在地勢力との対立を招く。そのような状況下で勃発した北条政権崩壊から南北朝期にかけての内乱は、対立する勢力の逆の権力への荷担によって、独占や侵犯を可能にする状態を作り出した。その結果、土着した御家人が一族や周囲の領主層（従来からの在地勢力も含む）を制圧あるいは被官化して、一円的支配を進めていった。一円的支配を進めたのは西遷した東国御家人だけではない。従来からの土着勢力と考えられる三吉氏も内乱期に一円的支配を進めている。

このようにして一円的支配を進めた「イエ」は「国人」と呼ばれたが、本質的には自立化を志向していたため、守護との緊張関係が生じることも少なくなかった。その典型例とされる安芸国人一揆をみてみよう。

山名満氏が安芸国守護職に補任された直後に、毛利之房（のちの光房）や平賀妙章（弘章）ら三三名の安芸国人は一揆契状を作成して、山名氏が国人領主領を押領しようとしていたことに強く抵抗した。結局、応永十三年（一四〇六）に、守護職を満氏から右京亮（時久）へ交代させることによって、一揆は収束に向かったが、この事件は山名氏による安芸国支配の限界を物語る。

備後国には守護代が置かれ、守護山名氏が直轄的に支配する所領も少なくなかった。一方、安芸国では一揆衆の抵抗によって直轄的に支配する所領を確保できず、その結果、守護代などの分国支配機構を置くこともできなかったため、在地支配が強固とはいえなかった（飯分 二〇一四：三四〜三五）。

また、安芸武田氏は佐東郡をはじめ、山県郡、高田郡、安北郡、安南郡の国人領主層への影響力を有していた。さらに、大内氏が東西条を拠点として、賀茂郡、佐西郡の国人領主層への影響力を有していたほか、沼田小早川家は細川氏と親密な関係にあり、山名氏の安芸国人領主層に対する統制力には限界があった。

時久の後任の守護に惣領家の時熙（常熙）が補任されて以降、宗全や教豊に相伝した点では備後国と同様だったが、支配の内実をみると、備後国に比べて安芸国における支配は強固とはいえなかった。

細川氏が武田氏と親密な関係にあった一方で、宗全の養女（嘉吉の乱勃発時に将軍義教とともに殺害された山名熙貴の娘）は大内教弘（盛見の子）に嫁しており、応永の乱直後期の幕府中枢が意図した大内氏封じ込めの要としての山名氏の位置づけ（岸田 一九八三：三四〇）にも変化が生じていた。

2　応仁・文明の乱の勃発と安芸・備後国守護山名氏の内紛

宗全・勝元の関係と山名八郎の備後下向

応仁・文明の乱において、山名宗全と細川勝元はいわゆる西軍・東軍の首将として激しく対立した。しかし、当初から両者の仲が険悪だったわけではない。宗全は大内教弘に嫁した養女の実妹を養女として勝元に嫁がせており、勝元は宗全の娘婿だった。享徳三年（一四五四）十一月に将軍義政が宗全を討伐しようとした際、勝元が宗全の宥免を申し出た結果、義政は討伐を断念している（山本隆志 二〇一五：一五六～一五八）。

また、同年十二月、勝元は毛利熙元・小早川熙平（沼田小早川家）ら安芸国人に対して、山名八郎が備後国へ入国するとの風聞を知らせるとともに、山名氏の知行三カ国の安堵、八郎に同心した者の処罰という将軍義政の意向を伝えている。三カ国とは安芸国およびそれに隣接する備後・石見国を指すと考えられ、いずれも山名氏が守護職を保持していた。

下向の風聞のあった八郎については、系図上、宗全の近親者には八郎に該当する人物は見当たらず、系譜は不明であるが、義政が宗全を討伐しようとした際に新たな備後国守護に擁立しようとした宗全系以外の山名氏一族の人物だと思われる。結局、義政の翻意によって八郎は梯子を外された。実際に八郎が備後に入国したかは定かでないが、少なくともその後の動向はみられず、守護として活動することはなかった。この時点における勝元との良好な関係が宗全討伐の中止、そして宗全系による備後国守護職確保につながったのである。

山名是豊は備後国守護だったのか

康正元年（一四五五）十二月以降、宗全の次男是豊の備後国における権限行使がみられるようになる。もっとも、康正元年十二月の事例は、宗全の長男弾正少弼教豊から弾正忠是豊に対して備後国重永本新庄（世羅町）の沙汰付けを命じたものであり（「士林証文」）、この時点における備後国守護は教豊であり、是豊は守護の名代的位置づけだった（守護代に任じられていたかは不明）。

また、長禄四年（一四六〇）一月にも、是豊は京都の長福寺領だった金丸名（福山市）、上山村（府中市）、田総庄（庄原市）などの段銭、諸公事、臨時課役などを免除する遵行状を発している。しかし、これは教豊に代わって守護に復帰した宗全の命令に基づくものと考えられ（木下 二〇一三b：二一〜三）、是豊は引き続き守護の名代的位置づけだった。そのうえ、長禄四年の遵行状は犬橋下野入道も発給しており、犬橋は寛正二年（一四六一）五月、石清水八幡宮領藁江・神村新庄・杉原（福山市）に関する遵行状も発給している。犬橋下野入道は山名氏被官で、備後国において守護代の役割を担っていたと考えられる。したがって、是豊が山名氏による備後国支配における唯一の統括者だったとはいえない。

備後国守護に宗全が復帰した背景には何があったのか。長禄三年（一四五九）頃から、宗全と教豊との関係が悪化していた。長禄四年十月、宗全によって追放された教豊は播磨国へ下向しており（山本隆志 二〇一五：一七五〜一七六）、それ以前に備後国守護職などを取り上げられ、宗全が復帰していたと考えられる。

一方、是豊は寛正二〜四年（一四六一〜六三）、畠山義就討伐のために河内国へ出陣し、戦功をたてている。その麾下で、毛利氏、吉川氏、小早川氏といった安芸国人が戦闘に参加しており、この時点における是豊は安芸国人に対する軍事指揮権も有していた。

もっとも、是豊が寛正三年（一四六二）頃に備後国や安芸国守護職に補任されたことを明示する史料は確認できない。逆に、文正二年（一四六七）二月、地毗庄を本拠とする山内氏の当主泰通に対する岩成下村（福山市）領家分・伊与西村（庄原市）半済等の宛行を発給しているのは宗全である。したがって、応仁・文明の乱勃発時の備後・安芸国守護は是豊とされてきたが、宗全が守護で、是豊は守護の名代的位置づけにすぎなかったようだ。

応仁・文明の乱勃発と是豊の離反

山名宗全と細川勝元との良好な関係は、文正元年（一四六六）十二月の畠山義就の政界復帰によって瓦解していった（山本隆志 二〇一五：二七一〜二七八）。勝元は義就と対立する畠山政長を支援し、政長は勝元の後任の管領に就任していた。だが、宗全の画策によって義就が政界に復帰すると、その直後（文正二年一月）に政長は管領を罷免され、後任の管領には斯波義廉が就任した。義廉も宗全の娘婿である。

このような親宗全派による政権主導権の掌握に対して親勝元派は不満を抱き、また関東公方足利成氏討伐に関する意見対立が昂じた結果、応仁元年（一四六七）五月、両勢力は京都に軍勢を集結させ、応仁・文明の乱が勃発した。

ところが、『大乗院寺社雑事記』応仁元年五月二十一日条に「山名弾正（宗全末子）、宮上野守没落の由、その聞こえあり」と記されており、是豊は戦闘開始の直前に宗全のもとを離れた。『大乗院寺社雑事記』には「赤松に与同したためではないか」とある。赤松とは赤松政則のことで、嘉吉の乱で没落した赤松氏を勝元の支援によって再興した人物であるが、かつて保持していた播磨国守護職は山名氏に奪われたままであり（応仁・文明の乱勃発時の守護は宗全）、京都における戦闘開始に先立ち、播磨国へ軍勢を派遣して宗全勢との戦闘に突入していた。

したがって、是豊の行動は宗全と袂を分かち、親勝元派（以下、東軍）に荷担するためのものだったと考えられる。実際に、『大乗院寺社雑事記』六月八日条には、宇治（京都府宇治市）・芋洗（同久御山町）・淀（京都市伏見区）における橋の引き上げを是豊が担ったと記されている。橋の引き上げは、国許から上京してきた親宗全派（以下、西軍）の軍勢が入京するのを妨害することを意図しており、是豊は東軍の中でも重責を担っていた。

なぜ、是豊は父宗全から離反したのか。

まず、是豊は山名家惣領の地位（享徳三年に宗全はいったん隠居しているが、実質的な惣領は宗全だったと考えられる）を継承できると考えていたが、宗全が教豊の子と思われる政豊を選んだため、反発した是豊の離反を招いたとの説について検討してみよう。備後・安芸国守護職は、時熙以降の山名家惣領あるいは次期惣領が継承してきた職だった。仮に是豊が補任されていたとすると、この説は説得力を持つ。実際に、是豊は畠山義就討伐の際に山名勢を率いており、是豊が次期惣領に予定されていた証左にもみえる。

ところが、前項でみたように、応仁・文明の乱以前の是豊の備後・安芸国守護職補任には疑問が残る。そのうえ、長禄四年閏九月、弾正少弼に任じられていた教豊が伊予守に任じられ、政豊が弾正少弼に任じられている（「長禄四年記」〈設楽 一九九三：七二〉）。弾正少弼は宗全や時義が任じられていた官途（官職）であり、弾正少弼の官途の移行は、次期惣領が教豊から政豊に変更されたことを明示するものだったと考えられる。したがって、是豊の内心は別として、是豊が次期惣領に予定されていた事実はない。

一方で、右記の説に付随して、次期惣領の座から外された是豊を自陣営に引き込むことを狙った勝元が、是豊の山城国守護職への補任に尽力したことから、勝元の恩義に報いるために離反したとする説もある（小川 二〇一三：一二四）。是豊の山城国守護への補任は寛正五年（一四六四）十二月。畠山義就討伐の恩賞と考えられ、管領はこの年九月に畠山政長に代わっていたが、勝元の意向によるところが大きかったと思われる。この時点で是豊が備後・安芸国守護ではなかったとすると、勝元の尽力によってようやく守護職を獲得できたことになる。父宗全は畠山義就討伐の最前線に送り込んだものの、分国の守護職を一つさえも譲与してくれなかった。一方の勝元は山城国という要地を与えてくれた。宗全と勝元に対する是豊の感情が、応仁・文明の乱の際の是豊の行動につながったとする推論は的外れではなかろう。

宮上野守の謎

次に、山名是豊とともに下向したとされる宮上野守について検討してみよう。結論からいうと、宮上野守という名をもつ人物は実在しないが、備後国人宮氏一族の人物を指すと考えられる。宮氏は備後一宮吉備津社と密接な関係を有しており、吉備津神社の一国規模での権威・影響力を背景として備後各地で行動していたことから、幕府から有力な地域権力と評価され、奉公衆として将軍に近侍していた。守護を通じてではなく、幕府の直接支配下に置かれていた点に特徴があるとされる（市川 二〇一七：二五六〜二七七）。

宮氏一族のうち惣領家は下野守家と呼ばれる官途名下野守を相伝した家で、柏城（福山市）を支配していた（谷重 二〇〇二a：三〇）。また、有力な庶家として、上野介家と呼ばれる官途名上野介を相伝した家が挙げられる。本拠は安那郡中条（福山市）。

「康正二年造内裏段銭并国役引付」（内裏造営のために康正二年（一四五六）に段銭を納入にした領主等の一覧）には多くの宮氏一族が記されているが、宮下野守（元盛）と宮上野介（教信）が一族の中で最も多い二十貫文を納入している。五貫文の宮式部丞がそれに続くが納入額に大きな差があり、是豊と併記された人物に相応しいのは、下野守・上野介家のその時点における当主に限定できよう。上野守を称した家は確認できないため、「上野守」の表記は下野守か上野介の誤記と思われる。

また、康正二年七月の「殿中伺候人数記録」に記されている「宮修理亮」は元盛の子教元を指す。元盛は寛正六年（一四六五）初頭頃に死没した。その頃の教元は駿河守を称していたが（『親元日記』寛正六年二月十一日条）、寛正六年十一月になると下野守を称している。したがって、応仁・文明の乱当時の下野守は教元と思われる。

一方、「殿中伺候人数記録」や『親元日記』寛正六年五月八日条には宮上野介がみられ、いずれも教信を指す。応仁・文明の乱勃発後の文明七年（一四七五）の「小早川家証文」にみられる「政信」は教信の子と考えられるが、若狭守を称している。したがって、応仁・文明の乱当時の上野介は教信と思われる。

しかし、応仁・文明の乱勃発前後の史料に下野守や上野介の動向は確認できない。そこで、軍記類であることに留意が必要であるが、『応仁記』の叙述も参考にしながら、推定を試みたい。

応仁元年八月、宗全に内通したとして数人の近習が義政によって追放された。勝元の要求に基づくものであり、追放された者のうち一部は細川勢に討ち取られている（「宗賢卿記」）。追放された近習は奉公衆のうち五番に編成された者だった（「大乗院日記目録」）。その時点の五番の構成員を詳らかにすることは難しいが、「文安年中御番帳」や「永享以来御番帳」の五番には宮下野守、宮五郎左衛門尉、宮三郎（文安のみ）、宮修理亮（永享のみ）が含まれている。一方、四番には宮上野介がみられる。一方、『応仁記』には追放された近習として、宮下野守と宮若狭守が記されている。

先にみたように、文明七年時点では上野介家の人物が若狭守を称しているが、番帳の五番にみられる五郎左衛門尉・修理亮・三郎はいずれも下野守家系統の人物であり（木下 二〇一四：四〜五）、仮に宮若狭守が追放された近習に含まれていたとしても、上野介家の人物とは考えられない。これらの考察から推測すると、是豊と行動をともにした「宮上野守」は宮上野介だったのであろう。

3　応仁・文明の乱の展開と安芸・備後国人

東軍に荷担した備後国人

『山科家礼記』応仁二年（一四六八）一月十一日条に、西軍に属していた備後国衆約六十人が山名是豊に降参したとある。伝聞であるため、その人数が正確だとまでは言えないが、少なくとも応仁二年初頭までは備後国人の多くは是豊の荷担した東軍ではなく、西軍に荷担していたことが判明する。このような備後国人の動向からも、是豊が応仁・文明の乱勃発当時、備後国守護でなかったことがうかがえる。

また、備後国はほぼ山名宗全に掌握されていた。このため、宮上野介のように東軍としての旗幟を明らかにした者を除き、備後国人は宗全と気脈を通じていると細川勝元は考えた。そこで、前節でみたように、宮下野守・宮若狭守を追放したのである。

応仁二年初頭までの備後国人の具体的な動向を示す史料は少ないが、たとえば、山内泰通に対して応仁元年十一月九日付で宮田教言が等持寺院領信敷（庄原市）東西代官職を預け置く旨の書状を発給している（『山内家文書』）。宮田教言は備後国守護代を務めていた山名氏被官で、文明初年頃に宗全の奏者（取次役）としての活動がみられる（『三浦家文書』）ことから、応仁元年十一月時点の山内氏は西軍に荷担していたことが判明する。また、応仁元年に備後国において大規模な戦闘があったことを示す同時代史料は確認できない。したがって、備後国守護の名代的位置づけにあった是豊の東軍荷担にもかかわらず、山内氏以外の大半の備後国人も宗全に従っていたと思われる。

もっとも、右記の宮田教言書状には、信敷東西代官職について山名氏被官に命じようと思ったが、特別に泰通に預け置くとあり、この代官職預け置きが山内氏を西軍に留めるためのものだったことをうかがわせ、備後国人に対する是豊の影響力を警戒していたことを示している。

さて、大内政弘（教弘の子）が応仁元年七月二十日に兵庫へ着岸して以降、西軍が攻勢をかけて、山城国や摂津国において大規模な戦闘が展開されており、山城国守護である是豊が備後国や安芸国へ下向することは難しかった。

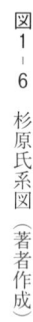

図1-6　杉原氏系図（著者作成）

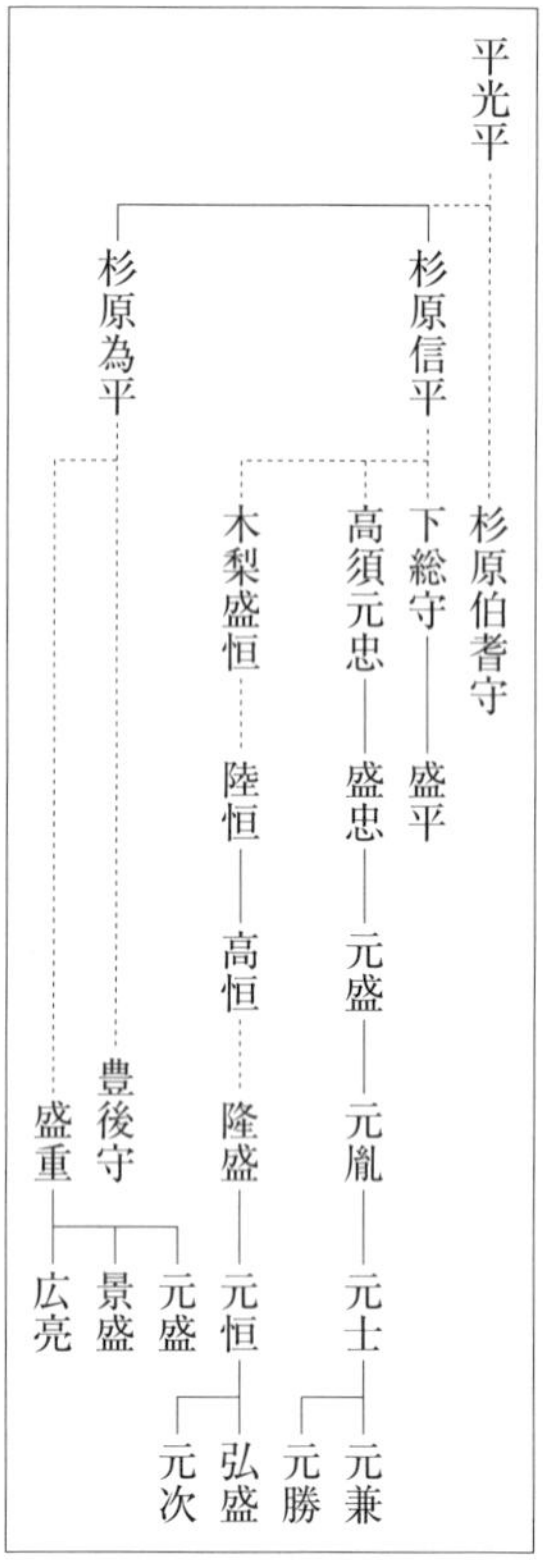

一方で、西軍の主力大内氏の兵站（へいたん）を妨害するために備後国は重要な場所だった。安芸国においては武田氏など細川氏と親密な国人が多く、応仁元年にはすでに国内で戦闘が勃発していた。安芸国に続いて備後国で戦闘が勃発すれば、細川氏分国の備中国に加え、旧赤松氏分国で赤松政則が攻勢をかけていた備前（びぜん）国・播磨国とつながる兵站妨害地帯を構築できる。大内氏の兵站線は瀬戸内海およびその沿岸地域を主としていたと考えられ、兵站妨害地帯の構築には、瀬戸内海沿岸地域の国人を東軍に寝返らせることが必要だったのである。

応仁二年一月に西軍から東軍へ寝返った国人を明記した史料は確認できないが、応仁三年（一四六九）二月に西軍が苧原（おばら）（尾道市）へ進攻していることから推測すると、杉原氏一族を挙げることができる。

杉原氏一族

杉原氏は「平」を姓とする公家近習武士光平（みつひら）が宮将軍宗尊（むねたか）親王の鎌倉下向に随伴して幕府奉行人となり、所領として賜った備後国杉原保（福山市）を名字としたことに始まるとされる（木下 二〇〇三：七〜九）。光平の子孫のうち、幕府奉行人を務めていた惣領家は観応の擾乱期に足利直義派に荷担したため地位を低下させたが、将軍近習として存続し、「文安年中御番帳」や「永享以来御番帳」の五番にみられる杉原伯耆守が惣領家の人物と思われる。杉原伯耆守は「東山殿時代大名外様附」（今谷 一九八〇：一三九）の五番にもみられ、応仁・文明の乱以降も主として京都において活動している。

一方、観応の擾乱期に足利尊氏・義詮派に荷担した信平（のぶひら）・為平（ためひら）の系統（庶家と考えられる）は応仁・文明の乱以降、備後国を活動の中心にしていったと考えられる。この系統の家として、木梨（きなし）庄（尾道市）を本拠とする木梨氏・高洲庄（尾道市）を本拠とする高須氏、山手銀山城（福山市）を居城とした山手杉原氏が挙げられる（田口 一九九六：五～七。木下 二〇〇四：四～五、七～九）。

たとえば、畠山義就討伐において活躍した是豊が杉原駿河守に対して、「千代松殿」の名代として出陣して是豊とともに尽力したことを将軍に報告する旨の書状を発しており（『萩藩閥閲録』）、備後杉原氏一族が是豊の軍事指揮下にあったことをうかがわせる。杉原駿河守は高須元忠を指す。「千代松殿」は「康正二年造内裏段銭并国役引付」において、三原浦・高須分として八貫二百八十五文の段銭を納入している杉原千代松丸を指す。この時点で三原浦（三原市）・高須は千代松丸の支配下にあった。駿河守は千代松丸の名代を務めており、杉原氏一族の惣領は千代松丸で、高須氏はその庶家だったと考えられる（木下 二〇一三a：二一～二三）。

三原については、文明五年（一四七三）の勝元死没後のものと考えられる細川九郎（政元）書状に「杉原下総守知行分三原」とある（「小早川家証文」）。杉原下総守は「東山殿時代大名外様附」の四番にみられるが、長享元年（一四八七）のものとされる「常徳院殿様江州御動座当在陣衆着到」の四番にみられる杉原太郎左衛門尉盛平と同一人物で、杉原中務丞盛恒（木梨氏）や高須盛忠（元忠の子）の惣領にあたる家の人物と考えられるため、杉原千代松丸とも同一人物であろう（木下 二〇一三a：二一～二三）。文明五年時点における盛平は下総守を称していないが、千代松丸（盛平）の亡父が下総守を称していたため、「杉原下総守知行分」と記されたと思われる。

さらに、「渡辺先祖覚書」によると、渡辺三郎左衛門尉は是豊に従い、応仁二年九月の船岡山合戦（京都市北区）において戦功をたてたとされる。是豊は文明二年四月に備後国に下向した際、坪生（福山市）から草土（福山市）へ転戦し、敵の城を攻略して鞆浦に布陣している（『三浦家文書』）。草戸千軒町遺跡の発掘調査によると、十五世紀後半の遺構の一部に火災の痕跡が認められ、右記の草土における戦闘のよるものと思われ（鈴木康之 二〇一三：九～一〇）、この戦闘で渡辺氏が是豊方だったことを証する同時代史料は確認できないが、是豊とともに上洛していた隙に西軍方に草土を奪われたため、渡辺氏が是豊とともに奪回したという仮説が成り立つ。

このように、東軍に荷担した備後国人は瀬戸内海沿岸部に権益を持つ者に限られていた。その理由として、大内

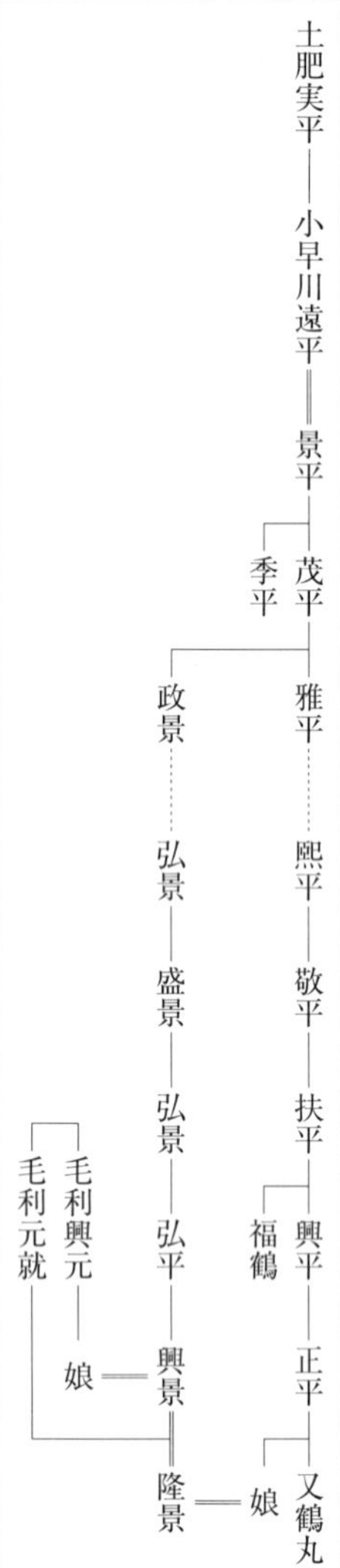

図1－7　小早川氏系図（著者作成）

氏の影響力が瀬戸内海沿岸部に及ぶことへの反発に加えて、備後国北部において最大級の勢力を保持していた国人山内氏が強固な宗全派だったことが挙げられる。

安芸国における大内・山名方と細川方との対立

大内氏は応永の乱の敗戦によって安芸国への影響力を一時的に低下させていた。しかし、応永三十二年（一四二五）閏六月には小早川弘景（竹原小早川家）に対する東西条内海村（呉市）の預状を発給しており（「小早川家証文」）、これ以前に安芸国支配の拠点となる東西条を回復するとともに、竹原小早川家を麾下に入れていた。さらに、応仁・文明の乱までには、竹原小早川家のほか東西条周辺の国人（平賀氏、天野氏、阿曽沼氏、野間氏）や安芸国島嶼部の領主・厳島神主家を麾下に組み込むとともに、東西条に加えて、呉・蒲刈島（呉市）や能美島（江田島市）なども安芸国における拠点の一つとしていた。

一方、大内氏を警戒した幕府（管領細川勝元）は、南北朝初期に安芸国守護職に補任されていた武田氏を大内氏封じ込めの要に位置づけようとした。その傍証として、毛利氏惣領熙元に対する一族の反抗や吉川氏惣領之経に対する弟彦三郎の反抗にあたり、武田信賢がそれぞれの惣領への合力を命じられている（毛利は享徳四年［一四五五］五月、吉川は康正二年十月）ことが挙げられる。武田・毛利・吉川に加え、康正二年六月に武田氏が吉川氏に対して河戸村（広島市安佐北区）国衙分を預け置いた際に口入を行った小早川熙平（沼田小早川家）も大内氏封じ込めの一端を担っていた。

このような動きへの対抗として、康正三年（一四五七）三月、大内勢が武田氏領へ進攻して、山本（やまもと）（広島市安佐南区）などで戦闘が展開されたが、毛利氏や吉川氏の援軍を得て、武田氏が撃退に成功した。この際に、大内氏の支援を受けた厳島神主家（神主藤原教親（のりちか））も己斐（こい）（広島市西区）や石道（いしみち）（広島市佐伯区）を奪回しようとして武田氏との戦闘を展開している。同時期に大内勢は沼田小早川家領へも進攻したが、一連の戦闘で毛利勢によって野間公光（きんみつ）が討ち取られるなど、大内勢の敗北に終わった。

寛正二年四月には、東西条を大内氏から没収する旨の将軍御教書（みぎょうしょ）が発せられている（使節は小早川熙平と宮中務丞）。東西条は武田氏領とされ、実際に鏡山（かがみやま）城（東広島市）などは反大内方が掌握したため、大内方の野間・阿曽沼・平賀・竹原小早川勢などが押し寄せている。最終的には、寛正六年六月の将軍御教書によって、東西条は大内氏に安堵された。この時期の管領は畠山政長。政長は親勝元派であり、この決定は勝元の意向に反したものではなかったと考えられる。ちょうどその頃、伊予国守護職を獲得した勝元と、前守護河野（こうの）氏が対立して、河野氏討伐軍が派遣されていた。大内教弘も討伐軍に加わっており、東西条の安堵を条件に細川氏と大内・山名氏との妥協が成立した可能性を指摘できる。

ところが、伊予へ渡海した大内教弘は討伐対象であるはずの河野氏に荷担した。教弘は寛正六年九月に伊予国で病没したが、同年十月、家督を

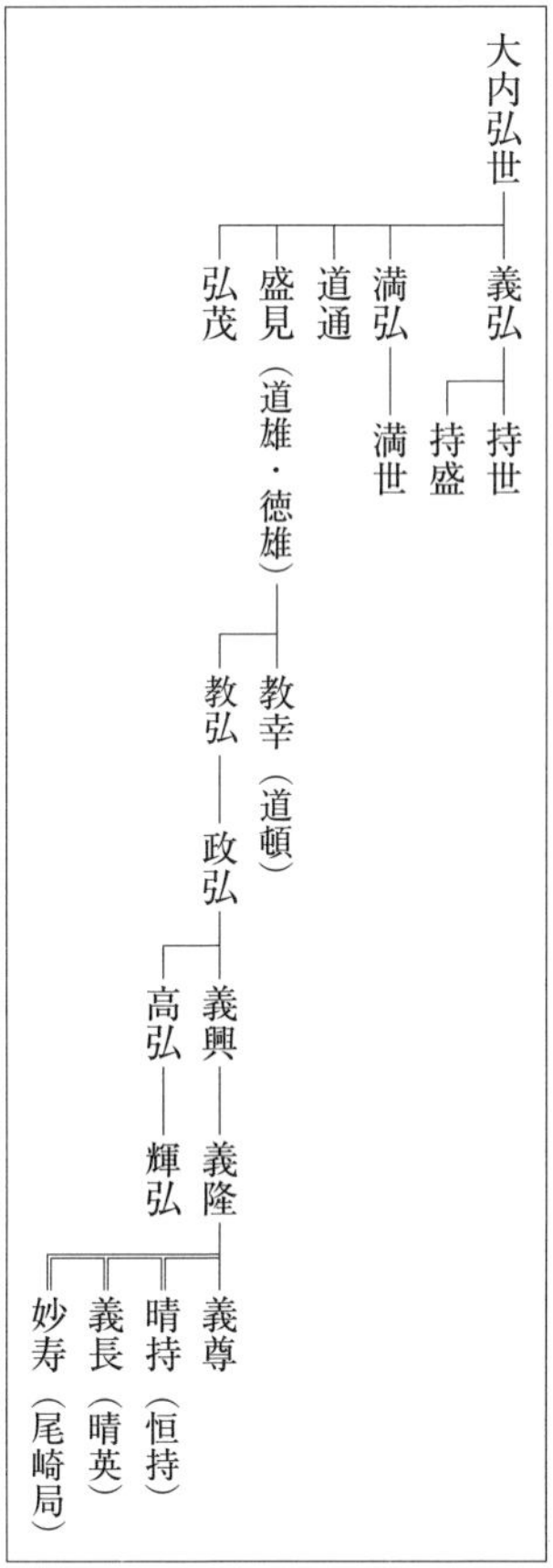

図1-8　大内氏系図（下関市立歴史博物館編集・発行『特別展　大内氏の興亡と毛利氏の隆盛』より）

継承した政弘を討伐するとの将軍御教書が発せられ、翌年二月には船越（広島市安芸区）において戦闘が展開された。この折、宗全は大内方として参戦した竹原小早川家に対して、引き続き大内氏へ協力するように要請しており、明確に大内氏支援の姿勢を打ち出していた。このように、応仁・文明の乱の一年前、すでに安芸国においては東西両陣営の対立が先鋭化していたのである。

応仁・文明の乱勃発当初の安芸国

山名宗全との関係が緊迫していた文正二年二月、細川勝元は毛利豊元（熙元の子）や吉川元経（之経の子、のちの経基）に対して大内政弘上洛の噂を報じ、談合のうえ計略をめぐらすように要請している。京都における西軍との衝突は目前に迫っていたが、多くの兵を引き連れた大内政弘が上洛して西軍に荷担した場合、東軍勝利は容易でなくなる。そこで、勝元は毛利・吉川ら細川方の安芸国人に大内勢上洛を阻止させようと考えた。実際に、六月、上洛しようとした小早川熙平に対して政弘上洛に備えて安芸国に留まるように指示している。

一方、同年四月、瀬戸（呉市）において紛争が起きた際、大内氏家臣仁保弘有・杉重隆がその解決のために四月十一日に呉（呉市）に到着し、翌日、矢野（広島市安芸区）へ赴いて野間弘宣に対して自重を命じようとしている。小早川弘景（盛景の子）に宛てた連署状（「小早川家証文」）には「上洛に向けて同道しなければならないときに紛争を起こすことは大内氏のためにならない」とあり、大内氏が上洛にあたって瀬戸内海沿岸部国人の協力を重視していた様子がうかがえる。

結局、大内政弘は七月に兵庫へ着岸した。厳島神主家や野間氏、安芸国島嶼部の領主層、竹原小早川家といった瀬戸内海沿岸部の領主が大内方だったため、細川方の安芸国人にとって独力で大内勢を食い止めるのが困難だったことをうかがわせる。そこで、東軍方の沼田小早川勢が九月七日の洛中誓願寺北における合戦に参戦しているほか、吉川元経も応仁元年九月十三日の一条高倉合戦に参戦している。また、毛利豊元も十一月末以前に上洛し、十二月十一日の洛中舟橋合戦に参戦している。すなわち、安芸国において大内勢を迎撃するという勝元の戦略は実を結ばず、結局、細川方の他の安芸国人も上洛して、京都において東軍に合流することになったのである。

国許においては、応仁元年十二月、西軍方の竹原小早川家が他の大内方国人とともに沼田小早川家領へ進攻し、安芸国において戦闘が始まった。このため、十二月二十九日、小早川熈平は帰国して竹原小早川家を討伐するように幕府奉行人から命じられている。このようにして、応仁・文明の乱は安芸国へ直接的に波及していった。

山名是豊の下向

応仁二年半ばまで、安芸・備後国の東軍方の多くは洛中やその周辺部における戦闘に参加しており、国許における戦闘は西軍方有利に展開していた。たとえば、応仁二年八月の小世良（世羅町）における戦闘において、西軍山内勢が東軍小早川元平（熈平の子、のちの敬平）勢を破っている。そこで、十一月、山名是豊が軍勢を率いて備後国へ下向することとなった（「碧山日録」）。前月、勝元は小早川元平や吉川元経に対して是豊との相談を命じていたが、是豊下向時に東軍方の安芸・備後国人の軍勢も帰国したか定かではない。少なくとも小早川熈平は応仁三年二月の備後苧原合戦時、在国していなかったようであり、京都やその周辺における戦闘が続いている状況下では、勝元としても容易に帰国を許可することは難しかったと思われる。

一方の西軍方においても、備後国における有力な与党山内氏の軍勢が応仁三年の宗全陣への夜襲迎撃において活躍するなど、上洛していた軍勢も多かった。そのため、同年四月の重永（世羅町）における戦闘では山内勢に被害が出たほか、六月（文明に改元している）には竹原小早川家領高崎城（竹原市）が攻撃されたが市来藤左衛門尉が駆け付けて撃退するという合戦も起こっている。

さらに同年十月、備後国において土一揆が勃発した。そこで、宗全は宮田教言を派遣して大内氏からの援兵とともに鎮圧にあたらせた。教言はこの一揆を「徳政」と記している（『三浦家文書』）。一揆勢は債務破棄を要求しており、備後国内の戦乱によって収穫量が減少して百姓の生活が困窮したことをうかがわせるが、勃発のタイミングを考慮すると、そのような困窮に目をつけた東軍方が西軍方を攪乱するために一揆を誘発させた可能性を指摘できる。

自らの下向によって一定の状況の好転を得たためか、是豊は再び東上して文明元年十月、兵庫津において大内勢と戦っている。『重編応仁記』によると、是豊は東上直前に西軍方の宮下野守を討伐したとされるが、それを証明する同時代史料は確認できない。「渡辺先祖覚書」においても、下野守家一族は柏村（福山市）に籠もったが、是豊に備中庄氏や備前松田氏が合力した結果、三年に及ぶ攻防ののち、下野守以下一族が切腹したとされる。この覚書は後年に記されたものであるが、庄元資の洞松寺（岡山県矢掛町）への寄進状（「洞松寺文書」）に、文明三年十一月二十日に備後柏村で討死した弟資長の菩提を弔うために寄進するとあることから、宮下野守家の拠点の一つだった柏村で文明三年（一四七一）に戦闘があったことをうかがわせる。

是豊は文明二年（一四七〇）四月、再び備後国へ下向しており、その後に下野守家との戦闘があったと思われる。もっとも、庄元資寄進状は文明三年に下野守家一族が壊滅したことを証明するものではなく、「常徳院殿様江州御動座当在陣衆着到」の五番に宮下野守政盛がみられる。政盛と教元と間に血縁関係はない可能性もあるが、少なくとも下野守家は存続している。教元系存続の有無は検討課題であるが、地域社会に影響力を持つ備後一宮と下野守家との密接な関係に鑑みると、下野守家の権益を一定程度引き継ぐ勢力の存在が地域の安定のためにも求められていたのではないか。

4　混迷する安芸・備後

毛利豊元の西軍荷担

東西両勢力が入り乱れた安芸・備後国においては、戦場における衝突に加え、調略戦も展開された。

まず、帰国を許されたのち備後国三吉口に在陣していた毛利豊元が文明三年閏八月、無断で退陣するという事件が起きている。この事件に関連して注目されるのは、七月七日付で足利義視が毛利少輔太郎に対して発した御内書（『毛利家文書』）である。義視は将軍義政の弟で、当初は東軍として活動していたが、応仁二年十一月に離反して西軍の旗頭となっていた。御内書には「味方に付き忠節を尽くせば神妙であるので、大内政弘と相談して功を尽くすように」とあり、西軍への荷担を呼びかけたものである。この御内書の年次について、豊元の子弘元も少輔太郎を称しているが、文明十年（一四七八）以降であり、宛先の「少輔太郎」は弘元ではなく豊元を指す。豊元の治部少輔を称した初見が文明二年三月であることから推測すると、この御内書は文明元年のものと考えられる。

西軍から豊元への調略については勝元ら東軍首脳も認識していたと考えられ、文明二年六月の宍戸駿河守跡の給与、同年八月の麻原跡代官職への補任といったつなぎとめ工作を行っていた。結局、そのようなつなぎとめ工作は功を奏しなかったのであるが、豊元の東軍からの離反が義視御内書発給から約二年経過した後に行われていることから推測すると、豊元は逡巡しつつも最終的に調略に応じたと考えるべきであり、豊元にとって西軍に荷担した方が良いと判断する何らかの状況の変化があったのではないか。次項ではその謎に迫っていきたい。

毛利氏一族の動向

まず、毛利氏一族の動向に注目したい。

先にみたように毛利豊元は文明二年に麻原跡代官職に補任されていたが、この麻原郷地頭職は熙元の高祖父親衡が、不仲だった長男元春ではなく、元春の弟直元へ譲与し、直元からその子元衡、元衡の弟頼広へ相伝されており、毛利氏庶家有富家が保持していた。もっとも、明徳五年（一三九四）頃から、直元の兄坂匡時（道心）や元春の庶子広内跡による押領がみられ、有富家が安定的に支配していたわけではない。長禄四年になると、麻原郷内の熙元知行分が「少輔三郎是広代」に沙汰付けられている。是広は広内の孫と思われる。ところが、寛正七年（一四六六）、豊元は幕府に対して、麻原是広へ与えられた惣領家本領の返付を願い出ており、豊元と是広は領地をめぐって争っていた。

麻原是広は畠山義就討伐の際に勝元発給の御教書を受給しており、庶家でありながら一定程度独立した家として勝元との直接的な関係を持っていた。応仁・文明の乱勃発当初は豊元・麻原家ともに東軍に荷担したと思われるため、両者間で戦闘があった形跡はないが、惣領家と麻原家との潜在的対立関係は、文明元年九月の豊元訴状にみられるように応仁・文明の乱勃発後も続いていた。

また、文明二年時点では「麻原跡」と表記されており、是広はこれ以前に死没したと考えられる。その結果、豊元が代官職に補任されたと思われるが、豊元が西軍に荷担すると、勝元は麻原少輔三郎に対して武田国信と相談して忠節を尽くせば恩賞を与えるとの御教書を発給した。少輔三郎は是広の子と思われる。以上の経緯から、応仁・

文明の乱勃発前後期になっても、惣領家に匹敵する麻原家の存在が判明し、毛利氏一族内における豊元の地位の不安定さがうかがえる。

また、毛利氏一族福原家は豊元の権力基盤に不可欠な存在だった。福原家の始祖は元春の子広世であるが、広世は長井貞広と父子契約を結んでおり、毛利氏の始祖毛利季光の兄で承久の乱後に備後国守護職に補任された長井時広の次男泰重を始祖とする備後長井氏の庶家（泰重の弟泰茂系）の後継者となっていた。もっとも、広世は元春から譲与された福原村を本拠として、長井ではなく福原を称しており、かつての備後国守護職家の庶家としての実態はなかったが、他の毛利氏庶家とは異なる家格を有していた。応永七年（一四〇〇）、広世を毛利氏惣領とする将軍足利義満の御教書が発されていることもその証左といえよう。

広世が惣領とされたのは、惣領家の光房（熙元の父）が若年だったことに伴う一時的なものであり、広世やその子朝広、朝広の子広俊も惣領家を支えている。一方で寛正六年、豊元は広俊と兄弟契約を結び、何事も話し合っていく旨の起請文を認めており（『福原家文書』）、豊元にとって広俊がいかに重要な存在だったかを物語る。

豊元が西軍への荷担を明確にした文明三年閏八月、大内氏被官（東西条郡代）安富行房は広俊の働きによって豊元が大内氏の一味になることが肝要であるとの書状を発している（『福原家文書』）。また、さまざまなお気遣いの様子については坂殿や堀殿から聞いているとあるため、毛利氏庶家坂家や近隣の国人堀（保利）天野家はすでに大内氏の一味となっており、広俊も豊元の西軍荷担に向けて尽力していた状況がうかがえる。つまり、広俊は閏八月以前に西軍荷担を決意していたと思われる。このような広俊の動向も、豊元の西軍荷担を決意させる一因になったといえよう。

武田元綱の西軍荷担

安芸武田氏は承久の乱後に安芸国守護職に補任された信光（甲斐源氏武田信義の子）を祖とする。もっとも、鎌倉期の安芸国守護職は武田氏によって相伝されたわけではなく、信光の後任には厳島神社神主を兼ねる藤原親実が補任され、その後、信光の孫信時が文永六年（一二六九）以前に補任されたものの、弘安七年（一二八四）頃には北条氏一門名越宗長が補任され、元徳三年（一三三一）頃、信宗（信時の孫）がようやく守護職を回復していた。ところが、安芸国守護職に補任されていたことが、武田氏の倒幕への荷担を消極的にしたと考えられ、建武政権において武田氏は安芸国守護職を失った。

その後、後醍醐天皇と対立関係に至った足利尊氏に荷担することによって、建武三年（一三三六）、信宗の子信武が安芸国守護職に補任され、次男の氏信へ継承された。このようにして、氏信系武田氏は安芸国を本拠とするようになったが、応安四年（一三七一）頃、九州探題となった今川貞世（了俊）が安芸・備後国守護職に補任され、武田氏は再び守護職を失った。

また、守護職を失った武田氏を幕府は分郡守護（安南・佐東・山県郡）として公認したとされてきた（河村 二〇一〇：六五〜六七）。このような見解に対して、武田氏の郡知行権は私領的側面を有するもので、分郡守護と規定することはできないという批判も有力である（川岡 二〇〇六：二五七〜二六〇。市川 二〇一七：一八八）。後者の見解の根拠として武田氏も山名氏を通じて軍事動員され、守護の指揮下にあったことが挙げられている。

いずれにせよ、安芸武田氏当主は在京を基本とし、安芸国には常住していなかったと考えられる。氏信の曾孫信栄が永享十二年（一四四〇）に若狭国守護職に補任されると、安芸武田氏は主たる地盤を若狭国へ移したが、信栄死没後に若狭国守護職を継承した信賢（信栄弟）は、安芸武田氏の惣領として安芸国における武田氏の領域支配も統括している。信賢統括下で安芸国における領域支配を担っていたのが信賢の弟元綱だった。

ところが、文明三年一月十二日付幕府奉行人奉書写（『萩藩閥閲録』）によると、元綱が兄信賢に背いて郡司らを

図1-9　安芸武田氏系図（著者作成）

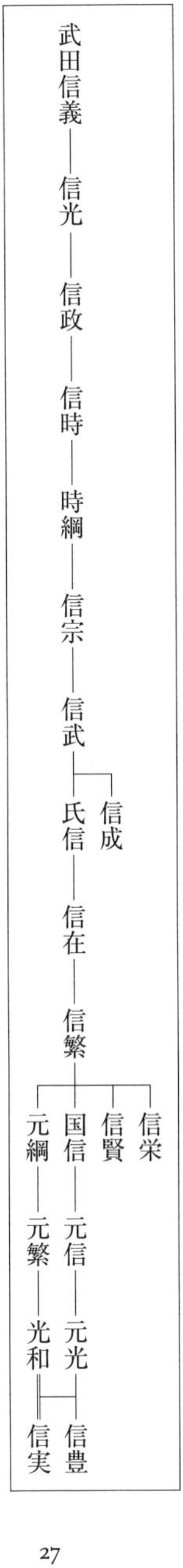

殺害するという事件が起きた。幕府は鎌倉期に守護武田氏の下で守護代を務めていた内藤氏（本拠は長田郷〔安芸高田市〕）をはじめ、元綱以外の在地する武田氏被官に対して元綱を追討するよう命じた。一方、大内氏重臣陶弘護は四月五日付で福原広俊へ元綱の渡海を知らせ、「元綱と相談して支援することが豊元への忠節であり、大内氏としてもめでたいことである」「一味になっていただければ大内氏も支援する」と約束している（『福原家文書』）。

この書状から、元綱謀叛の背後に大内氏の調略があったこと、元綱は厳島へ渡海して大内方厳島神主家との連携を図ったこと、毛利氏を東軍から離反させるためにまず福原広俊への働きかけが行われたことが判明する。したがって、豊元の西軍荷担は、広俊を先行して調略することが成功の鍵とにらんだ大内氏の戦略が功を奏したものと考えられる。一方、元綱の西軍荷担は、大内氏の工作と、若狭国守護を務める惣領家からの自立を企む元綱の野望とが合致した結果であろう。また、安芸国における東軍方の主力だった武田元綱の西軍荷担も、豊元の西軍荷担を決意させる一要因になったといえよう。

西軍の優位と毛利氏・宍戸氏・高橋氏の動向

武田元綱に加え、毛利豊元が西軍に荷担したことによって、安芸・備後国の戦況は西軍優位に傾いた。

備後国においては、豊元が三吉口から無断退陣した直後、宗全は備後国全体を西軍方が制圧したとの認識を示し、備後国における西軍の中心的勢力である山内泰通に対して、大内氏と相談しているので、大内勢に合力して安芸国へ進攻する準備を調えるように宮田教言を通じて指示している（『山内家文書』）。もっとも、先にみた宮下野守家の敗北が文明三年十一月頃だとすると、宗全の認識は甘かったことになる。実際に東軍方との戦闘は続いており、同年十一月の大田庄河尻（世羅町）における山内勢と東軍方との戦闘が確認される（『山内家文書』）。また、それ以降にも、馬木（神石高原町）において沼田小早川家や毛利元家の軍勢と西軍との合戦が起こっている（「小早川家証文」）。

毛利元家とは豊元の弟である。豊元の西軍荷担後の文明四年（一四七二）六月、東軍に荷担すれば豊元の所領を与える旨の将軍義政御教書が発せられている（『毛利家文書』）。一方、山名政豊は同年十一月、福原広俊に対して、備後国世羅郡小国地頭分（世羅町）を給与している（『福原家文書』）。この給与は豊元勢を備後国へ動員するためのものと思われ、以上の史料から馬木合戦は文明四年十二月のことであろう。

このようにして、備後戦線は西軍（山名宗全・政豊方）優位へ傾いていったが、毛利氏にとっても、備後国進出における画期になったと評価できる。

次に安芸国について、まず毛利氏領に隣接する宍戸氏一族の動向に着目したい。応仁・文明の乱当時、安芸守系と駿河守系という二系統が確認される。両家は遅くとも室町初期には別家となっており、惣領は駿河守系とされる。安芸守系は庶家で、室町初期には安芸武田氏、のち細川京兆家と結びついていた。そのため、応仁・文明の乱においては東軍に荷担し、文明二年に駿河守の支配地域が毛利豊元に与えられた後、宍戸安芸守に豊元への合力が命じられている。一方、駿河守系は入江保（安芸高田市）を領有していたが、文明三年一月、被官が立て籠もっていた入江城を毛利豊元勢によって攻略されており、乱勃発当初から西軍に荷担していたと考えられる。その理由は定かでないが、大内氏との関係が想定される（吉野 二〇一八：四三〜四五）。また、文明二年末から三年初頭頃にかけて、吉茂庄（安芸高田市）において、宍戸駿河守と高橋命千代・綿貫氏（吉川氏領に隣接する国人）との間で戦闘が展開されている（『萩藩閥閲録』）。以上のような駿河守の動向からその勢力は広範囲に及んでいたと思われ、入江城攻略後も毛利豊元にとって駿河守系宍戸家の脅威は解消されていなかった。

続いて、宍戸駿河守と吉茂庄において戦闘を繰り広げていた高橋氏の動向をみていく。高橋氏は安芸国と国境を接する石見国阿須那（島根県邑南町）を本拠とする国人で、隣接する安芸国吉茂庄へも進出していた。また、応永二十六年（一四一九）に毛利氏一族間の紛争に関する調停を平賀氏や宍戸筑後守弘朝（駿河守系）とともに行っており、芸石国人領主の連合的枠組みを形成する一家でもあった（岸田 一九八三：三九〇〜四五六）。その当主が命千代で、先にみたように、応仁・文明の乱勃発当初は東軍に荷担していた。

ところが、文明三年になると閏八月十五日付で、命千代は小早川元平・吉川元経・土屋賢宗（武田氏被官）ら（このほか、吉見信頼ら石見国人）から武田元綱追討に動かない場合、命千代も成敗する旨、催促の連署状を受け取っている（『吉川家文書』）。毛利豊元の無断退陣と同時期であり、西軍による調略が広範囲に進んでいたことを物語る。

5　応仁・文明の乱の終結と安芸・備後

大内道頓の乱と安芸国

前節では主として西軍の調略をみてきたが、東軍も調略を行っていた。文明二年（一四七〇）二月、大内政弘の伯父で在国していた大内道頓（教幸）が東軍に応じている。同年五月には、小早川熙平に対して芸州口から進攻して道頓を支援するようにという義政御教書が発せられており、西軍の中心的勢力である大内政弘の支配地域へ東軍は進攻しようとしていた。陶弘護ら在国していた大内氏被官も表面的には道頓に同調したが、道頓は高齢であるためその子嘉々丸に奉公するという連署請文を提出して、一定の距離を置いた。このような情勢に不安を覚えたのか、周防・長門国への進攻を命じられた吉川元経ら東軍方国人の出発は遅延した。

逆に、道頓に同調したはずの陶弘護は政弘に内通していた。文明二年十二月、道頓が備後国の東軍方支援のために軍勢を安芸国廿日市へ進発させ、自らも周防・安芸国境まで出陣したところ、弘護は道頓から離反し、その結果、道頓は周防国から没落した（『萩藩閥閲録』）。道頓は逃亡にあたり、厳島神社領宮内（廿日市市）に居た仁保盛安（大内氏被官）と協議して、安芸武田氏領伴（広島市安佐南区）へ退却しており（『益田家文書』）、厳島神主家も表面的には道頓に従っていたこと、この時点では武田氏はいまだ東軍方と認識されていたことを示す。結局、道頓が武田氏領へ逃れたのと同時期に武田元綱が西軍へ荷担したため、道頓は石見国へ逃走していき、道頓による安芸国制圧・備後国進攻は失敗に終わった。

もっとも、道頓支援を命じられていた小早川熙平は文明三年四月頃、久芳・戸野・郡戸・河内・造果（東広島市）の諸城を攻略しており、大内氏の安芸国における拠点東西条に迫ろうとしていた（『小早川家文書』）。さらに同年十月には、西軍に転じた毛利豊元に対して、東西条で勃発した地下人一揆を東西条郡代安富行房と協議のうえ、鎮圧するように指示が発せられている（『毛利家文書』）。一揆勢は徳政を要求しているが、これも備後国における土一揆と同様に、東軍方の働きかけによって土豪層が主導して起こした一揆だったと思われる。

また、同年十一月、西条原村（東広島市）の天野讃岐守跡などについて、福原広俊を代官とする旨の打渡状が大内氏から発せられている（『福原家文書』）。この措置は毛利勢を東西条救援に動員することの見返りだと考えられる。天野讃岐守とは志和東天野家の当主天野家氏。家氏は応仁元年の大内勢上洛に随行しており、応仁・文明の乱に際して一貫した西軍方だった。そのため、文明二年六月には、東西条飯田村百貫を与えられている。応仁・文明の乱終結後の文明十七年（一四八五）に家氏の子弘氏に対して東西条原村が還付された際、「文明二年以降、子細があって他人に与えていた」とあるため、飯田村の給与が原村の代替地だったと考えられる。

以上の史料から次のような仮説が成り立つ。大内氏は毛利豊元を東軍から離反させるため、まず、福原広俊の調略にとりかかった。そのため、天野家氏に対して飯田村を給与して、原村の所領を闕所地としたうえで、それを餌に広俊を調略した結果、広俊は西軍荷担を決意し、それが豊元の西軍荷担につながった。大内氏は毛利氏一族に対して東西条の所領を給与することによって、東西条の防衛に毛利勢を動員することが可能になるという目論見だったと思われる。

結局、東軍方の東西条進攻や地下人一揆は毛利豊元らの救援によって失敗に終わった。豊元はその戦功により、文明七年の豊元譲状（『毛利家文書』）に列記された御園宇・寺町・寺家・原・三永・金蔵寺領（東広島市）を与えられた。応仁・文明の乱は毛利氏の勢力が賀茂郡にまで広がったという意味でも、毛利氏にとって一つの画期となるものだった。

高山城攻撃

文明三年に東西条へ進攻した東軍方は「武田・小早川」と記されており、信賢死没後も武田氏家中には東軍派がかなり存在し、西軍派の元綱に支持が集まっていたとはいえない状況がうかがえる。文明三年六月に武田信賢が死没し、惣領の地位や若狭国守護職を弟国信（元綱の兄）が継承した後も、元綱が安芸国内の武田氏家中を完全に掌握したわけではない。毛利豊元が西軍に荷担した際の児玉修理亮に対する将軍義政御内書（「小早川家証文」）では国信勢との相談を指示しており、国信に従って東軍に荷担する武田氏被官も少なくなかったと考えられる。しかし、文明四年以降、国信の安芸国への影響力を示す史料は確認できなくなる。毛利豊元の西軍荷担が明らかになると、武田氏家中も元綱支持に統一されていったのだろう。

文明五年三月に山名宗全、同年五月に細川勝元が死没し、京都周辺における戦闘は次第に沈静化していったが、西軍の主力大内政弘は文明九年（一四七七）十一月に帰国するまで京都に留まった。一方、安芸国においては、優位に立った西軍方が東軍方の主力沼田小早川家領へ進攻し、その居城高山城（たかやま）（三原市）をめぐって激しい戦闘が展

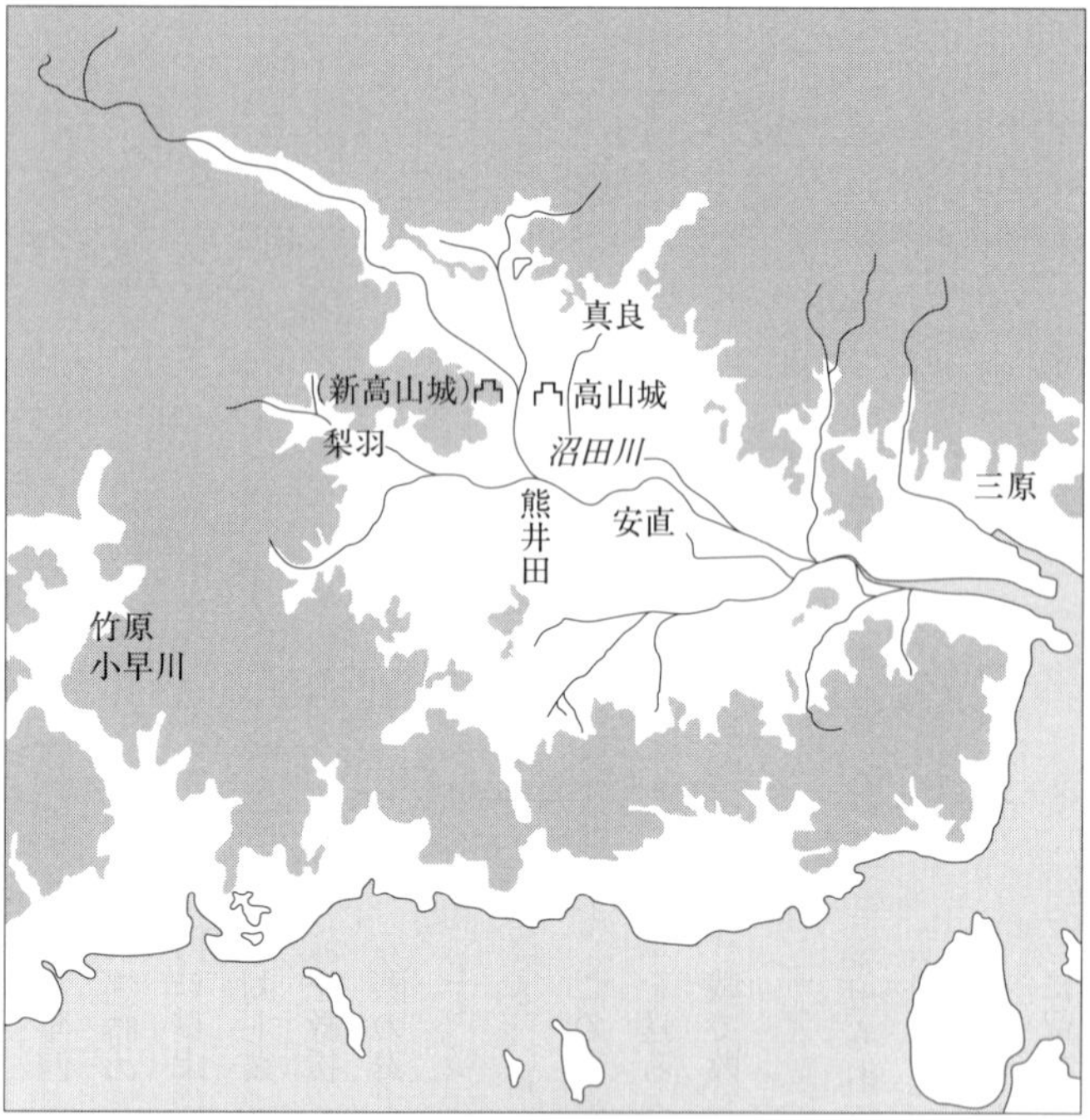

図１－10　高山城合戦関係図（著者作成）

図１－11　新高山城（左）と高山城（右）（三原市本郷町）（© ニッポン城めぐり）

開された。高山城合戦は文明五年九月の竹原小早川弘景勢の沼田進攻で始まった。竹原小早川家は大内政弘を通じて西幕府に対して、沼田小早川家に代わって惣領の地位を安堵するように求めるとともに、弘景の子への実名「平」の授与を要請した（「小早川家証文」）。「平」は沼田小早川家の通字で、弘景の子が「平」を称することは、沼田小早川家支配体制を竹原小早川家が接収することを意味した（野下 二〇二〇：三八～三九）。竹原小早川家の当主は代々「景」を通字としているが、このような経緯から弘景の子は弘平と称している。

この折には高山城攻略には至らなかったため、文明六年四月、足利義視は安芸・備後国人に対して弘景に合力して高山城を攻略するように命じた（「小早川家証文」）。当時の沼田小早川家当主は元平。父熙平が死没（文明四年末頃）する以前は在国していたが、高山城攻防戦勃発時には上洛しており、留守だった。このため、同年十二月、元平に対して帰国が命じられるとともに、備前松田氏に対して合力が命じられた（「小早川家証文」）。

さらに、西軍方の攻撃によって危機に陥った高山城を救援するために、文明七年のものと考えられる三月二十八日付で、山名是豊に対して合力が命じられたが、その際の奉書には、是豊の救援が遅延しているため、再度奉書を遣わしたことが記されている（「小早川家証文」）。もっとも、三月五日の真良（三原市）における戦闘には是豊被官とされる栗原帯刀左衛門尉も参加しており（「小早川家証文」）、是豊がまったく援軍を派遣しなかったわけではないが、是豊自身は高山城救援に向かっていなかった。なお、この合戦には東軍方として「毛利被官」も参加している。すでに豊元は西軍に荷担しており、沼田小早川家へ援軍を送ることはありえない。そうすると、この「毛利」は東軍が擁立していた元家を指す。文明四年十二月の馬木合戦で敗れて以降の元家の動向は不明だったが、是豊あるいは沼田小早川家に庇護されていた可能性を指摘できる。

文明七年四月には備前・備中国衆宛の合力要請も発せられており（「小早川家証文」）、高山城の危機が切迫した状況にあったことをうかがわせる。なお、備前・備中国衆のうち、庄氏の援軍は確認できるが、その他の国人領主については不明である。

沼田小早川家と同様に毛利豊元らの離反後も東軍方に留まっていた吉川氏は、文明七年八月、大内武治のほか、三隅・佐波・福屋・高橋氏といった石見国人の調停によって、隣接する綿貫氏と和睦している（『吉川家文書』）。大内武治は大内道頓とともに東軍荷担に応じた大内氏一族で、この時期前後に三隅・佐波・福屋・高橋氏は東軍方として活動していたとされる（和田 二〇〇三：一〜二四）。したがって、高山城攻撃時における吉川氏は東軍方だったと考えられる。もっとも、吉川氏領は高山城から離れており、援軍の派遣は事実上不可能だった。

また、文明六年、高橋命千代のほか、三隅・福屋・周布・佐波氏らに対して、幕府奉行人から石見国長野庄（島根県益田市）内の領家地頭職などについて益田貞兼を還補したので、貞兼に合力するようにという命令が発せられている（『益田家文書』）。この三隅氏以下の顔ぶれは吉川氏と綿貫氏の調停を行った家とほぼ同様であり、文明六・七年時点における高橋氏は東軍方で、その当主は命千代だった。結局、東軍からの離反が懸念されていた高橋氏は東軍から離反しなかったのである。

高山城合戦の終結

次に、高山城合戦時の備後国の戦況をみていこう。応仁・文明の乱勃発初期の備後国においては、宮上野介家と備後杉原氏一族および山名是豊が東軍方の主力だった。

このうち、宮上野介家について、文明六年のものと考えられる九月十五日付元平書状写（『萩藩閥閲録』）に、「宮衆」のほか、庄伊豆守らへ救援が命じられ、諸国から援軍が到来するので、敵を撃退できるとある。「宮衆」とは宮上野介家のことと考えられる。

文明七年になると、四月十一日付で元平が宮田教言・宮若狭守・宮五三郎に対して、「高山城の攻め口の開陣に関する国衆からの書状を読みました。子細を連署でお聞きした上は、ご指南に従います」という書状を発している（『小早川家証文』）。これに対して、同月二十三日付で政信・盛忠連署で「高山攻め口の開陣に関する宮田教言と国衆からの申し入れについて、両人で協議して、我らの考えを申し入れました。ご承引くださるとのことで、面目の立つことです」という返信が発せられている（『小早川家証文』）。

宮田教言は山名惣領家から派遣された西軍方の指揮官であるため、彼とともに元平へ申し入れを行った「国衆」は西軍方の備後国人を指す。一方、若狭守政信と五三郎盛忠は、元平が指南に従うとしていることから、元平の味方である。両者ともに宮上野介家の人物と考えられ、元平書状には「ご両人には直接お会いしてお話しします」とあるため、高山城救援のため近くに布陣していたとみられる。

このように宮上野介家は高山城合戦時も東軍方だったが、宮上野介家や庄伊豆守へ救援が命じられたことを記している元平書状において、備後杉原氏一族への言及はみられない。先にみたように、杉原氏は宮氏と同様に幕府奉公衆の一員であり、かつ備後杉原氏惣領家は沼田小早川家領に隣接する三原を領有していた。そのような杉原氏に対して、高山城救援を命じた形跡がみられない。したがって、遅くとも文明六年九月以前に、備後杉原氏は東軍から離反していたと考えられる。

山名是豊については、先にみたように文明七年三月、高山城への救援を重ねて命じられている。一方、三月十六日付陶弘護書状に「是豊・頼忠父子が備後国へ乱入したため、安芸国人や東西条郡代安富行房が駆け付けて、三月十三日に是豊らの陣を攻め落とし、是豊父子は消息不明だが没落した」とある（『相良家文書』）。また、山内泰通は敵のたび重なる来襲を防ぎ、とりわけ、泰通の籠もった要害詰口における親類・被官の討死などに対する山名政豊の感状を文明七年六月二十日付で受け取っている（『山内家文書』）。山内氏領に隣接する地を領有する国人田総豊里も同日付で、泰通の要害に籠もった働きに対する政豊感状を受け取っている（「田総家文書」）。

これらの史料から、是豊は命じられていた高山城救援にはわずかな被官を派遣して、自らは子頼忠とともに、備後国における西軍方の主力山内氏領へ進攻し、その居城に攻めかかっていたことが判明する。田総宛て感状に柚谷（三次市、国人和智氏領と考えられる）敗軍の際の尽力を賞する文言があることから、西軍方が高山城攻撃に注力している隙を突いて備後国北部へ進攻するという是豊の作戦は当初功を奏したかに思えたが、最終的には失敗に終わった。その原因は、同年十一月の毛利豊元譲状（『毛利家文書』）に、是豊を備後国から追い払った戦功に対する恩賞として、毛利勢が占領した伊多岐（三次市）・重永・山中・横坂（世羅町）要害の領有を認められたとあることから、毛利勢の救援によるところが大きかったと考えられる。

最後に、高山城合戦終結の経緯をみていこう。結局、東軍方の小早川元平は宮上野介家の助言を受け入れ、停戦に応じた。宮田教言や西軍方の備後国衆から提示された停戦条件は、熊井田本郷・安直本郷・梨羽北方などの割譲だったが（「小早川家証文」）、近隣の唯一の味方ともいえる宮上野介家が停戦を推進しており、かつ是豊の没落によって是豊勢の救援も不可能な情勢にあった。そのため、元平がこれ以上の抵抗を続けることは困難だった。一方で、西軍方にとっても、一年半に及ぶ攻勢に耐え抜いた高山城を陥落に追い込むためには自兵力の多大な犠牲を要することから、大幅な領土割譲は要求しなかったと考えられる。四月二十六日、西軍方の軍勢は高山城包囲を解き、撤退した。沼田小早川家領を接収しようという竹原小早川家の野望はほとんど実現しなかったのである。

高山城合戦の終結後、安芸・備後国における大規模な戦闘は当分の間みられなくなる。また、文明九年十一月に大内政弘が帰国すると、京都では天下無為（平穏）になったと認識されている。このようにして応仁・文明の乱は終結した。

◈　◈　◈

応仁・文明の乱は安芸・備後国にどのような影響を及ぼしたのだろうか。

安芸国においては、西軍方の大内氏の影響力が増大した。最後まで東軍に荷担していた吉川氏について、文明十年のものと考えられる一月七日付で大内政弘が吉川元経に宛てた書状には、「蒲刈（呉市）周辺に逗留した時にお出でが遅れた理由についてお聞きしました。ご丁寧にありがたいことです」とある（『吉川家文書』）。政弘が蒲刈周辺に逗留したのは文明九年十一月に京都から下向する途中のことと思われ、吉川氏は応仁・文明の乱終結直後に大内氏への接近を図っていた。文明十四年（一四八二）になると、陶弘護殺害事件を引き起こした吉見信頼討伐にあたり、吉川氏にも動員命令が発せられており（『吉川家文書』）、この時点では大内氏に従属していたと考えられる。

安芸武田氏における元綱・国信兄弟の対立については、文明十三年（一四八一）のものと考えられる五月二十八日付国信書状に「元綱の身上について、大内政弘からの申し入れの趣意についてお聞きしました。ご指南があった以上、やむをえないので、和睦します」とある（『蜷川家文書』）。政弘の強い仲介によって、国信は元綱との和解を受け入れ、元綱による安芸国における武田氏領の実質的な支配を認めざるをえなかった。応仁・文明の乱の終結によって、元綱は惣領家（若狭守護家）からの事実上の自立を達成したのであるが、かつての守護家安芸武田氏を影響下に収めることに成功した大内氏が安芸戦線における最大の勝利者だったと評価できよう。

もっとも、安芸国守護職は山名惣領家が引き続き保持しており、政豊は名目上守護だったと思われる（ただし、安芸国守護としての政豊の権限行使は確認できない）。沼田小早川元平も幕府奉公衆として活動しており、大内氏に従属したわけではない。

備後国においては、是豊が没落して名実ともに政豊が守護に復帰した。山内氏に対する宛行文書も長享元年まで政豊自身が発給している（『山内家文書』）。この点について、備後国人層が政豊の統制下に服し、備後の安定化が成し遂げられたと評価されている（川岡 二〇〇二：一七二）。しかし、政豊は備後国から離れた但馬国を本拠としており、守護代太田垣（おおたがき）氏（定数（さだかず）など）を通じた統制であるうえ、備後国南部の宮氏や杉原氏一族は幕府奉公衆として活動しており、山名惣領家の強い統制下にあったとは考えられない。一方で、応仁・文明の乱終盤には西軍に荷担していた杉原氏一族の場合、文明十二年（一四八〇）に高須氏の所領配分に守護代太田垣定数が関与している（『萩藩閥閲録』）。従来は山名惣領家との関係が希薄だった備後国南部の国人へも守護山名氏の影響力が及んだと評価でき、山名氏は応仁・文明の乱直後期に備後国守護としての表面的な地域統制範囲を拡大させることに成功した。もっとも、それは細川氏と親密な関係にあった国人の山名惣領家への荷担によって成し遂げられたものだったが、彼らは家中における優位性の確立や領土的野望といった自らの利益のために荷担したのであって、山名惣領家に屈服したわけではない。ゆえに山名惣領家の彼らに対する統制力は強くなかった。このため、守護山名氏の備後国における権力基盤は脆弱だったのである。

なお毛利氏は西軍方に転向することによって、安芸国における大内氏、備後国における山名氏との関係を背景に在国行動を展開して勢力拡大を図っており、応仁・文明の乱が重大な転機になったと評価されている（市川 二〇二一：二二一～二三二）。

第二章　大内氏・尼子氏の安芸・備後への進出

本章では、応仁・文明の乱終結後も続いた上位権力に関する事件・政変（山名氏の内紛、明応の政変、足利義尹・大内義興（政弘の子）の上洛など）が、安芸・備後国の権力構造に大きな変化をもたらしていった経過をみていく。

第1節では、山名宗全の後継者政豊とその子俊豊の対立によって引き起こされた、政豊を支援する勢力（親細川派）と、俊豊を支援する勢力（親大内派）との軍事衝突の展開をみるとともに、明応の政変（細川政元による将軍足利義材（追放後に義尹に改名）の追放）の安芸・備後国への影響について考察する。第2節では、大内氏領国へ下向した義尹を奉じた大内義興の上洛への安芸・備後国人の対応と、その後に結ばれた安芸国人一揆契約に注目する。第3節では、武田元繁の大内氏からの離反と、毛利元就らによる元繁討伐に着目する。第4節では、安芸・備後両国が大内氏と尼子氏との対立の最前線になっていく状況をみる。

1　山名氏の内紛・明応の政変と安芸・備後

山名氏内紛の勃発

山名俊豊は政豊の子で、長享三年（一四八九）一月の石清水八幡宮に対する藁江庄（福山市）の還付約束が、備後国への関与の初見である（「石清水八幡宮文書」）。備後国における政豊発給文書が長享元年を最後にみられなくなる一方で、長享三年以降、山内氏に対する宛行文書もすべて俊豊が発給している。したがって、遅くとも長享三年一月以降、俊豊が備後国において守護の役割を担ったと評価できる。

このような権力移行の背景には、政豊が強行した播磨国（赤松氏領国）への進攻が失敗に終わったことがあった。

政豊は長享二年（一四八八）七月、播磨坂本（兵庫県姫路市）から撤退したが、その際に「備後衆もすべて没落」したと認識されている（『蔭凉軒日録』）。続報では「備後衆はすべて政豊に背いた」とされており（『蔭凉軒日録』）、政豊撤退は赤松勢の攻勢に加え、政豊に従軍していた備後国人衆の離反に起因するものだったと思われる。備後国人衆は恩賞として播磨国において給分を獲得することを期待して遠征に積極的に協力していたため、文明十七年頃から赤松氏の反撃が強くなると、積極姿勢に変化がみられるようになっていた。たとえば、文明十八年（一四八六）一月、山名勢が英賀（兵庫県姫路市）における戦闘で赤松勢に敗れると、翌月、備後国人江田・和智・山内氏ら（このほか、安芸吉川氏、備中庄四郎次郎、但馬塩冶彦次郎）は陣払いして兵庫へ撤退している（『蔭凉軒日録』）。戦況悪化によって播磨国における給分の確保が見込めない可能性が出てくると、備後国人衆には厭戦気分が広がる常況だった。長享二年七月の備後国人衆の離反も右記のような要因に基づくものだったと考えられる。

この離反には備後国人衆だけでなく但馬御内衆・国人衆の一部も加わっており、彼らは政豊に代わって俊豊を擁立した（片岡 二〇一八：一三四）。延徳三年（一四九一）八月、俊豊が垣屋・太田垣・八木・田井荘（田結庄）ら但馬国内の有力被官衆や因幡国守護山名豊時・豊重父子とともに兵を引き連れ入京しており（『蔭凉軒日録』）、幕府も俊豊を惣領とみなした。もっとも、俊豊が惣領とされた後も政豊を支持する勢力は少なくなく、明応二年（一四九三）には但馬国内で俊豊方と政豊方との戦闘が確認される（『蔭凉軒日録』）。

次に、政豊・俊豊父子の争いにおける備後国人衆の動向をみていこう。俊豊発給文書が確認されるのは長享三年以降であるが、それ以前に俊豊は備後国へ赴いていた時期があったとされ（伊藤 二〇二二：一五八）、俊豊と備後国人衆との間には緊密な結びつきがあったと考えられる。しかし、政豊が俊豊への権力移行を認めず、両者の争いが起こると、山内氏が俊豊方の中核として活動するなど、備後国人衆の多くは俊豊を支持し、俊豊も備後国を基盤とした。一方で、山内氏領に隣接する地域を支配する和智氏や江田氏は政豊方として活動している（柴原 二〇一八：二三一〜二三六）。

また、明応元年（一四九二）のものと考えられる十二月二十七日付山内大和守（泰通の子、当初の実名は豊通、のち豊成）宛俊豊書状（『山内家文書』）によると、俊豊は山内氏を通じて、毛利氏や出雲三沢氏、山内氏同族の多賀山氏、因島村上氏、大田庄下見氏を与党に引き込もうとしていた（木村 二〇〇五：一二）。そのほか、江田氏や和智氏も工作対象だったが、細川政元と親密な関係にあった江田・和智氏（広沢衆）は敵方と認識されている。このことから、政元の政豊・致豊（俊豊弟）支持が判明する。因島村上氏や下見氏のこの際の動向は不明であるが（多賀山氏は山内氏と親密な関係にあったため、俊豊に荷担したのであろう）、いずれにせよ備後国は分裂状態に陥った。

山名氏内紛の影響

山名惣領家内における内紛は山名氏の備後国支配にどのような影響を及ぼしたのだろうか。

延徳四年（一四九二）九月、俊豊は山内大和守を翌年分の一方段銭奉行（一部の段銭を徴収する奉行）にも任じるとともに、守護請国衙領だった泉田（庄原市）の代官職を安堵された（『山内家文書』）。代官職安堵の俊豊書状には「守護代を任命したとしても」とあり、従来の守護請地支配が守護代太田垣氏ら山名氏被官層によって担われていたことをうかがわせるが、その後、泉田は明応四年（一四九五）七月、俊豊から山内大和守へ給与されており（『山内家文書』）、山名氏の備後国支配における転換点になったと評価される。言い換えると、泉田のような守護請地や守護権利地の獲得・拡大などよって政治的・経済的基盤を確保して発展してきた山名氏の備後国支配が弱体化していく状況を示すものとされる（岸田 一九八三：一一三～一二〇）。

また、段銭奉行補任についても、当面翌年分とするものの、一定額の進納を果たすことによって継続補任することを予定しており、守護支配機構上の一職掌への補任のみを意味するものではなく、実質的な給与を含むものであり、山内氏に対して自身の所領や請地以外へも制度的に入部できる根拠を与えたとされる。つまり、守護・守護代権力の衰退、国人の領主制進展を示す事例と評価されている（岸田 一九八三：一五四～一五六）。もっとも、これ以前にも山内氏は一方段銭奉行に補任されたことがあり、また、段銭奉行は一方とされていて独占的な権限を付与したものではないことから、従来の守護による分国支配の範疇に収まるもので、段銭収取に関する権限を移譲したものではないとする評価もある。この立場に立つと、国人の自立化に直結するものではないことになる（伊藤 二〇二二：一六〇～一六二）。

山内氏に対する安堵・給与・補任が俊豊による備後国支配が動揺している状況で行われたものであり、政豊との抗争において劣勢になった俊豊が山内氏を自陣営に引き留めるための懐柔策だったことは明白である。したがって、国人の領主制進展が自発的に実現したものとはいえないが、これ以降、山名氏の段銭収取は再建できなかったと考えられ、山名氏の備後国支配の変容を示すという点では、双方の見解に大きな差異はないといえよう（伊藤 二〇二二：一六三～一六六）。

一方、(1)十五世紀前半においても国人領には相対的自立性が認められ、十五世紀後半以降の守護段銭の給与・免除が守護の領国支配変質の契機となっていない、(2)段銭給与をはじめとする給分宛行には守護・国人関係をいっそう緊密化させていく側面があった、(3)山名氏分国全体の構造の中でとらえると、守護段銭の給与・免除、段銭賦課権の移譲は守護権力が給分を媒介として国人を軍事的にひきつけようとする方策として位置づけられる、とする見解もある（川岡 二〇〇二：一五八～一七四）。

また、山名氏は備後国人層と一元的に結びつくことによって守護公権力としての比重を相対的に高めたものの、備後国支配の強化につながったとはいえず、逆に、備後国人層は守護と結びつくことによって領域的支配を確立する方向を辿っていったとされる（川岡 二〇〇二：一七五）。

これらいずれの見解をとるにせよ、宗全・政豊と是豊、政豊と俊豊の抗争といった山名氏の内紛において、周縁部に位置する備後国を分国として維持するためには、国人を与党に引き込み軍事的勝利を収めることが有効であり、結果として国人の領域支配が強化・拡大したといえる。

山名氏内紛の終結と備後国人の動向

山名氏内紛に際して山内氏が俊豊、和智・江田氏が政豊に荷担したことは前述したが、その他の備後国人の動向をみていこう。

まず、備後国南部の国人の動向を確認しておく。

越中国に逃れた前将軍足利義材は明応四年七月、義材に随行していた奉公人吉見義隆（能登吉見氏一族）に対して、杉原下総守・修理亮の知行地備後国木梨庄や杉原三郎左衛門尉旧領などの給与を約した（「小早川家証文」）。吉見がこれらの所領を実効支配することはなかったと考えられるが、義材が所領を没収するとした下総守を惣領とする備後国人杉原氏一族は義材と敵対する勢力、つまり、細川政元・足利義澄（よしずみ）方で、政豊（致豊）と俊豊との抗争において政豊（致豊）に荷担したことが判明する。

その要因について推測すると、杉原氏一族が幕府奉公衆だったことを挙げることができる。杉原下総守、三郎左衛門尉は「東山殿時代大名外様附」の四番、修理亮は長禄三～寛正六年頃のものとされる「久下（くげ）番帳」の四番にみられる（今谷 一九八〇：一四八～一四九）幕府奉公衆である（修理亮については「久下番帳」にみられる人物の次代と思われる）。奉公衆の大部分は明応の政変後、義材に随伴することなく義澄に従った。杉原氏一族も義澄に従ったのである。

また、平賀弘保（ひろやす）に宛てた十一月三日付太田垣胤朝（たねとも）書状（『平賀家文書』）は本書四六頁引用の田総宛と同年のものと思われ、致豊の下知に背いた山内新左衛門尉（大和守の子、父の隠居後、実名豊通を引き継ぐ）の退治にあたり、宮上州・杉原又五郎との協議を指示されている。新左衛門尉豊通は永正（えいしょう）元年（一五〇四）六月まで次郎四郎を称しており、この書状はそれ以降のものになる。宮上州は宮上野介家の当主で、明応元年末～明応二年初の成立と思われる「東山殿時代大名外様附」（今谷 一九八〇：一四四）の四番にみられる宮上野入道と同一人物あるいはその後継者であり、また杉原又五郎は木梨陸恒（みちつね）あるいはその先代と思われる。

宮上野介家や杉原氏は和智氏や江田氏とは異なり、早い時期から政豊（致豊）方として活動した形跡はない。幕府奉公衆で山名氏の直接的な麾下（きか）になかったため、政豊と俊豊との抗争当初においては直接的に関与していなかったが、明応の政変後、幕府が政豊・致豊に抵抗する勢力を討伐する方針に転じた結果、反政豊・致豊方の山内氏討伐に参画したのだろう。

ところが、明応五年（一四九六）四月時点では宮政盛と山内氏とが味方同士だったことを示す史料が確認される（『山内家文書』）。政盛は下野守家を継承していた人物で、「東山殿時代大名外様附」では五番にみられる奉公衆である。明応五年時点において幕府は政豊を惣領として認めていたと考えられるが、奉公衆でありながら宮政盛は俊豊に荷担していた。宮上野介家の明応五年時点における山名氏内紛への関与を示す史料は確認できないため、宮氏一族が分裂したと断定することはできないが、少なくともすべての奉公衆が幕府の方針通りに動く状況にはなかったことを示している。

　備後国北部の国人のうち、三吉氏についても政豊・致豊方から俊豊方に転じている。明応二年五月、三吉氏に与えられていた御調郡内の地が俊豊から山内氏へ恩賞として宛行われており（『山内家文書』）、この時点では政豊に荷担していた。明応二年四月の細川政元によるクーデタ（十代将軍足利義材の追放。明応の政変）によって政元が幕府を掌握したため、幕府奉公衆だった三吉氏も政元の支持する政豊に荷担したのであろう。ところが、明応五年十二月の入君（三次市）における戦闘では俊豊方として参戦しており（『芸備郡中士筋者書出』所収文書）、幕府の方針と異なる行動をとっている。

　なぜ、備後国人の一部は明応の政変後劣勢に陥った俊豊を支援したのだろうか。その謎に迫るため、次項では毛利氏をはじめとした安芸国人の動向をみていきたい。

大内氏と安芸国人

　明応二年二月、山名俊豊は毛利弘元（豊元は文明八年に死没）に対して備後国伊多岐などを安堵するとともに、小国（世羅町）のうち新見氏（備中国人）知行分については新見氏が俊豊に荷担したため安堵分から除くものの、その替地として徳良（三原市）地頭分を給与すると約して、一層の忠節を求めている（『毛利家文書』）。したがって、この時点における毛利氏は俊豊に荷担していた。さらに明応六年（一四九七）十月、俊豊は毛利氏の備後国における尽力によって同国において勝利を収めそうだとしたうえで（現実には劣勢にあったが）、但馬国への遠征を要請しており（『毛利家文書』）、毛利氏は引き続き俊豊方だった。

　明応六年のものと考えられる平賀弘保に対する則光岩上（東広島市、世羅町）合戦の戦功を賞する九月十日付俊豊書状に「詳しくは毛利弘元がおっしゃいます」とあり（『平賀家文書』）、平賀氏も俊豊方として活動していたこと、毛利弘元が俊豊の対平賀氏窓口となっていたことが判明する。これらの史料から、毛利氏が俊豊方安芸国人の中心的存在だったと考えられる。

一方で、十代将軍足利義材も俊豊支持だったと思われるが、明応の政変によって幕府を実質的に掌握した細川政元および彼が擁立した十一代将軍足利義澄は政豊・致豊を支持した。その結果、安芸国にはどのような変化がもたらされたのだろうか。

義材の陣から離脱した安芸・石見国人は大内勢が在陣していた堺（さかい）（大阪府堺市）に退いた。ところが、同年閏四月、武田氏（惣領は国信の子で若狭国守護の元信（もとのぶ））によって大内義興妹が誘拐されるという事件が勃発している（『大乗院寺社雑事記』）。この事件について、政元が親密な関係にあった武田氏を煽動して、政変完遂を傍観するように義興を脅迫した可能性が指摘されている（藤井崇 二〇一四：三八～四一）。この指摘が正しいとすると、明応の政変後に成立していた政元と大内氏との表面上の友好関係は政元優位とみなされる。一方、山名氏の内紛に対する安芸国人の動向をみると、政元の支持する政豊・致豊への荷担は明応の政変後すぐには広がっていない。逆に、細川氏と親密な関係にあった沼田小早川家が明応四年以前に山名俊豊から合力を要請される関係になっている（「小早川家証文」）。この背景には何があったのか。

明応二年閏四月、沼田小早川敬平（元平から改名）の子小法師（こほうし）（のちの扶平（すけひら））は堺に在陣していた義興と対面している。応仁・文明の乱の当時から大内方だった竹原小早川家・平賀氏・天野氏・阿曽沼氏らに加えて、応仁・文明の乱では敵対していた沼田小早川家も大内氏に接近していたのである（「小早川家証文」）。

先にみたように、毛利氏も俊豊に荷担していた。毛利氏は応仁・文明の乱の中途に西軍に転じて以降、大内氏の影響下にあった。弘元は文明十年に大内政弘の加冠（かかん）で元服しており、「弘」は政弘の偏諱（へんき）である。明応二年八月二十日付大内義興書状写（『萩藩閥閲録』）によると、山名（政豊）・松田（備前国人カ）の逆乱に際して毛利氏は大内氏に同心したとされており、書状の正確性には慎重な検討を要するが、毛利氏の俊豊への荷担は大内氏の方針に従ったものと思われる。沼田小早川家の場合も同様だろう。大内氏は表面的には細川政元との友好関係を保ちつつ、山名氏の内紛においては明応の政変後しばらくの間は政元の方針には従わなかったのである。

もっとも、明応四年頃には大内氏も政豊・致豊支持に傾いている。明応四年十月、大内方安芸国人の代表格竹原小早川弘平が栗原小次郎を政豊方に引き込む調略を行っていることについて、政豊方の備後国人三吉氏から政豊へ注進してほしいと要望している（「小早川家証文」）。にもかかわらず、大内氏に従属していた毛利氏は明応六年には俊豊に荷担している。なぜ毛利氏は大内氏の方針に反して一貫して俊豊に荷担していたのだろうか。

明応五年二月、大内氏奉行人杉武明が毛利氏に発した事書（『毛利家文書』）は「山名霜台様のご身上について」という項目がみられる。「山名霜台」とは俊豊を指し、大内氏と毛利氏との間で俊豊への対応についての協議があったことを示している。その後、毛利氏が俊豊に荷担して戦闘を展開していることから推測すると、いったん政豊・致豊支持に傾いた大内氏が俊豊支持に戻ることとして、毛利氏に俊豊への荷担を指示したのではないか。明応の政変後しばらくの間、大内氏と細川政元とが直接的に軍事対立することはなかったが、明応五年の北部九州における大内氏領への少弐氏進攻の背後には政元があったようだとされ（吉野 二〇一八：四六）、政元と大内氏との関係は再び悪化していた。このため、大内氏は俊豊支持に戻ったと思われる。

細川政元の巻き返しと宍戸氏の動向

前項で触れた少弐氏の進攻に対して明応四年九月の政弘死没により大内氏当主の地位についた義興自身が出陣したほか、天野氏（堀、志和東の両家）・毛利氏（庶家志道元良）ら安芸国人も動員され渡海し、明応六年中にはほぼ鎮圧されたが、明応七年になると、大内方の駿河守系宍戸家が滅亡するという事件が起きた。

応仁・文明の乱において宍戸駿河守家は西軍に荷担し、当主持朝（筑後守弘朝の子）が安芸国を主戦場とした一方で、その子宮内少輔弘朝は京都を主戦場としていた大内政弘に従軍していた。政弘帰国後も大内氏との親密な関係は維持され、宍戸駿河守家は平賀氏や厳島神主家と並ぶ大内方安芸国人の筆頭格だった。とりわけ、宍戸宮内少輔は大内氏の意向を体現して他の国人をとりまとめる役割を担っており、駿河守系宍戸家は大内氏の安芸国支配において重要な存在だったとされる（吉野 二〇一八：四四〜四六）。

ところが、明応七年のものと考えられる四月七日付で志和堀天野家に宛てた義興書状写（『萩藩閥閲録』）によると、駿河守系宍戸家の居城五龍城（安芸高田市）に三村左衛門尉らが来襲して、城は陥落、宍戸宮内少輔は討死した。義興は志和堀天野家に対して宍戸筑後守（持朝カ）への援軍を命じたが、同年七月十三日付平賀弘保宛義興書状（『平賀家文書』）によると、義興自身も筑後守救援のために出陣予定だったところ、大友氏に北部九州における大内氏領への進攻の動きがあったため、安芸国への出陣をとりやめ、七月二十三日に九州へ渡海することになった。そこで、義興は九州から帰陣したらすぐに救援に向かうとし、それまでは備後・出雲衆に対して援軍を要請した。同書状には岩屋城は持ち堪えているとあり、筑後守は岩屋（祝屋）城（安芸高田市）に籠もっていた。

平賀氏は救援に赴いたが、結局、義興自身による救援はなく、岩屋城も陥落して、駿河守系宍戸家は滅亡したと考えられる。駿河守系宍戸家の滅亡後、宍戸筑後守父子旧領を与えられた宍戸左衛門尉（『毛利家文書』）は安芸守系宍戸家の人物と思われる。安芸守系宍戸家は従来から細川京兆家と結びついており、応仁・文明の乱の際も東軍方だった。また、細川政元の魔法修行の師だったとされる司箭院興仙（宍戸家俊）も安芸守系宍戸家の人物と思われる（末柄　一九九二：六四〜六九）。したがって、駿河守系宍戸家攻撃の背後には細川政元があったと考えられる。五龍城攻略の主力三村左衛門尉は細川京兆家の被官備中三村氏の人物と思われるが（吉野　二〇一八：四六〜四七）、三村氏領と駿河守系宍戸家領は隣接しておらず、三村勢の単独行動による進攻だったとは考え難い。

明応の政変後の備後・安芸国

山名俊豊は明応の政変による義材追放の影響で備後戦線においても劣勢に陥ったが、山内氏らの支援によって戦闘は続いた。しかし、備後国を戦場とした政豊方と俊豊方との軍事衝突は明応七年を最後にみられなくなり、明応八年（一四九九）五月に俊豊は死没した。

俊豊死没後と考えられる八月三日付で、明応八年一月に死没した政豊の後継の惣領致豊が田総俊里へ宛てた書状に「両広沢とその与力の者の知行分について、紛争によって山内が押領しているとのこと、けしからぬことである」とある（「田総家文書」）。両広沢とは和智氏と江田氏を指し、この両者が政豊・致豊方の中心的な存在で、俊豊死没後も山内氏との対立が続いていたことを示す。田総俊里に対する十一月三日付太田垣胤朝書状においても「山内豊通がご下知に背いたので退治するという御書が発せられました」とある（「田総家文書」）。この「豊通」は大和守の子で、明応四年十一月の父大和守豊通の隠居後にその実名を引き継いだ。なお、大和守は豊成に改名している。

胤朝書状は俊豊死没後のものと考えられ、山内氏が致豊による備後国支配に抵抗を続けていたことを示す。

また、備中三村勢の駿河守系宍戸家領への進攻時の経路にあたる杉原氏・宮上野介家・沼田小早川家の対応（三村勢との交戦は確認できない）から、これらの家が細川方に荷担していた可能性を指摘できる。そもそもこれらの家は応仁・文明の乱勃発時には細川勝元に荷担しており、本来は親細川派だった。

次に、毛利氏の動向をみていく。毛利弘元に対する大内氏からの援軍要請は確認できないうえ、明応八年八月六日付で安芸武田氏被官温科国親の武田元信に対する謀叛に際して、元信代（武田元綱の子元繁を指す）に合力して温科を退治するように幕府奉行人から命じられている（『毛利家文書』）。当時の幕府は細川政元が実質的に掌握しており、元信と政元は親密な関係にあった。したがって、安芸武田氏は反大内方だったと考えられ、温科の謀叛は大内方だった駿河守系宍戸家への攻撃に対抗して、大内氏が調略したのであろう。また、同年のものと考えられる三月六日付で武田元繁・香川質景・白井元胤・熊谷膳直らは連署して内部庄（安芸高田市）の安堵を武田元信へ吹挙することを毛利弘元に伝えており（『毛利家文書』）、この時点では毛利氏も安芸武田氏と同様に反大内方となっていた。弘元は八月二十八日付で国司元純・有相に対して温科誅伐の際の戦功を賞する感状を発給している（『萩藩閥閲録』）。毛利勢は温科の謀叛を鎮圧するために安芸武田氏に合力して出兵したのであり、大内氏からの離反が判明する。

毛利弘元は文明十八年、細川政元を「御屋形」と認識しており（「壬生家文書」）、応仁・文明の乱終結後、細川氏との関係を復旧していた。つまり、毛利氏は大内氏への従属下においても細川氏との親密な関係を維持していた（市川 二〇二二：三三〜三七）。そのような関係が大内氏からの離反にもつながったと考えられる。

さらに、右記の武田信繁ほか連署状の末尾に「なお、詳しくは吉川殿へ申します」とあり、吉川氏も反大内方だった。以上の史料から、応仁・文明の乱当初の東軍方だった安芸武田・毛利・吉川・沼田小早川・安芸守系宍戸家が紆余曲折を経て、明応七・八年頃には一致して反大内方（細川方）に荷担していたことが判明する。一部の安芸国人は大内氏の影響力を排除することに成功したのであるが、それは自発的なものではなく、大内氏と対抗関係にあった細川政元の巻き返し策の一環として成就したものであり、ゆえに、連帯した国人は応仁・文明の乱当初の親勝元派に限られていた。

そのような大内・細川（反大内）方の抗争の中で、毛利氏は周辺の国人領主層（保垣氏、井上氏）への影響力の強化を図り、被官支配も進んでいる（市川 二〇二一：三七〜三九）。

次に、政元の巻き返し策は国人だけでなく、大内氏家中にも及んだ。明応八年二月、東西条代官を務めていた杉武明が義興の弟尊光を擁立しようとしたとして切腹させられるという事件も起きている。尊光は脱出して大友氏領国へ逃れ、還俗して高弘と称した。「高」は将軍義高（義澄の当時の実名）の偏諱であり、尊光擁立の企ての背後には政元があったと考えられる。このように、政元の巻き返し策によって、大内氏の安芸国支配は大きく後退しつつあった。

2　大内義興の上洛と安芸国人一揆契約

足利義尹の下向

大内氏による安芸国進出の停滞状況を好転させたのは、前将軍足利義尹（義材から改名）の下向だった。明応八年（一四九九）、義尹は京都奪回を狙って兵を進めたが、十一月、近江において敗戦し、翌月末、大内氏を頼って周防国へ下向したのである。大内義興にとって、安芸・備後国をめぐる細川政元との対立、北部九州をめぐる大友氏との対立を有利に導くために前将軍を旗印に掲げることは有効だったため、義尹は大内氏に庇護されることとなった。

山口に居所を構えた義尹は各地の大名・領主に対して自らへの忠節を命じる御内書を発給し、大内義興からも副状が送られた。安芸国人に対するものとして、明応九年（一五〇〇）四月、平賀弘保のほか、毛利弘元宛が確認される（『平賀家文書』、『毛利家文書』）。なお、平賀宛は義興副状も現存するが、毛利宛は副状が残されていない。そもそも毛利氏は平賀氏とは異なりその当時反大内方だったため、弘元に対する副状は発給されなかったのではないか。実際に同年六月、政元および武田元信から弘元に対して、義澄に従うように命じており（『毛利家文書』）、毛利氏は細川方に留まっていた。もっとも、政元書状には義尹に荷担した場合処罰する旨記されており、毛利氏の動向に疑念が生じていたと考えられる。また、元信書状には金山（武田元繁）と連携して尽力するように記されており、安芸武田氏は細川方だった。元信は小早川扶平（父敬平は明応八年に死没）に対しても同様の書状を発しており（「小早川家証文」）、沼田小早川家も細川方である。

その後の毛利氏の動向をみていこう。弘元は明応十年（一五〇一）一月十六日、前年六月の奉書が今日到来したとして、請書を認めた（『毛利家文書』）。一方で、同年二月二十一日付弘元宛大内義興書状には、九州への出兵を命じたところ、弘元が上意（義尹）に従う旨返答したとあり（『毛利家文書』）、動向に迷った弘元は双方に従う旨返答したのである。また、義興は明応九年のものと考えられる十二月五日付で、五龍城の安堵を弘元が大内氏に要望したので、平賀弘保に対して和睦するように命じており（『平賀家文書』）、弘元が安芸守系宍戸家の宥免を義尹・大内方に荷担する条件としていたことをうかがわせる。文亀元年（明応から改元）七月、弘元は九州へ名代を派遣するとしたが（『毛利家文書』）、実際に毛利勢が九州へ渡海した形跡はない。

義尹下向の影響

同年八月には、義興退治の綸旨・御内書が発せられたので、弘元や扶平に忠節を尽くすようにという政元書状が発せられており（『毛利家文書』、「小早川家証文」）、毛利氏は動向を明確にしないまま状況を見定めていた。このような対応は毛利氏に限らず、義澄の御内書は毛利氏・沼田小早川家のほか、多くの有力な安芸国人（竹原小早川、阿曽沼、天野、野間、平賀、高橋、吉川）へ発せられ、平賀・高橋・吉川氏は請書を認め、竹原小早川・阿曽沼・天野・野間氏は請書を提出しなかった（長谷川 二〇二〇：六一〜六二）。もっとも、請書を提出した各氏も義興討伐に向かったわけではなく、幕府との関係上、表面的は命令に従うことを返答したにすぎなかった。

なお、明応九年八月に弘元は家督を長男幸千代丸（当時八歳、のちの興元）へ譲って隠居しているが、両勢力の板挟み状態から逃れる方策だったと考えられ、実権は引き続き弘元にあった。

その後、文亀二年（一五〇二）六月十四日付で幕府奉行人飯川国資らは弘元と扶平に対して、安芸・石見二国の平定につき望み通りの兵力を派遣するとの上意を伝えた（「小早川家証文」）。大内方の安芸国人も少なくないなか、毛利氏や沼田小早川家のみの兵力では義興を退治するという綸旨・御内書を実現するのはできないことを理由に、弘元らが行動を起こしていなかったことをうかがわせる。その後も毛利氏や沼田小早川家が大内方と大規模な戦闘に突入した形跡はなく、毛利氏の様子見状態は続いた。

六月十四日付で扶平のみに宛てた連署状には、杉原下総守が敵方に荷担したため、その所領を沼田小早川家に給与するとの上意が伝えられている（「小早川家証文」）。幕府奉公衆でありながら杉原下総守が大内方に転じたことを示しており、備後国においても義尹下向の影響が及んだと考えられる。また、永正元年六月の高野山と沼田小早川家との三原郷の管理に関する契約において、現在、三原郷は江田光実（みつざね）が押領しているとある（「小早川家証文」）。したがって、江田氏も大内方に転じたと思われる。

また、前節でみたように永正初年頃山内氏は山名致豊と対立していたが、この時点では山名俊豊は死没している。したがって、この対立の際の山内氏の背後には大内氏があったと思われる。つまり、山内氏も大内方だった。もっとも、大内氏は安芸・備後国守護職には補任されておらず、幕府とは対立関係にあった。にもかかわらず、一部の安芸・備後国人を影響下に置いている。つまり、その影響力は守護公権に基づくものではなく、大内氏は戦国大名化しつつあったといえよう。とはいえ、前将軍の権威を必要とした点において、大内氏は本質的には守護権力であり、また、国人を家臣化できていない（川岡 二〇〇二：二九七）という課題があった。国人は幕府と直結する存在だったがゆえに、国人を指揮下に置くためには前将軍の命令が有効だったのである。

このようにして、大内氏は安芸・備後国における影響力を高めていったが、北部九州で大友氏との抗争が続いていたため、義興が義尹を奉じて上洛することは容易でなかった。

義尹の上洛

ところが、永正四年（一五〇七）六月、細川政元が養子の一人澄之（すみゆき）を後継者に推す内衆（うちしゅう）（香西元長（こうざいもとなが）・薬師寺長忠（やくしじながただ）ら）によって殺害されるという事件が起きると、京都は混乱に陥り、その混乱に乗じて義尹は上洛を企てた。将軍義澄は七月、毛利弘元（実際には前年一月に死没している）や小早川扶平に対して義尹が上洛する以前に追討に向かうよう指示したが（「長府毛利文書（東京大学史料編纂所影写本）」、「小早川家証文」）、毛利氏・沼田小早川家ともに動くことはなかった。とりわけ、弘元の子幸千代丸は同年十月頃、大内義興に起請文を提出して義尹・大内氏への荷担を明確にし、十一月、義興の加冠によって元服、その偏諱により興元と称した。

また、義興が義尹を奉じて上洛を開始すると、山名致豊は上山郷（三次市）を名字の地とする国人上山氏や高須氏に対して、義尹の鞆・尾道における寄宿について山内氏と相談して尽力するようにという書状を発している（『萩藩閥閲録』）。親細川派だった山名惣領家も義尹上洛に協力する姿勢を示したのであるが、永正五年（一五〇八）二月には、義澄から義尹を迎撃するために参洛（上洛）するようにという御内書を受け取っており（東京大学史料編纂所謄写本「室町家御内書案」）、義澄は致豊を与党と認識していた。そうすると、右記の致豊書状は、義尹が上洛戦に勝利した場合に備えて、従来から大内方だった山内氏が義尹上洛に協力することを見越して、備後国支配者として義尹上洛に協力したという体裁を整えておくためのものだったかもしれない。その他の備後国人のうち、親細川派だったとみられる家として、和智氏（永正三年〔一五〇六〕に毛利氏が和智表で後詰めしている）、宮上野介家が挙げられるが、両者ともに義尹上洛に抵抗した形跡はない。

次に、毛利氏以外の親細川派だった安芸国人の動向を確認しておく。義澄は武田元信（若狭国守護）に対して致豊宛と同様の御内書を発しているが、安芸武田氏当主元繁は義尹の上洛に従軍した（河村 二〇一〇：一〇〇）。吉川氏（当主は経基の子国経）は明応八年に石見国人の益田氏らの仲介によって福屋氏との連携を約し、同年、石見国人三隅氏との連携も約している（『吉川家文書』）。一方で、明応九年には下向した義尹の下知があったとして、大内氏の命令によって益田氏と三隅氏が和睦している（『益田家文書』）。したがって、吉川氏は石見国人との連携を基軸としつつ、益田氏らを通じて大内氏に間接的に従う状態にあったと考えられ、義尹上洛にも国経が従軍したようである。沼田小早川家当主扶平は義尹の安芸国への進軍最中の永正五年一月に死没。扶平の子小法師丸（のちの興平）はわずか四歳で、義尹上洛に従軍していないが、抵抗した形跡もない。

このように安芸・備後国人は義尹・義興の上洛に積極的あるいは消極的に従い、義尹は永正五年六月入京、七月

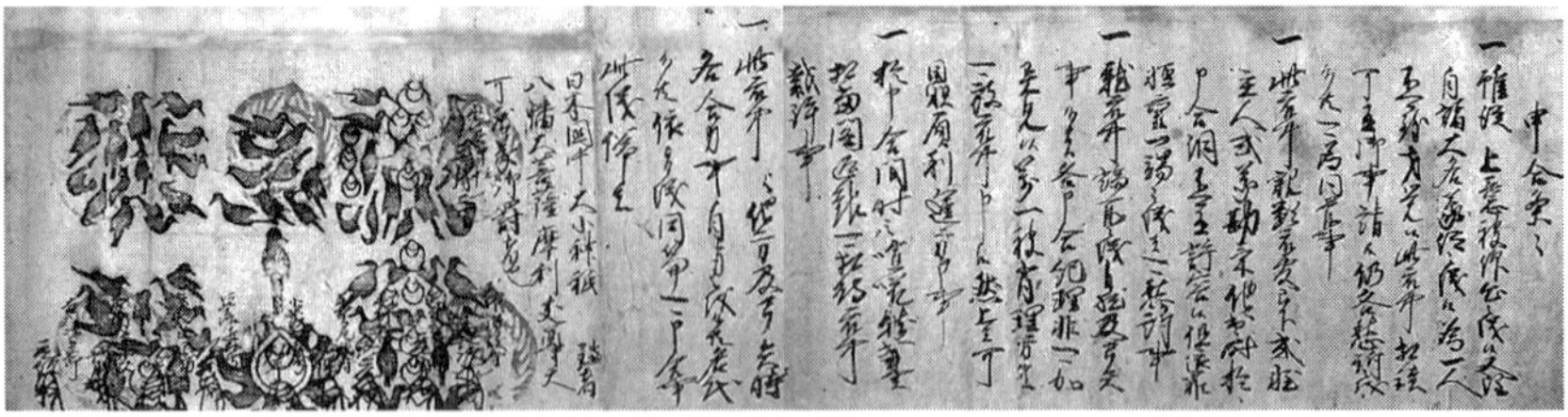

図２－１　「安芸国衆連署起請文」（安芸国衆連署契状）（山口県文書館所蔵／安芸高田市歴史民俗博物館編集・発行『毛利興元』より転載）

に将軍に復帰した。義尹政権下において表面的には大内氏に抵抗する安芸・備後国人はいなくなり、両国を戦場とする合戦も当分の間みられなくなった。

安芸国人一揆

永正八年（一五一一）、逆襲を企てた細川澄元（政元の養子）派が京都に迫り、八月十六日に将軍義尹は一時的に丹波国へ逃れたが、安芸・石見国人の一部が戦線を勝手に離脱して帰国している。毛利興元や吉川元経（国経の子、祖父〔経基〕の実名を引き継いでいる）の無断帰国は史料上明らかである。また、義尹が京都を奪取した日と同一日付で竹原小早川弘平に対して沼田小早川家の家督・所領を宛行う旨の義尹御教書が発給されており（「小早川家証文」）、沼田小早川家も戦線離脱したと考えられる。高橋元光（命千代と同一人物と推定）も無断帰国したと思われている（岸田 二〇一四：二一〇）。なお、元光の弟弘厚は船岡山合戦に参加している。

一方、義尹や大内義興は戦線を立て直して、八月二十四日に澄元派を破り（船岡山合戦）、再入京した。安芸国人のうち、義興から船岡山合戦に関する感状などを受け取ったのは、平賀弘保、天野興次（志和東天野）、天野元連（志和堀天野、のちの元貞）、小早川弘平、乃美備前守（竹原小早川家家臣）。これらの者のうち、偽文書の可能性が指摘されている平賀を除く者は無断帰国することなく、船岡山合戦に義尹・大内方として参戦したと考えられる。つまり、かつて細川政元派だった家の多くが無断帰国し、早くから大内方だった家の多くは義興とともに船岡山で戦ったことが確認できる。

このように無断帰国問題をめぐって安芸国人は分裂状態にあったが、永正九年（一五一二）三月、安芸国人九名は一揆契約を結び（「右田毛利家文書」。図２－１）、結束を誓った。連署したのは、天野興次、天野元貞、毛利興元、平賀弘保、小早川弘平、阿曽沼弘秀（ひろひで）、高橋元光、野間興勝（おきかつ）、吉川元経。無断帰国した家のみならず、船岡山合戦に義尹・大内方として参戦し、この年初頭に帰国を許された家も含まれている。

この契約の目的については、船岡山合戦前後に安芸国人がとった分裂行動によってもたらされた相互の不信感を取り除き、上級権力（幕府や大内氏）からの諸種の要求に対して結束して行動すること、武田氏と結んで安芸国への進出を図る尼子氏対大内氏の争いのなかで分裂行動が招来する不利益を除去することだったとされる（岸田 二〇一四：二〇～二一）。もっとも、有力国人の中に安芸武田氏や宍戸氏が含まれていないことは留意する必要がある。この両家は親細川派の筆頭格ともいえる存在であり、一揆が単純な反大内氏連合ではなかったことを示唆しているが、その点については永正十二年（一五一五）に始まる安芸武田氏と大内氏との抗争の考察を通じて解明していきたい（第3節）。

小早川氏・毛利氏における変化

永正九年十月、毛利興元は小早川興平らと盟約を結んだ（「小早川家証文」）。その内容は、興元の斡旋に応じて沼田小早川家と山内氏との和解が成立したこと、その際に沼田小早川家は山内氏に対して木梨氏とも和解するように求め、それを興元が山内氏に伝えて、四者（毛利、山内、沼田小早川、木梨）の同盟的関係に発展したこと、木梨氏が盟約に反する行動をとった際には小早川氏も山内氏に荷担して木梨氏を退治すること、山内氏が盟約に反する行動をとった際には小早川・毛利両氏が共同して対応すること、小早川氏が盟約に反した場合、毛利氏は山内氏に味方することなどである。このような盟約の背景には、毛利氏と山内氏、小早川氏と木梨氏の間に婚姻関係があり、これ以前から信頼関係が構築されていたことがあったとされる（柴原 二〇一五：一三八～一四三。秋山 二〇一六：六）。

沼田小早川家は安芸国人だったが、前項の一揆に加わっていない。一

図2－2　毛利興元画像（東京大学史料編纂所所蔵模写）

揆に加わった国人は大内義興の上洛に従っていたが、沼田小早川興平は従っていなかった。そのような沼田小早川家と盟約を結び、さらにそれを備後国人にまで拡大することによって、毛利氏は安芸・備後国の地域秩序における主導的地位の確立を図った。もっとも、上級権力から求められた政治的役割を踏まえた行動という限界もあったが（市川 二〇二二：四一～四三）、この時期に毛利興元は、備後国吉原（世羅町）を名字の地とする国人吉原通親、備後国敷名（三次市）を名字の地とする国人敷名亮秀、備後国上山郷（三次市）を本拠とする国人上山実広（大江一族）と連署で契約を結んでいる（『毛利家文書』）。これらの国人は毛利氏が豊元期に進出した備後国伊多岐に近接した地域を領有する備後・安芸境目地域の領主であり、毛利氏が安芸国のみの国人ではなく、安芸・備後両国において重要な地位を獲得しつつあったことを示している。

一方で、応仁・文明の乱以降、国人の領域支配は徐々に強化されていたが、その行動は主として守護層との従来からの結びつきに規定されており、その点では自立性が高くなったとはいえなかった。ところが、永正の国人一揆においては従来からの結びつきを超越した結束によって幕府・守護層に対峙しようとしており、国人自立性の面で大きな画期になったと評価できる。小早川氏においても、永正十年（一五一三）、実子がいなかった竹原小早川弘平は沼田小早川興平の弟福鶴と親子契約を結び、竹原小早川家の譲与を約束した（「小早川家証文」）。実際にはその後弘平に実子（興景）が生まれたため、福鶴が家督を継承することはなかったが、竹原小早川家が沼田小早川家を併合することもなく、弘平は興平を沼田小早川家の惣領として認め、沼田小早川家との融和を図っている。長い間、一族でありながら対立を続けてきた沼田・竹原両家は結束することになったのであるが、このような方針転換の背景には何があったのか。

応仁・文明の乱以降の混乱は、上位権力の命令に基づく戦闘が地域社会に大きな被害をもたらすこと、一方で、国人などの地域権力の動向が幕府や守護層の運命を左右することもあることを、地域権力に気づかせた。したがって、幕府・守護層に対峙して地域社会や「イエ」を守るためには、一族や地域領主層が結束していく必要があることを痛感したのではないか。毛利氏家中においてもこの頃には、自立性の高い庶家だった福原家・志道家が毛利氏家中に編入されている（水野椋太 二〇二一：三四～三五）。永正八年には秋山・井原・内藤氏といった中郡衆が役銭負担を誓約して、毛利氏と主従関係を結んでいる（『毛利家文書』）。このような毛利氏をめぐる動きも小早川氏と同様の必要性から生まれたと考えられる。

義尹上洛前後期の備後国人

備後国守護山名致豊は船岡山合戦において自らは病気であるとして参戦しなかったが、因幡国守護豊重とその弟豊頼が義尹方として参戦したという（東京大学史料編纂所写本「山名家譜」）。しかし、これを証する同時代史料は確認できない。永正～大永期の因幡守護山名家では、山名惣領家と対立し、かつ将軍家では義尹（義稙）派の豊重―豊治という系統と、山名惣領家が支援し、かつ将軍家では義澄・義晴派の豊頼―誠通という系統に分裂していたことから推測すると、病気を理由に致豊が義尹に荷担することを避けた一方、積極的に義尹を支援したのは当時の因幡国守護豊重だったのではないか。永正元年十月に義尹からの上洛支援命令の御内書に対する請書を大内義興へ提出するなど（「安富勘解由左衛門尉筆記」）、豊重は早い段階から義尹・大内方として活動していた。

また、豊重は年未詳（船岡山合戦後と推定）十一月二十一日付で上山加賀守（実広）や杉原高須右馬助（元盛）、備後南部の国人渡辺氏に対して、備後国守護代職の交代を知らせている（『萩藩閥閲録』、『福山史料』所収文書）。これに先立つ十月二十八日付高須宛致豊書状には、詳しくは豊重から伝えるとある（『萩藩閥閲録』）。永正三年の田総俊里に対して伯耆国への出兵を命じた豊重書状にも致豊の命令であることが明示されている（「田総家文書」）。したがって、守護は致豊だったが、義尹下向後、備後国において義尹・大内氏の影響力が増していくなか、義尹に近い豊重が備後国守護の名代的な役割を担っていたと考えられる。なお、これらの書状の末尾には山内から伝えるとあり、山内氏が備後国における義尹・大内方の中核だったことを示している。

永正九年末頃に豊重を破って因幡国守護職に補任された豊頼についても、備後国人に宛てた書状がみられる。永正十年のものと考えられる二月十日付で杉原高須右馬助に対して、山名惣領家の家督を致豊の弟誠豊が継承したことを知らせ、出兵については山内新左衛門尉（豊通、のち直通）と相談するように命じており（『萩藩閥閲録』）、引き続き因幡守護家と備後国人との関係が続いている。また、致豊は誠豊への家督譲与について和智氏に知らせており（『萩藩閥閲録』）、山名惣領家は自らが備後国守護であるとの認識を保っていた。

このように、永正年間になると、備後国守護職を保持していた山名惣領家による備後国支配は弱体化しつつあったが、それを押しとどめるために同族連合体制による補完、具体的には、因幡守護家による備後国人衆の統制が図られている（川岡 二〇一八：二九二〜二九四）。

一方で、山内氏の権力拡大もみられる。たとえば、永正九年二月には上山村・草村（府中市）を浄土寺（尾道市）へ寄進している（「浄土寺文書」）ほか、高須右馬助の被官の家の継承についても安堵を指示している（『萩藩閥閲録』）。義尹およびその後見である大内氏の影響力が備後国へ浸透した状況下において、早い時期から義尹・大内方だった山内氏の備後国における地位が上昇し、備後国南部の国人や寺社への影響力も強め、山内氏は自立した地域権力へ進化しようとしていた。

3　安芸・備後における反大内勢力の蜂起

武田元繁の蜂起

武田元繁は永正十二年（一五一五）、安芸国の混乱を収めるよう義興から命じられ、義興養女を妻に迎えて帰国を許されたが、間もなくその養女を離別し、己斐要害（広島市西区）を攻撃して大内氏から離反したという（「房顕覚書」、『毛利家文書』）。

安芸国の混乱とは、義尹上洛に供奉し、永正五年十二月に京都で死没した厳島神社神主藤原興親の跡目をめぐって、神領衆が東方と西方に分かれて争っていたことを指す。東方は桜尾城（廿日市市）を拠点として、宍戸治部少輔のほか、児玉治部丞など島衆中らが後継神主に友田興藤を推していた。西方は藤掛尾城（廿日市市）を拠点として、新里若狭守や羽仁美濃守（拠点は草津（広島市西区））らが後継神主に小方加賀守を推していた。この内紛に元繁が介入し、東方を支援したのである。厳島神主家は応仁・文明の乱において大内政弘の上洛に従っており、その後も一貫して大内方だった。また、興親の父教親は毛利氏庶家長屋家の出身だった。他方、安芸武田氏とは所領をめぐってしばしば争いを繰り返していた。したがって、元繁は内紛への介入を通じて、厳島神主家を与党にしようという狙いがあったと考えられる。

安芸武田氏による軍事行動は西方の己斐要害の攻撃に始まるとされる。これに対して、大内氏は西方を支援し、毛利興元や吉川元経に命じて武田方の有田城（北広島町）を攻撃させた。南方向への進攻によって手薄になった安芸武田氏領の北方を攻略し、間接的に己斐要害を救う戦略だろう。有田城攻略の時期は特定できないが、近接する壬生城（北広島町）の壬生元泰が永正十二年六月一日付で興元に対して服属を誓っており（『毛利家文書』）、有田城攻略もほぼ同時期と思われる。

したがって、永正十二年の元繁の反大内軍事行動は同時代史料から立証されるが、義興養女との縁組みや義興から混乱を鎮圧するように命じられたことについては検討を要する。永正九年の一揆契状に連署した国人はその時点で在国していたと思われ、逆に、連署していない元繁は永正九年時点では京都に留まっていたとされてきた。元繁は惣領元信とともに船岡山合戦において義尹方として参戦したとされるが（「若狭守護代記」）、感状などの同時代史料でその事実を立証することはできない。

安芸武田氏のほか、元繁と同様に一揆契状に連署していない宍戸氏（安芸守系）はかつて細川政元派の筆頭格だった。もっとも、義尹上洛以降永正十二年までの間に安芸武田氏や宍戸氏が反大内行動をとった形跡は確認できず、表立って大内氏に反抗していたとは考え難い。毛利興元ら無断帰国した者もかつての政元派であり、元繁や宍戸氏も無断帰国、あるいはそれ以前に帰国していた可能性を指摘できる。

いずれにせよ、毛利氏ら一揆契状に連署した国人が大内氏傘下を前提にした連帯を志向したのに対して、安芸武田氏・宍戸氏は大内氏からの自立を志向していたため、一揆に加わらなかったのではないか。早い時期に大内氏からの離反を視野に入れていたものの、無断帰国した毛利氏らは大内氏に反抗する意図に乏しく、離反しても軍事的に対抗できる状況になかったため、当面、表立った反抗は控えていたと思われる。

図2－3　吉川氏系図（著者作成）

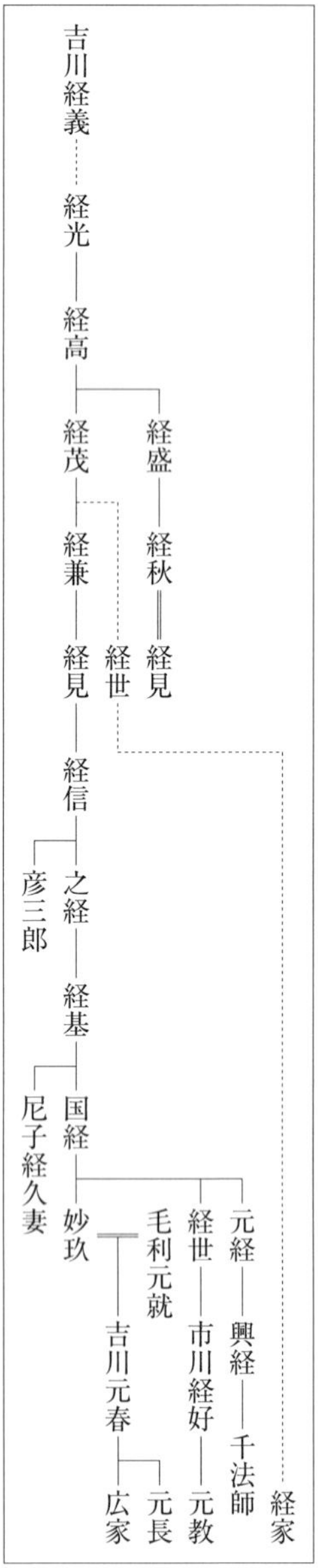

では、なぜ元繁は永正十二年に蜂起したのか。従来の通説では、背後に尼子氏があったとされてきた。そこで、尼子氏の動向にも着目しながら、その謎に迫っていきたい。

尼子氏と安芸・備後北部の国人

尼子氏は近江国を本拠とする佐々木氏の一族で、高久が尼子郷（滋賀県甲良町）を本拠として尼子を名字とし、出雲国守護代となった清貞（高久の孫）のときに出雲国富田城（島根県安来市）に居城を構えたという。清貞の子経久も守護代を務めたが、のちに守護京極氏に代わって守護的な役割を担うようになり、永正十一年（一五一四）に三沢郷（島根県奥出雲町）を本拠とする国人三沢氏を服属させて、出雲国をほぼ統一した。

出雲国統一と併行して経久は隣国への進出を視野に入れており、安芸国については縁戚関係にある吉川氏（経久の妻は吉川経基娘）を通じて関係を構築していった。たとえば、永正九年頃に経久は、十二月二十八日付で吉川次郎三郎（元経）に対して毛利氏との連携を承諾する旨を伝えている（『吉川家文書』）。

吉川元経は義尹の京都からの脱出に従わず戦線離脱したため、大内氏との関係悪化が懸念されていた。吉川家では元経無断帰国以前の永正六年、隠居した経基が要害を三郎（元経）に引き渡さないため（経基はほぼ一貫して親細川派だったため、義尹の将軍復帰に関連して隠居させられた可能性がある）、近隣の国人高橋氏が介入していた。経基が引き渡しに応じた場合には、寺原（北広島町）に関する高橋氏との争いについて、小早川（沼田）・毛利・庄（備中国人）の談合により高橋へ意見するとの方針も示されており（『吉川家文書』）、吉川・高橋・小早川（沼田）・毛利・庄氏が一つのグループを形成していたことがうかがえる。また、これらの家はかつて親勝元派として連帯していた。

このような背景から推測すると、尼子・吉川・毛利三者連携は、大内氏の勢力拡大に伴い隠居を余儀無くされた吉川経基が、自らの権威回復を狙って主導したものと考えられる。これに対して、経久は毛利氏とは遠隔の地であることを理由に連携を断ろうとしたが、吉川氏の強い要望によって承諾したとしている。したがって、この連携が尼子氏の安芸国進出を狙っていたことの直接的証左とはいえないだろう。

一方、永正十年五月二十五日付で幕府奉行人から益田宗兼に対して、高橋元光が三吉弾正忠氏家と戦い、三吉の城を攻略したため、急いで三吉に合力するように命じる奉書が発せられている（『益田家文書』）。ところが、永正十二年三月二十九日、元光は入君（三次市）において討死した（『萩藩閥閲録』）。敵は明記されていないが、三吉氏だろう。また、元光討死後、吉舎（三次市）の和智氏が危機に陥ったため、一族の和智実国が救援に赴くことを望み、毛利氏にも尽力が要請されたので、興元は田総氏に加勢を頼んでいる（『田総家文書』）。さらに、永正十三年（一五一六）一月、三吉勢とともに宍戸勢が志和地・長野（三次市）へ進攻し、毛利方長野城へ押し寄せたが撃退。同月、高田原（安芸高田市）で毛利勢と宍戸勢とが衝突し、二月には毛利勢が三吉方志和地城を攻略（『萩藩閥閲録』）。さらに、二〜五月には甲立（安芸高田市）で毛利勢と宍戸勢との戦闘が展開されている（『萩藩閥閲録』）。

先にみた永正十二年の毛利・吉川方と武田方との山県郡を戦場とする戦闘もあわせると、武田・宍戸・三吉グループと毛利・吉川・高橋・和智・田総グループの対立構造が浮かび上がる。このうち、討死した高橋元光の後継を興光（元光弟弘厚の子とされる）とするにあたり、大内義興が将軍に披露して将軍の下知により決定した旨、永正十二年四月、毛利氏や石見周布氏へ知らせており（『長府毛利文書』、『萩藩閥閲録』）、後者のグループは大内氏に従属していた。

したがって、永正六年頃に同一のグループに属していた毛利・吉川・高橋の連携は続いているが、彼らは永正十二年時点では明確な大内派であり、永正九年の尼子・吉川・毛利の三者連携が大内氏に対する軍事闘争を意識したものだったとは考え難い。

尼子経久指嗾説の評価

永正十三年のものと考えられる二月二十九日付で、毛利興元は被官粟屋元忠の上庄松尾要害尾頸における戦功（元忠は討死）を賞している（「粟屋家文書」）。その後同年七月十七日の横田松尾要害麓における合戦での被官河野左近太夫の戦功を興元は賞しており、松尾要害をめぐる戦闘は続いている（『萩藩閥録』）。上庄とは吉茂上庄を指し、松尾要害は高橋氏の安芸国における拠点だった。この戦闘について、高橋氏の松尾城が宍戸・三吉勢に攻撃されたため、同じ大内方の毛利氏が援軍を派遣したとも解釈できるが、感状の字句をみると、毛利勢は松尾城を攻撃していたと考えた方が自然である。この時点において、毛利氏が大内派だったことは明白である。そうすると、元光の後継者となった興光が大内氏から離反しようとしたため、毛利勢に攻撃されたものと考えられる。

高橋興光の企ての背景には何があったのだろうか。

元光の三吉氏領への進攻に直接的に大内氏が関与した形跡はなく、元光の軍事行動は領土拡張を狙った私戦だった可能性が指摘されている（藤井崇 二〇一四：一二二）。元光は船岡山合戦直前に無断帰国しており、大内氏にとって信頼の厚い存在とはいえなかった。一方、弘厚は船岡山合戦に参加している。そこで、元光討死という機会をとらえて大内氏が高橋氏への関与を強め、それに反発した興光が大内氏からの離反を企てたと考えられる。

また、永正十年時点では、幕府は三吉氏寄りの立場にある。この点をどのように解釈すべきか。永正十年二月、大内義興との間に齟齬の生じた将軍義尹は義興に帰国を命じ、義興が従わなかったため、三月、近江国へ出奔するという事件が起こっている（「後法成寺尚通公記」）。四月に義興・細川高国（政元の養子）らが義尹に起請文を提出したため（「和長卿記」）、五月三日、義尹は帰京してこの騒動は収まったが、益田宛の奉書が義尹帰京直後に発せられていることから推測すると、義興を牽制する意図をもって大内方に不利な内容となった可能性を指摘できる。もっとも、義興帰京後も義尹が前者のグループの背後にあったとは考え難く、一連の戦闘が展開された要因は別に求めるべきである。

そこで、尼子氏の指嗾説が浮上するのであるが、不自然な点もみられる。先にみたように尼子氏は吉川氏と縁戚関係にあり、毛利氏とも吉川氏を通じて良好な関係にあった。安芸国への進出を狙って国人の分断を図るのであれば、前項でみた対立図式のうち、毛利・吉川・高橋・和智・田総グループと結びつくのが自然ではないか。

そうすると、一揆契状に連署した毛利・吉川・高橋といった大内方国人と、連署しなかった武田・宍戸といった反大内方国人との潜在的対立に加え、高橋元光の三吉氏領への領土拡大の野望に端を発した備後国人間の対立とが結びついて戦線が拡大していったと考えるべきであろう。そこには、尼子氏の関与はうかがえない。大内氏影響下にあるものの徐々に自立性を強めていた国人らが、大内義興の長期間に及ぶ在京による大内氏支配の弛緩によって、自らの権益を追求し始めた結果だったと考えたい。

有田中井手合戦

武田氏や宍戸氏との対立が続く最中の永正十三年八月、毛利興元が死没した。その機をとらえて奪われた有田城（北広島町）を奪回すべく、武田元繁は兵を率いて出陣し、今田（いまだ）（北広島町）に在陣した。永正十四年（一五一七）二月、吉川氏領宮庄（みやのしょう）（北広島町）や吉川勢が守備する有田城へ武田勢は進攻したが、毛利氏の家督を継承した幸松丸（こうまつまる）（興元の子）は幼年（二歳）のため、興元の弟元就（もとなり）が毛利勢を率いて出陣し、武田勢と対峙した。

この武田勢の進攻について、大内義興は平賀弘保に対して「信繁の企ては私の意思に背くものなので、皆で相談して信繁の行動を止めさせなさい」と指示しており（『平賀家文書』）、あくまでも大内氏傘下国人間の紛争という体裁をとろうとしたが、現実には反大内氏の軍事行動であることは明白だった。さらに同書状には、「竹原小早川弘平との遺恨があるようだが、すべてをなげうって一味同心して尽力してくれるとうれしい」とあり、ともに大内方の平賀氏と竹原小早川家が対立していた状況を物語る。義興在京は大内方国人同士であっても自らの権益拡大のために争う状況を生み出しており、直接武田勢らの進攻を受けた吉川・毛利氏以外の大内方国人は、自家の利益に結びつかない救援に消極的だった。

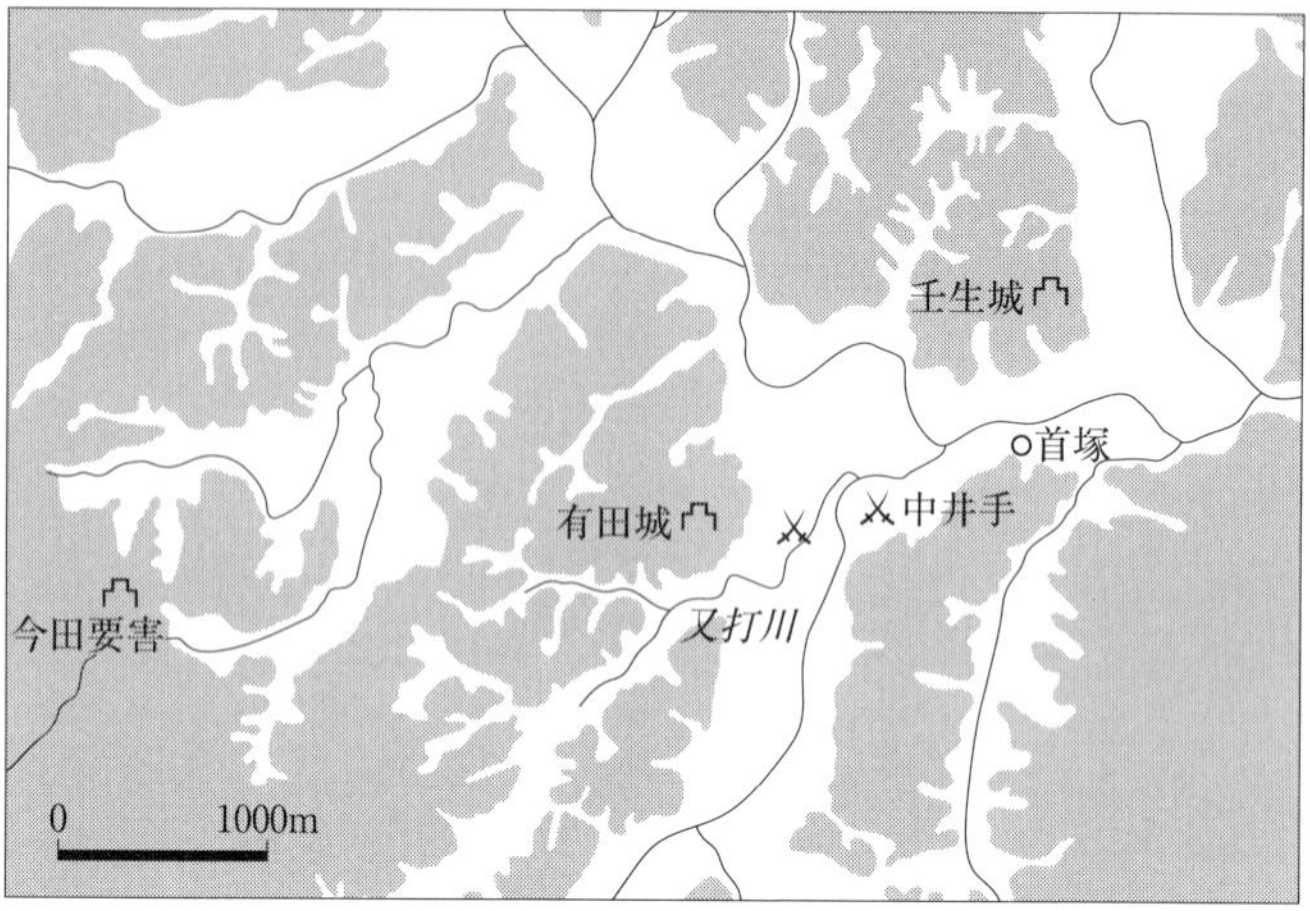

図2－4　有田中井手合戦関係図（『千代田町史』通史編〔上〕より作成）

また、国人の家内部における分裂もみられた。年未詳五月十九日付書状によると、阿曽沼氏において、弥三郎が武田氏に内通して父子で紛争が生じている（『平賀家文書』）。この書状は永正十四年以前のものであり、武田元繁が蜂起にあたって安芸国南部の国人にも同心を呼び掛けた可能性を示唆している。

このような反大内行動を広げるためには、有田城を早期に攻略する必要があった。ところが、有田城は容易に陥落せず、焦った元繁は十月、武田方の諸将を率いて自ら有田城攻撃に向かったが、十月二十二日、有田城救援にかけつけた元就や吉川元経に敗れて討死した。この合戦の詳細な推移について、同時代史料から明らかにすることは難しいが、軍記類では次のように叙述されている。武田方は有田城を包囲していたが、毛利・吉川氏からの援軍に備えて、高松（たかまつ）城（広島市安佐北区）主熊谷元直（もとなお）（膳直の子）を中井手（なかいで）（北広島町）に布陣させた。ところが、毛利・吉川勢の迅速な到来によって、有田城包囲勢からの救援が到着する前に、熊谷勢は敗れて元直が討死。そこで、元繁は有田城包囲に最小限の兵力を残して、毛利・吉川援軍に対して攻撃をしかけ、敵勢を後退させたが、又打（またうち）川を渡河しようとした場所で射殺され、指揮官を失った武田勢も総崩れとなった。二十三日には残った武田方香川行景（ゆきかげ）・己斐宗端（そうずい）らが談合のうえ反撃を試みたが敗れて、香川・己斐も討死した。

しかし、この合戦における幸松丸の感状には「切岸（きりぎし）において太刀打ち」とあり、有田城包囲中の武田勢を背後から攻撃、あるいは援軍が有田城への入城に成功して、攻め上がろうとする武田勢を攻撃したという状況が想定される。また、元繁の他の主たる戦死者として、吉山中務少輔・内藤助六・山縣備中守・白井・竹内備後守・溝淵五郎兵衛尉らが挙げられる。このうち、溝淵を討ち捕ったのは石見吉見氏の家臣である。また、熊谷と香川については感状に現れないが、これ以降元直や行景の生存が確認できないことから、この合戦において討死したことは事実と考えられ、毛利氏以外の大内方の軍勢が討ち捕った可能性をうかがわせる。

実際に、閏十月十三日付で大内義興は天野興次（志和東天野）に対して、元繁討伐へのおのおの尽力を満足に思うとしている（「右田毛利家文書」）。また、その書状を伝達したのは、安芸国における大内氏の拠点東西条の鏡山城督（大内氏直轄城郭に置かれた指揮官）だったとされる蔵田備中守である。したがって、軍記類では元就の戦功が強調されているが、大内方の勝利は毛利氏以外の国人も含む大内方国人と東西条の大内直属家臣との連携によるものであり（藤井崇 二〇一四：一三八）、合戦自体も本質的には大内氏と武田氏の争いだったのである。

高橋興光離反の決着

先にみたように、永正十三年七月時点で、高橋興光の拠点松尾要害をめぐる戦闘は続いていた。一方で、六月二日付吉川元経宛吉川是経書状（『吉川家文書』）には「毛利と高橋の和談の子細は、高橋大九郎（興光）が隠居して、命千代が高橋になって毛利氏の被官になった」とある。この書状はいつのものだろうか。七月に戦闘が確認される永正十三年ではない。また、毛利勢が十月まで武田氏との戦闘を添加していた永正十四年でもなかろう。次節で詳しくみていくが、永正十五年八月、毛利勢は備後国世羅郡において戦闘を展開している。高橋氏との戦闘が続くなか、世羅郡へ派兵することは難しいだろう。そうすると、六月二日付書状は永正十五年のものと思われる。

永正十四年十月の反大内方の中核武田氏の敗北によって孤立状態に陥った高橋興光が、翌年隠居を受け入れて毛利氏と高橋氏との和談が成立したと考えると、時系列的に矛盾はない。

もっとも、命千代が高橋になって毛利氏の被官になったとする記述の解釈は難しい。文明年間にみられる命千代は興光の父元光を指すと考えられる。命千代は高橋氏惣領家後継者が名乗る幼名だったのだろう。そうすると、この書状の命千代は興光の子と思われるが、これ以降、命千代は史料に現れない。これに対して、遅くとも大永五年

（一五二五）には興光が高橋氏当主に返り咲いている。また、その頃の興光は独立した国人であり、毛利氏の被官として扱われていない。

興光が復権した経緯を詳らかにすることはできないが、大永三年の尼子勢による安芸国進攻時に尼子経久が高橋氏領北池田に布陣したとされていることから推測すると、この段階で興光が復権した可能性を指摘できる。

4　尼子氏の進出と元就の毛利家継承

山内氏の台頭

安芸国において大内方と反大内方との対立が軍事衝突にまで発展していた頃の備後国の情勢をみていこう。先にみたように、備後国においては永正年間になっても、守護山名氏による支配が形式的には続く一方、早い時期から義尹・大内方だった山内氏が自立した地域権力へ進化しようとしていた。

ところが、永正九年（一五一二）に山名惣領家の家督を誠豊が継承すると、十月二十六日付で山内新左衛門尉（永正九年十月時点の実名は豊通、こののち直通に改名）に対して「備後国守護代職については、元の通り、太田垣へ申し付けます」と伝えた（『山内家文書』）。この決定は山内氏の勢力拡大を牽制する意図を有していたと考えられる。誠豊が家督を継承した時点においても備後国は山名惣領家の分国であり、大内氏の備後国への進出を強く警戒していたと考えられ、大内方で、かつ自立化を企図していた山内氏による他の備後国人への影響力拡大を阻止する必要があった。そこで、守護代によって備後国の統制強化を図ろうとしたのである。

これに対して、豊通（直通）は大内氏や山名氏との関係も維持しつつ、国人衆を統合してその連帯の中核になることによって勢力拡大を図ろうとした。永正九年十月十八日付毛利興元書状（「小早川家証文」）によると、興元の斡旋に応じて、山内氏は沼田小早川家との和睦に同意し、小早川の申し入れによって、木梨氏とも和睦している。また、興元は豊通（こののち直通に改名）とは一味であると認識しており、この年三月に締結された安芸国人衆の一揆契約と同様に、備後国においても国外勢力に対峙するため、国人一揆に類似した枠組みが形成されつつあり、さらに安芸国人一揆との統合も視野に入っていた。豊通（直通）は備後国人衆の連帯における中心的存在であり、山内氏は毛利氏とともに安芸・備後国人衆統合の要になろうとしていた。

とはいえ、備後国人衆が山内氏を盟主としてまとまって国外勢力の影響力を排除するまでには至らなかった。尼子経久の子で塩冶氏へ入嗣した興久は永正年間前半頃に山内氏から妻を迎えている。この縁組みは備後国への影響力拡大を図る尼子氏と山名氏からの自立を企図する山内氏との利害関係が一致して成立したと思われるが、尼子氏が備後国への直接進出を図るようになると、大内氏との関係を重視する山内氏との関係は悪化していった。

備後国における大内方と反大内方

一方、毛利氏と宍戸氏との対立は武田信繁討死後も備後国を戦場として続いた。永正十五年（一五一八）八月晦日、毛利勢は赤屋（世羅町）における戦闘で敗北し、撤退途中の九月二日、小国（世羅町）において敵勢の追撃を受けている（『萩藩閥閲録』）。その際の幸松丸の感状には敵は明記されていないが、同年九月二十八日付で江田豊実が上山実広に対して「宍戸安芸守（元源）の戦略によって、以前に申し合わせた通りの本望を遂げた」として、上原（世羅町）の所領を渡している（『萩藩閥閲録』）。上山氏は上山郷（世羅町）、江田氏は江田庄（三次市）を本拠としているが、毛利氏が上山に隣接する敷名や伊多岐、江田庄に隣接する志和地に進出していたことから推測すると、この連携は対毛利氏を想定したものだったと考えられる。毛利氏は大内方で宍戸氏は反大内方である。したがって、毛利氏の自領への進出を食い止めるために、江田氏や上山氏は宍戸氏と手を結び、結果として反大内方として活動することになったのだろう。

また、反大内方の軍勢は渋川義陸が領有する山南表（福山市）へも進攻した。渋川氏は足利氏の一門の中で

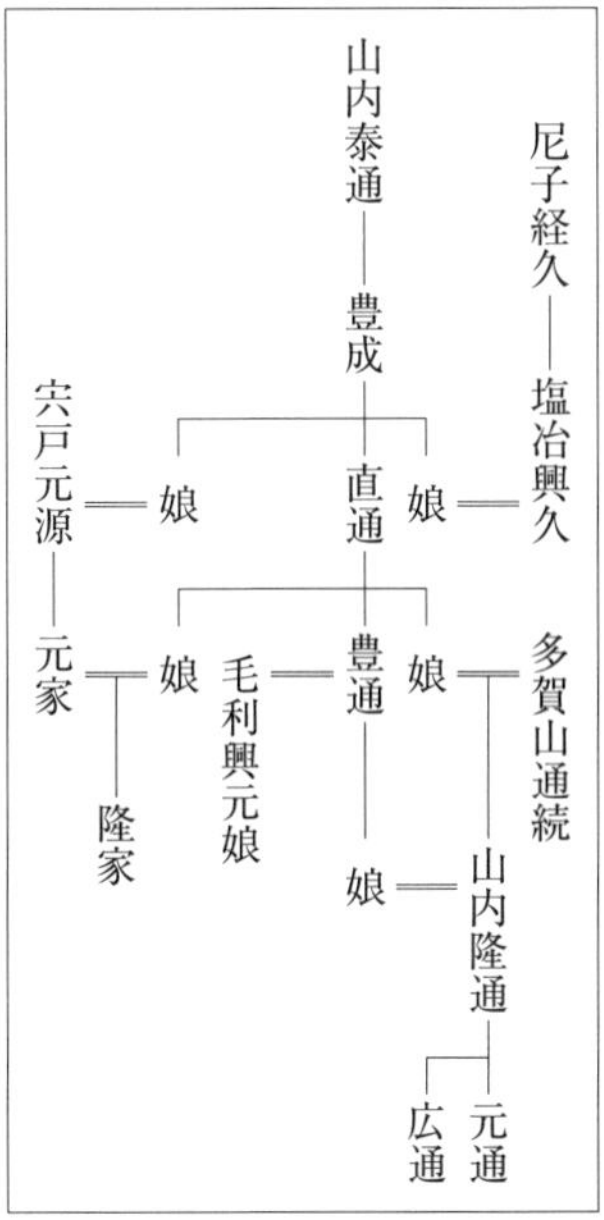

図2－5　山内氏系図（著者作成）

も「御一家」と呼ばれる名家で、山南のほか御調別宮（三原市、尾道市）などに権益を持っていたことから、「御一家」系の一流が備後国へ土着したと考えられる（植田 二〇〇八：六〜七）。義陸の妻は宮上野介娘。沼田小早川家とも関係が深く、婚姻時期は定かでないが義陸の子義正は毛利弘元娘を妻としている。

渋川氏は軍事力の面では大きな勢力ではなかったが、名家として備後国人領主層への影響力があったと考えられ、反大内方の進攻の際も周辺の大内方国人が救援にかけつけている（植田 二〇〇三：八〇）。九月七日付義陸書状写（『萩藩閥閲録』）には、宮上野介、沼田・竹原小早川家、高須氏のほか、和智氏や三吉氏からの援軍も赤屋を経て御調木栗（尾道市）に到達したとあり、この時点では三吉氏も大内方に転じていた。

山南表における敵は明記されていないが、永正十八年（一五二一）四月、宮政盛・親忠（下野守家）の居城柏城（福山市）が攻撃され、小奴可（庄原市）を本拠とする小奴可又次郎らの救援により撃退するという戦闘が起こっており（『萩藩閥閲録』）、宮下野守家が宮上野介家や高須氏ら大内方国人と対立していたと思われる。大内方国人と対立した勢力の背後に尼子氏があったとする推定もあるが、この時期に尼子氏が備後国南部にまで影響力を及ぼしていたとは考え難い。永正年間になっても守護家である山名氏が備後国への影響力を保っていたことから推測すると、大内方国人と対立した勢力の背後には山名氏があったと考えるべきではないか。先に指摘したように、山名氏は大内氏の備後国への進出を強く警戒していたと考えられ、幕府奉公衆宮氏の惣領家である下野守家の大内氏進出への反発を後押しした可能性を指摘できる。

大内氏の安芸国進攻

元繁の討死後、安芸武田氏の家督は元繁の子光和が継承した。家督継承時に光和は十六歳だったとされ、当初は若狭武田氏（元信・元光）の後見を受けたとされる（河村 二〇一〇：一一一〜一一三）。一方、元繁を討ち捕ったものの、長期間の在京が大内氏による安芸国支配を弛緩させていたことの反省に立ち、義興は帰国の途につき、永正十五年十月、山口に到着した。帰国後、義興は安芸国南東部の支配を安定化させるために、広島湾頭への進出と厳島神社領の掌握とを企図した。

大永二年（一五二二）、陶興房（弘護の子）らが兵を率いて安芸国へ進攻し、三月、仁保島（広島市南区）や府中

（府中町）で大内方と武田方（白井氏）との戦闘が展開されている（「山野井文書」）。蒲刈島の多賀谷氏や能美島の能美氏など広島湾沖島嶼部の水軍は大内方として参戦したが、白井氏などの武田方水軍は防戦して、仁保島といった武田方の海上拠点は持ち堪えた（「多賀谷家文書」、『萩藩閥閲録』）。その後、大内勢は佐東郡上八屋（広島市、現在地不詳）へ転進して、新庄（広島市西区）や大塚（広島市安佐南区）へ進出しており（『萩藩閥閲録』、「房顕覚書」など）、武田氏の居城金山城（広島市安佐南区）を攻撃する計画だったとされるが（河村　二〇一〇：一一四）、十一月の佐東府要害（府中町）の攻略失敗を最後に広島湾頭における戦闘はいったん終結し、大内氏による広島湾頭への進出は失敗に終わった。もっとも、遅くとも大永元年までには已斐に大内氏の在番が置かれているほか（「今仁家文書」）、石道（広島市佐伯区）の小幡氏も大内方であり、大内氏の安芸国西部への影響力が完全に失われていたわけではない。

次に、厳島神社領についてみていく。永正十八年三月、義興は佐西郡佐方村（廿日市市）の洞雲寺領を安堵している。厳島社神主藤原教親が開基したとされ、厳島神主家の庇護下にあった洞雲寺領を義興が安堵したことは、大内氏による佐西郡の直轄支配化志向を示すといえよう。佐西郡はその大部分が厳島神社領であり、大内氏による厳島神社の支配を意味するこの方針に不満を持っていた神領衆や社家も少なくなかったと考えられる。このため、大永二年の大内氏による広島湾頭への進出が失敗に終わった結果、厳島神社神主をめぐって争っていた反大内方の友田興藤の勢いが増し、大内方の在番が籠もっていた桜尾城が危機に陥った。そこで大内氏は大永三年（一五二三）閏三月、桜尾城の防衛力増強を図ろうとしたが、四月、興藤が桜尾城に入城して厳島神主家を継承した。このようにして、大内氏による厳島神社領掌握の企ては頓挫した。

安芸国人の向背

武田氏が大内氏の広島湾頭進出を阻止し、厳島神社領が反大内方によって掌握されたことにより、大内氏領国と大内氏の安芸国支配の拠点東西条（東広島市）とは分断された。この機をとらえ、尼子経久は安芸国への進攻を開始した。経久自身は北池田（安芸高田市）に布陣したという。尼子勢の進攻により、もともと反大内方だった宍戸氏のほか、大内方だった高橋氏（北池田は高橋氏領）、毛利氏、吉川氏といった安芸国北部の国人のほか、東西条周辺部に位置する大内方国人（平賀、阿曽沼、天野）も大内氏から離反した。その結果、東西条の鏡山城は大永三年六月に陥落し、大内氏は安芸国における拠点を失った。なお、鏡山城攻撃に出陣していた毛利氏の幼主幸松丸が七月に病没したため、八月、その叔父元就が家督を継承している。

大内氏はこのような劣勢を挽回するために安芸国へ出兵し、八月、友田（廿日市市）へ進攻した。九月に廿日市・能美島・江田島、十月には厳島（廿日市市）で海戦が展開され、十二月には大内方の竹原小早川弘平が呉（呉市）に進攻している。さらに、翌年大永四年（一五二四）も大内氏の攻勢は続いた。武田勢も援軍を送ったが、五月の大野要害（廿日市市）、六月の浅原（廿日市市）における戦闘において大内氏が勝利を収めた。大野要害をめぐる攻防においては、神領衆大野氏の調略に成功したことが大内氏の勝因といわれる。友田興藤の神主家継承に不満を持つ神領衆は少なくなく、興藤の権力基盤は脆弱だった。七月には大内義興自身が厳島に布陣し、大内勢は興藤の居城桜尾を包囲した。八月まで桜尾攻城戦は続いたが、十月、興藤は大内氏に降伏し、厳島神社領は再び大内氏支配下に入った（『房顕覚書』など）。

義興やその嫡子義隆が厳島において越年して尼子方国人に圧力をかけると、大永五年（一五二五）三月に毛利氏が大内氏に帰服（『萩藩閥閲録』）、居城米山城を攻撃された天野興定（志和東天野、興次の子）も六月、大内氏に帰服した。もっとも、興定は居城米山を明け渡すという厳しい条件を付けられていた。また、帰服の際、興定は元就と起請文を交換しており（「右田毛利家文書」）、これ以降、毛利氏と志和東天野家とは強い同盟的関係で結ばれていく。なお、志和堀天野家も同時期に大内氏に帰服したと考えられる。野間氏については、四月に大内方の竹原小早川勢らによって呉千束（呉市）、陶興房らによって矢野（広島市安芸区）が攻撃されて危機に陥ったが、六月、多賀谷氏の仲介によって大内氏に帰服した（「多賀谷家文書」）。

尼子方国人の帰服

武田氏は劣勢を回復するため、大永五年八月に天野氏領へ進攻し、奥屋や別府（東広島市）において天野興定・元連（元貞から元連に実名を戻している）と戦い（「右田毛利家文書」、「毛利家文庫遠用物」）、さらに大永六年（一五二六）七月には草津へ進攻（「『大内氏実録土代』所収文書」）したが、いずれの戦闘においても成果は得られなかった。逆に、大永五年八月、毛利勢が山県郡の武田氏領へ攻め込むなど（『毛利家文書』）、武田氏は追い込まれていった。

尼子方に転じていたその他の国人の動向をみていこう。大永七年（一五二七）になると、大内方が武田方に残っていた阿曽沼氏領へ進攻し、二月に熊野要害（熊野町）が陥落。三月、阿曽沼氏の居城世能鳥子城（広島市安芸区）を攻撃。武田氏も援軍を送ったが、四月、阿曽沼氏は大内氏に降伏した（『萩藩閥閲録』、『益田家文書』、「譜録」など）。同月、武田方の水軍白井氏のうち、縫殿助（膳胤）は大内氏からの調略に応じる条件として、佐東などの所領を要求し、義興は袖判下文を発給して要求を聞き容れている（「白井家文書」）。具体的には、北庄・山本（広島市安佐南区）、牛田（広島市東区）・箱島（広島市中区）が宛行われたが、これらの地域は武田氏の支配下にあったと考えられ、大内氏に降伏した白井縫殿助は武田氏攻撃の先兵とされたのである（播磨 一九九八：二三八）。一方、白井氏の中でも、備中守は武田方にとどまったため、五月、大内方は備中守の居城府中（府中町）へ向けて進攻し、西籠屋（府中町）を攻略。同月十三日には松笠山（広島市安佐北区）で救援に赴いた武田勢と大内勢との戦闘が展開された。

その後、仁保島（広島市南区）や国府城詰口（府中町）などでも戦闘が展開されたが（「冷泉家文書」など）、尼子勢の備後国への南下によって大内方と尼子方との主たる戦場が備後国北部へ移ったことに加え、安芸国へ遠征していた大内義興の病状が悪化したため、享禄元年（大永八年から改元）十一月頃に大内勢は安芸国から引き揚げ（義興は享禄元年十二月に死没）、これ以降武田勢と大内勢との戦闘は当分の間ほとんどみられなくなる。なお、大永七年九月には平賀氏も大内方であることが確認され（『平賀家文書』）、これ以前に帰服している。

このようにして、多くの安芸国人は短期間で大内、尼子、大内と従属先を変えていったが、天野興定が明け渡しを申し出た米山城について、大永六年十月にようやく在城を許されたこと（「右田毛利家文書」）が示すように、一揆契状で連帯を誓い合った安芸国人同士の殺し合いの末に領土保全できるという葛藤を抱えており、大内氏への従属に内心不満も生じていたと思われる。

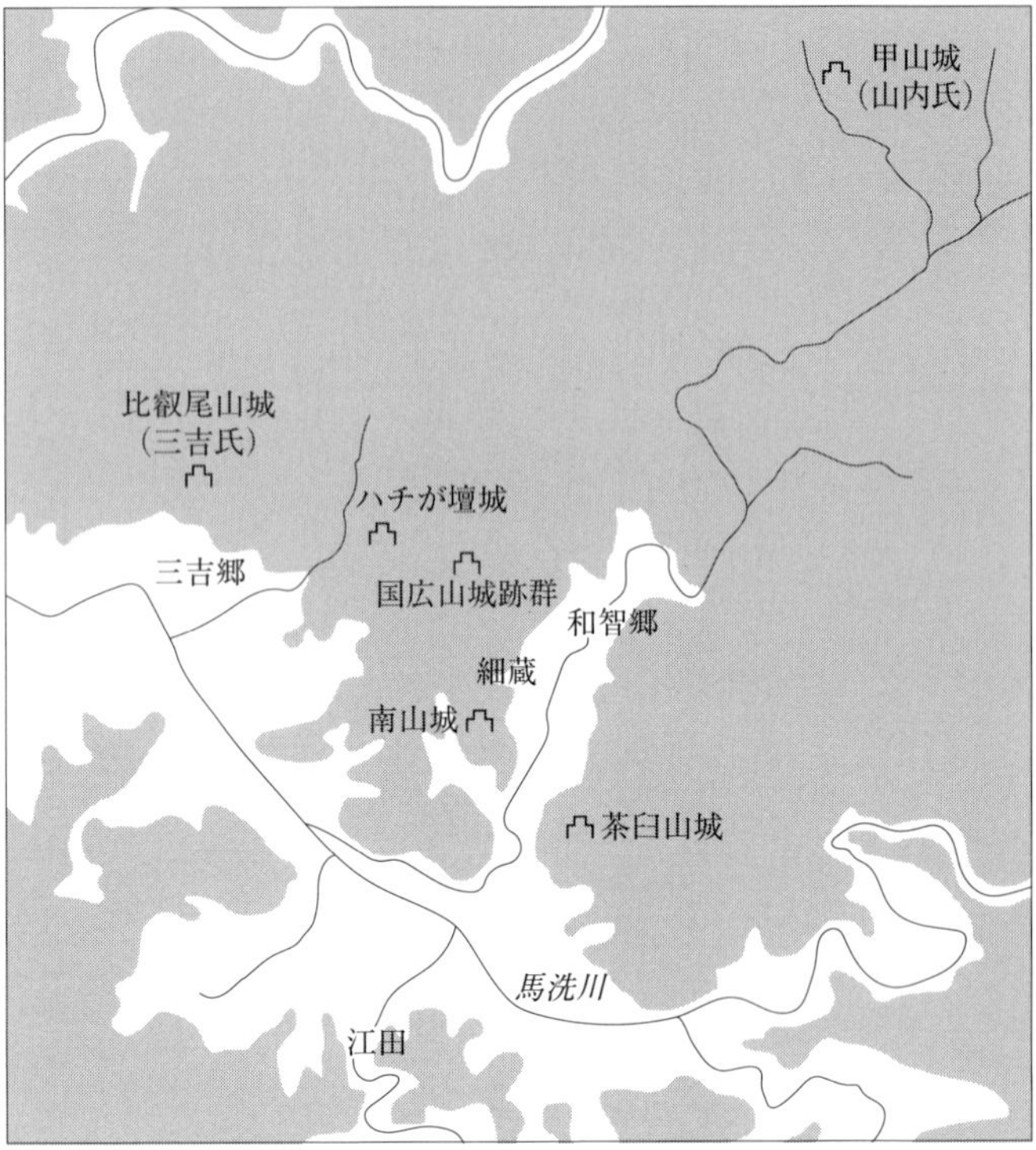

図２－６　細沢山合戦関係図（著者作成）

細沢山合戦

大永三年に尼子方が安芸国鏡山城を攻略した頃には、備後国においても、山内・多賀山・和智・湯浅（ゆあさ）といった北部・中部の国人のみならず、高須といった南部の国人まで尼子氏に従属していた（長谷川 二〇〇二：一一～一七。木下 二〇一一a：一一～一四）。ところが、大内氏の反攻によって多くの安芸国人が大内氏に帰服したうえ、大永元年頃に尼子氏による伯耆国西部の掌握が成し遂げられた結果、備後国の形式的支配者で、かつ伯耆国守護家の惣領にあたる山名惣領家と尼子氏との対立が生じてきた。

大永六年十一月、大内義興は杉原左衛門尉（高須盛忠）に対して初めて書状を発し、宮上野介（実信（さねのぶ））と話し合って一味になるように呼び掛けている（『萩藩閥閲録』）。同じ頃、高須氏と木梨氏とが和睦し、その後、木梨氏の仲介により宮実信と高須氏とが和睦している。高須氏は義興からの呼び掛けに応じて尼子氏から離反したのであるが、その背景には尼子氏と山名惣領家とが敵対関係に至ったことがあったと考えられる。その結果、備後国をめぐって対立関係にあった山名惣領家と大内氏との関係は改善に向かい、永正十五～八年頃には反大内方だった宮政盛（下野守家）も大内方に転じていたと思われる（木下 二〇一一a：三～六）。

そのような状況下において勃発したのが、大永七年七～十一月の和智郷周辺を戦場とした尼子勢と大内方との合戦である。この合戦において山内氏は当初から大内方として参戦しており（『山内家文書』）、経久自身が出陣したこの合戦は山内氏を降伏させることによって備後国人衆を尼子方に引き戻すことにあったとされる。そのために、尼子氏は陣城（ハチが壇城、南山城、茶臼山城、国広山城など）を構築して、山内氏の孤立を図った（長谷川 二〇〇二：一～一七）。それに対して、山内氏を救援するために、毛利勢が到来し、七月十二日、尼子勢との間で戦闘が展開された（『萩藩閥閲録』）。その後、陶興房ら大内勢が着陣すると、八月九日、志道広良を指揮官とする毛利勢を主力とする大内方が、細沢山（現在、「細蔵」という地名が確認される南山城周辺と推定される）において尼子勢に勝利。尼子氏は米原山城守ら有力な家臣を失った（『山内家文書』、『萩藩閥閲録』、「譜録」など）。その結果、湯浅氏と和智氏も尼子氏から離反した（「湯浅家文書」、『山内家文書』）。

同月、湯浅氏と高須氏は山名誠豊から宿意をなげうって下知した通りに和睦したことを神妙とする書状を受け取っている（「湯浅家文書」、『萩藩閥閲録』）。山名惣領家が形式的には備後国の支配者だったことを示すものであるが、和睦したことは義興から知らされており、尼子氏から離反した備後国人は事実上大内氏に従属したといえよう。

尼子勢の撤退

和智氏らの離反後も尼子経久は「八千タン（ハチが壇城）」（三次市）に在陣して（「岩屋寺快円日記」）、十一月には三吉表での戦闘が確認されるが、その後、いったん撤退したと考えられる。なお、この戦闘には志和東天野勢らも参加している（「右田毛利家文書」）。三吉氏の動向は定かでないが、尼子方と思われる。また、山内氏と親密な関係にあった多賀山氏については、細沢山合戦後の大永八年（一五二八）七月、尼子勢の進攻を受け、居城蔀山城（庄原市）に迫られたが、山内・高須・上山・田総氏らの救援により撃退しており（『萩藩閥閲録』、「田総家文書」）、山内氏と行動をともにしていたと考えられる。なお、毛利勢などの援軍もあり、尼子勢は同年九月頃には撤退した（『萩藩閥閲録』）。

宮氏については、大永八年のものと考えられる三月二十三日付平賀弘保宛陶興房書状（『平賀家文書』）に、備後両宮と備中衆の攻撃によって野部新城と八鳥城（いずれも岡山県新見市）を攻略したこと、山内直通からの加勢要請があったので平賀氏と毛利氏に出兵を命じたことが記されており、先にみた通り、宮上野介家だけでなく宮下野守家も大内方になっていた。なお、この当時、備中国北西部地域は尼子方であり、大内方が備中国尼子氏影響下地域へ進攻したこと、毛利氏や平賀氏といった安芸国人にも遠征が命じられていたこと、蔀山城への尼子勢の攻撃が大内方の攻勢に対する尼子氏の反撃策だったことを示す。大永七年末から大永八年初頭に、木梨氏が反大内山名方に転じた背後にも尼子氏があったと考えられる（木下 二〇一一b：一二三）。

このような尼子氏の攻勢にもかかわらず、結局、尼子氏の備後国進出は十分な成果を得られなかった。その要因として、守護としての権威をある程度保っていた山名惣領家と尼子氏に対抗できる軍事力を有する大内氏とが手を結んだ結果、ほとんどの国人衆が反尼子方として活動したことが挙げられよう。もっとも、国人衆に対する大内氏の影響力は強まっており、自立という面では後退していた。

◈　◈　◈

応仁・文明の乱終結後も、安芸・備後国においては中央政局の影響を大きく受けていた。安芸・備後国人領主層は、山名氏の内紛、明応の政変、足利義尹・大内義興の上洛といった上位権力に関する事件・政変において両陣営に分かれて争い、あるいは従属先の変更を繰り返した。山名氏は内紛の結果、安芸国だけでなく備後国への影響力を低下させ、代わって大内氏の進出が進んでいく。

また、尼子氏が大永元年頃に伯耆国西部を掌握すると、伯耆国守護家の惣領にあたる山名惣領家と尼子氏との対立が生じて、尼子氏は山名惣領家分国の備後国への進出を企てるようになる。その結果、備後国や安芸国において、国人領主層を巻き込んで大内方と尼子方との軍事衝突が激化していった。

一方で、この時期には国人の自立志向が顕在化してきた。永正九年の安芸国人一揆契状（図2-1）はその萌芽だったが、この契状に加わっていない武田元繁の永正十二年の蜂起だけでなく、同年の高橋元光の三吉氏領への進攻も自立志向を示す事例といえる。安芸武田氏は反大内方だったが、高橋氏は大内方であり、彼らの行動を大内対尼子の図式で理解することはできない。安芸武田氏や高橋氏の自立志向が引き起こした合戦だった。永正九年以降、山内豊通（直通）が備後国人衆を統合してその連帯の中核になることによって勢力拡大を図ろうとしたことも同様の事例といえる。もっとも、大内氏からの援軍によってようやく尼子勢を撃退した大永七年の細沢山合戦の結果、大内氏の備後国人衆への影響力が強まり、山内氏が備後国人連合の盟主となることはなかった。

安芸国人衆も享禄元年までに、武田氏を除き、大内氏に従属することとなった。毛利氏の場合、人質（代理として井上元義（もとよし））を山口に置いていたことが確認される（『萩藩閥閲録』）。他の国人も人質を提出していたと考えられる。とはいえ、安芸・備後国においても大内氏が直轄支配した領域は東西条や可部（かべ）周辺（中司 二〇一三：一～三）に限定されており、大内氏が有力な国人支配領域に直接介入することは困難であり、大内氏による安芸・備後国支配は不安定だった。

また、備後国人について、実質的には大内氏の統制下に置かれていった一方で、形式的には守護山名氏の権限であるという理念も存続していた。つまり、安芸国と備後国を比較すると、大内氏の影響力の浸透という点では同様だったが、山名氏に国人統制権限が残っていた点に備後国の特質があった（川岡 二〇一八：二九七）。備後国においても守護権力は衰退していたが、次章でみるように天文末年頃まで山名氏の影響力は色濃く残っていたといえよう。

第三章　戦国大名毛利氏の成立

本章では、上位権力の対立によって翻弄されてきた安芸・備後国人衆が、毛利元就をリーダーとして連帯し、国外勢力を駆逐していった様子をみていく。

第1節では、高橋氏討伐や郡山合戦における戦功を通じて、毛利元就が大内・尼子中間地域における指導的地位を占めるようになっていった経過をみる。第2節では、武田氏・厳島神主家・山名理興といった反大内勢力の討伐によって、大内義隆が安芸・備後国をいったん制圧していたことを確認する。第3節では、義隆政権や、義隆を排斥して陶晴賢を中心に樹立された新体制下における安芸・備後国の直接的支配への志向性に反発する国人層が、元就をリーダーとする連合体を形成して大内氏からの自立に至った経過をみる。第4節では、大内氏滅亡に至る戦闘を追い、最後に、周防・長門両国を制圧した時点における毛利氏と有力な国人層との関係について考察する。

1　高橋氏の滅亡と郡山合戦

高橋氏滅亡の謎

鏡山合戦頃の高橋氏（安芸・石見境目地域の国人）は尼子方だったと考えられるが、その後、毛利氏などが大内氏に帰服していった一方、高橋氏の動向を明確に示す史料は確認できない。もっとも、隣接する領主で影響下に置いていた佐々部氏について、大永五年（一五二五）十月に高橋興光が宮千代の家督継承を承認した翌年（一月）、宮千代の祖父佐々部承世は高橋殿と毛利殿の文書を揃えているとしており、高橋氏が毛利氏と同陣営に属していたことをうかがわせる。また、宮千代家督継承の経緯については、承世の子で佐々部氏当主だった通祐を、通祐の子光祐が尼子氏と申し合わせて殺害したため、承世は光祐を追放してその弟宮千代を当主とするとある（『萩藩閥閲録』）。したがって、高橋氏も毛利氏が大内氏に帰服した（大永五年三月）のと同時期に大内氏に帰服したと思われる。そこで尼子氏は、高橋氏や毛利氏の影響下にあった佐々部氏を調略しようとしたが、失敗に終わったのだろう。

その後、享禄二年になると、七月、豊前国仲津郡（福岡県みやこ町）の高橋大九郎（興光）知行地が周布氏（『萩藩閥閲録』）、周防国楊井庄（山口県柳井市）の高橋大蔵少輔知行地と豊前国築城郡（福岡県築上町）の高橋弘厚知行地が同年九月に白井氏（「白井家文書」）、同月、楊井庄の高橋大蔵少輔知行地が野上氏（「白井家文書」）に給与されている。また、翌年の享禄三年七月十五日付で、大内義隆は元就に対して吉茂上下庄の領有を認めている（『毛利家文書』）。さらに、元就は同年十二月、阿須那の高橋弘厚知行地や舟木・佐々部（安芸高田市）、山県郡内の高橋氏知行地の支配を認められている（『毛利家文書』）。

これらの史料から、高橋氏が反大内方に転じたため、大内氏の命令によって毛利氏らが高橋氏領へ進攻し、遅くとも享禄三年十二月までに高橋氏が滅亡したと判明する。ところが、具体的な滅亡時期については近年になっても、享禄二年説（A説）と三年説（B説）が対立している。

まず、A説の根拠とされてきた享禄二年五月三日付の松尾城合戦に関する元就感状写（『萩藩閥閲録』）について、偽文書の可能性が指摘されている（秋山 二〇二〇：一〇〜一一）。また、松尾城攻撃に関する史料として、五月二十八日付志道広良（元良の子）宛陶興房書状写（『萩藩閥閲録』）に「宍戸元源は（高橋氏領）吉茂下庄を手に入れられましたか。松尾周辺はどのような状況ですか」とある。

この史料は他の記載内容から享禄三年に確定でき、この時点で松尾城が陥落していないことをうかがわせるとして、B説の根拠とされた（秋山 二〇二〇：一二）。享禄二年七月の高橋氏知行地の没収も、高橋氏が反大内方（尼子方）に転じたため、一族の安芸・石見国以外の所領を没収処分としたもので、安芸・石見国の本領は高橋氏が維持していたため没収されていないと考えれば、B説と矛盾しないとする。

A説では、陶興房書状写の松尾に関する記述は城の陥落の有無を尋ねたものではなく、地域の状況を尋ねたもので、松尾城の陥落時期の根拠とはならないとする（岸田 二〇二二：一〇～一一）。

高橋氏滅亡の謎に迫る

前項の謎を解くために、他の史料をみていこう。四月二十二日付小早川興景（竹原小早川）宛大内義隆書状（『小早川家文書』）に、「毛利氏家中で錯乱が起こりそうになったが、すぐに収まった」とある。五月二十三日付志道広良宛陶興房書状写（『萩藩閥閲録』）にも「このたび、謀反人をすぐに成敗されたので、そちらの境目は他に問題なくなった」とあり、右記と同年のものだろう。

毛利氏の場合、尼子氏に従って鏡山城を攻略した当時の毛利氏当主幸松丸が死没したことによって、本来家督を継承する地位になかった元就が家督を継承し、尼子氏から離反していた。そのため、毛利氏家中には元就を排斥して尼子氏に帰服しようとする動きがあったとしても不思議ではない。幸松丸の母は高橋氏の出身とされ、毛利氏家中の親尼子派（幸松丸期に中枢にあったとみられる）と高橋氏とが連携して元就を排斥しようとしたのが、この「錯乱」だったと考えられる（藤井崇 二〇一九：一五、二二）。

したがって、毛利氏らによる高橋氏領への進攻は、尼子氏による大内方国人（毛利氏・小早川氏・高橋氏）への調略に対して、調略に応じた高橋氏を大内方に留まった毛利氏が攻撃したものと評価できる。四月二十二日付大内義隆書状、五月二十三日付陶興房書状写は享禄二年のものであろう。また、高橋氏領への進攻も享禄二年のことと考えられる。元就自身が記した知行注文案（『毛利家文書』）によると、高橋弘厚が尼子氏の一味となったため、和智氏や東西条代官弘中隆兼らとともに毛利勢が松尾城を攻略、興光は阿須那の藤根城に籠もり尼子方塩冶氏（経久の子興久）の救援を待ったが、これも攻略されたという。松尾城や藤根城の陥落時期を断定する史料は確認できないが、「錯乱」から一年後に高橋氏討伐が実現したとすると、その間の戦闘に関する史料がない点が不自然である。それゆえ、高橋氏滅亡は享禄二年とみなせる。

また、享禄二年八月の壬生に加えて、享禄三年七月になっても毛利勢は山県表で戦闘を展開している（『萩藩閥閲録』）。この地域には高橋氏一族山形氏の所領があり、高橋氏滅亡後も旧高橋氏領内の地侍が服属していなかった状況を示している（岸田 二〇二二：一四）。享禄三年に陶興房が松尾周辺の状況を注視していたのは、高橋氏旧臣層の蜂起を警戒していたためと考えられる。

高橋氏滅亡の影響

高橋氏滅亡後、旧領の大部分は毛利氏に給与され、高橋氏旧臣や高橋氏に従属していた小領主層の一部を被官化した。たとえば、享禄五年（一五三二）七月の連署起請文（『毛利家文書』）にみられる北就勝は元就の弟であるが、「北」は高橋氏領北（安芸高田市）を指すと考えられ、高橋氏滅亡後、就勝は高橋氏領の一部を継承している（岸田 一九八三：四二三）。

これ以前の毛利氏は他の安芸国人と支配領域の面では飛び抜けた存在ではなかったが、高橋氏領の掌握によって、安芸・備後・石見国にまたがる広範な領域を支配する国人へと成長した。享禄二年と考えられる五月十九日付で、大内義隆は宍戸元源に対して元就との相談を指示しており（「宍戸家文書」）、高橋氏領への進攻と同時期に、元就は大内方芸石国人連合の盟主的地位に就いていたのであるが（岸田 二〇二二：六）、高橋氏討伐の成功によってその地位はさらに強化された。

そのうえ、享禄四年（一五三一）二月十二日付で元就が石見国人出羽祐盛へ宛てた起請文によると、高橋氏に押領されていた本貫地出羽（島根県邑南町）の返還について大内義隆の承認を得たこと、毛利勢が本城（邑南町）を奪還して出羽氏へ進呈したことを踏まえ、今後出羽氏は毛利氏の与力として働くという起請文を提出したとある（『萩藩閥閲録』）。また、享禄四年閏五月、元就は吉川次郎三郎（興経）に対して、阿那（安芸太田町）、小河内・飯室・鈴張（広島市安佐北区）、山中、今田（北広島町）に関する要望については疎かにしない旨を答えており（『吉川家文書』）、元就が吉川氏の対大内氏取次的な役割を担っていたことを示している。

吉川氏も毛利氏と同様に家中に親尼子・高橋派を抱えていたことから、毛利勢らの高橋氏領への進攻当初は情勢を傍観していたが、高橋氏敗北が決定的になると、宮庄資益をはじめとする家中の親高橋派を粛清・処分して、高橋氏やその与党の攻撃を行ったとされる（木村 一九九九b：一六〜一七）。そのような行動の遅れが、大内氏との関係において、元就を通じて要望せざるをえない状況を招いたのではないか。

このようにして、毛利氏は大内氏支配下の石見・安芸国人の中心的な存在になった。享禄五年七月の連署起請文は、農業技術・分業流通の発展により領主経営の危機に陥っていた高田郡の国人領主層が、毛利氏へ水利権・流通権を委譲する端緒となったものとされる（矢田 一九九八：六五〜六六）。また、そのような起請文が作成された背景には、高橋氏滅亡後の毛利氏の権力拡大があったと考えられる。

もっとも、元就の盟主的地位や毛利氏の権力拡大は、大内氏による分国支配を安定化させるために与えられたものだった点には留意しておく必要がある。

山内氏の尼子氏への屈服

山内氏（備後国北部の国人）は尼子方から大内方へ転じたため、大永七年に尼子勢による攻撃にさらされたが、毛利氏らの来援により危機を脱し、翌年の蔀山城（城主は山内直通の娘婿多賀山通続）への尼子勢の攻撃も撃退に成功していた。しかし、その後も尼子勢の南下は続き、ついに享禄二年七月頃、多賀山氏は尼子氏に降伏した（『山内家文書』）。高橋氏滅亡直後と思われ、尼子氏は毛利勢らが高橋氏領進攻のために蔀山城救援に手が回らない隙に多賀山氏を降伏させたのである。

さらに、尼子氏は沼田小早川家や木梨氏にも調略を仕掛け、前者は失敗したが（「青柳種信関係資料」）、後者については木梨父子が成敗されるという事態に至っている（『萩藩閥閲録』）。ところが、享禄三年（一五三〇）三月頃から、尼子氏家中において経久と塩冶興久（経久三男）との対立が激化していき、経久の安芸・備後国への南下は中断する。この父子対立にあたり、大内氏から経久・興久のどちらを支援すべきか相談された元就は経久への支援を進言した。元就の進言のみに従ったわけではないと考えられるが、結局、大内氏は経久を支持した。享禄四年七月、経久の嫡孫詮久（のちの晴久）と元就の兄弟契約が結ばれており、元就の地位はさらに上昇している。

その後、興久は経久との抗争に敗れ、妻の実家である山内氏のもとへ逃れ、直通に庇護された。経久は天文二年（一五三三）十一月頃、興久を庇護していた山内氏攻撃を開始し、天文五年（一五三六）、山内氏を屈服させた。興久は天文四年（一五三五）末頃に自害したという。また、天文五年三月、経久は山内氏について本来断絶のところ、尼子氏への忠節を誓ったので、聟法師（多賀山通続と山内直通娘の間の子、のちの隆通）をもって継承を許すとした（『山内家文書』）。なお、直通の実子豊通はすでに死没しており、その妻だった毛利興元娘との間に子はなかった。

また、天文四年三月頃、毛利勢が三吉表へ遠征して、上里固屋（三次市）を攻略している（『萩藩閥閲録』）。三吉氏当主の動向は定かでないが、少なくとも三吉氏の一部は興久派で山内氏とも連携していたため、元就と詮久とが兄弟契約を結んでいた関係上、毛利氏が派兵したと考えられる。この時点における元就と尼子経久・詮久とは同盟的関係にあり、元就が媒介になって、経久・詮久と大内氏とは良好な関係にあった。

ところが、経久は山内氏攻撃と併行して、安芸国人衆への調略を行っていた。山内氏降伏以前から尼子氏と吉川氏との通交がみられ、天文五年三月頃、吉川氏は尼子氏の仲介に従い武田氏との和解に同意している（『吉川家文書』）。武田氏は尼子方であり、吉川氏は大内氏から離反しようとしていた。

一方、毛利氏に対しては山内氏に荷担する動きがあったとして不信感を抱いている（『吉川家文書』）。元就と詮久との兄弟契約が結ばれた直後の享禄四年十一月に経久は、高橋氏から奪って尼子氏領となっていた備後国森山・山中・河淵（三次市）について、享禄三年に不知行となったものを取り戻したとして、赤穴氏に給与した（『萩藩閥閲録』）。これらの所領も高橋氏滅亡の際に毛利氏が獲得していたと考えられるが、兄弟契約の際の条件として、尼子氏に引き渡されたのではないか。また、三吉氏領だったと思われる布野（三次市）について、元就は毛利氏領とすることを望んだが、尼子氏は引き渡さなかった（『吉川家文書』）。つまり、兄弟契約といいつつ、尼子氏優位の契約であり、元就には不満があった。そのような不満から、山内氏を支援して経久を弱体化させようという計略を検討するに至ったと思われる。

そのような毛利氏の動きを察知した尼子氏は、山内氏攻撃への合力のために出陣していた福原（広俊カ）を本拠富田に抑留してしまった（『毛利家文書』）。この事件は尼子氏と毛利氏との関係悪化に拍車をかけたが、大内義隆は尼子氏との良好な関係を保とうとして、備後方面について元就に意見するとともに、尼子氏へも使者を送っている（『萩藩閥閲録』）。北部九州において大友氏と争っていた大内氏にとって、東西両方面への対応は難しく、東方面に

図3－1　平賀氏系図（著者作成）

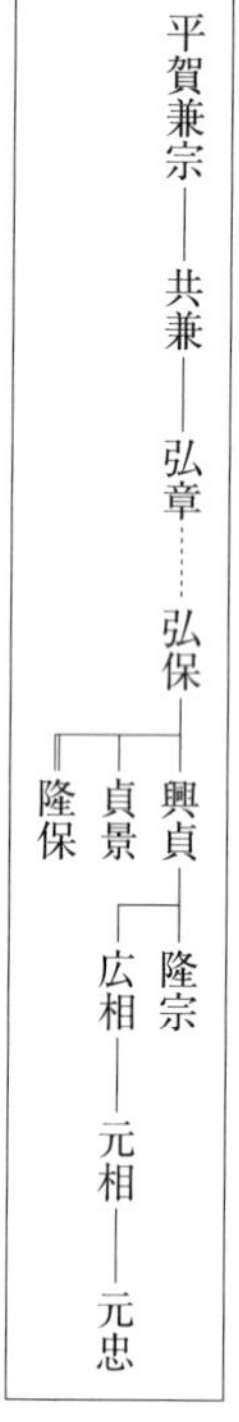

おける戦闘を避けようとしていたのである（川岡 二〇一八：二九七～二九八）。

平賀氏の内紛

毛利氏と吉川氏との間でも天文三年（一五三四）頃には何らかの摩擦（所領争いとみられる）が生じており、そのことも吉川氏が尼子氏の調略に応じようとした要因の一つと考えられる（『吉川家文書』）。もっとも、吉川氏は武田氏との間でも所領争いを抱えており、両者の連携には課題も残されていた。そのため、尼子氏に内応の意思は伝えていたものの、吉川氏は孤立を恐れ、当面蜂起を控えていた。

そのような状況下で、天文五年八月頃、平賀氏家中において白山城（東広島市）を拠点とする弘保と頭崎城（東広島市）を拠点とする興貞（弘保の子）との軍事衝突が起こった。興貞の弟入野貞景は弘保に荷担し、その情報に接した元就は、弘保・貞景父子は数年大内氏に忠義を尽くしてきたので加勢するとしている（『萩藩閥閲録』）。したがって、大内方の弘保らと対立した興貞は尼子氏の調略に応じたものと考えられる。もっとも、享禄五年四月、平賀氏被官檜山十郎左衛門尉を成敗するために東西条代官弘中隆兼らが檜山の要害を攻めており（「石井文書」）、尼子氏による平賀氏家中への調略は弘保と興貞の軍事衝突の四年前頃から進められていた。

弘保と興貞との軍事衝突に際して、竹原小早川興景は毛利氏と同様に弘保らを支援した（「浦家文書」）。一方、天文八年（一五三九）に竹原小早川家と沼田小早川家との戦闘が展開されており（「田坂文書」）、沼田小早川詮平（興平の子、「詮」は尼子詮久の偏諱、のちの正平）も、早い時期に尼子氏に荷担していたと考えられる。

天文五年十一月、義隆は弘保に対して杉小二郎・弘中下野守（興勝）を援軍として送ると伝え（『平賀家文書』）、十一月には大内方の軍勢が頭崎城へ迫ったが（「石井文書」）、攻略には至らなかった。北部九州をめぐって大内氏と争っていた大友義鑑は享禄五年七月二十日付で、武田氏に従属していた熊谷民部少輔（信直、元直の子）に対して、武田光和・尼子経久のほか、海上では伊予の河野氏・豊前宇都宮氏・村上宮内大輔（能島村上）との連携関係を伝えている（『熊谷家文書』）。このような大内氏包囲網の形成によって、大内氏による大内方安芸国人への援軍は容易なことではなく（藤井崇 二〇一九：四二～四五）、大規模な援兵を編成できなかったため、頭崎城攻略に難渋したと考えられる。

　このような平賀興貞の蜂起・大内氏による興貞鎮圧の難渋の状況を踏まえ、吉川氏は大内氏からの離反、尼子方への転向を決意した。天文六年（一五三七）一～三月、経久らから所領要求についての保証を得て、同年六月頃、吉川氏は毛利氏との戦闘に突入し、同時に尼子氏もそれまで少なくとも表面的には同盟的関係を保っていた毛利氏との関係を絶った（『吉川家文書』）。危機を覚えた元就は大内氏に支援を要請したと考えられ、そのために長男隆元を事実上の人質として同年十二月、山口へ送っている（『毛利家文書』）。

郡山合戦前夜

　吉川氏の大内氏からの離反に勢いづいた尼子方では、天文七年（一五三八）二月頃には、武田勢が毛利氏領へ進攻したほか、尼子勢が毛利氏領備後国志和地（三次市）を奪取している（『吉川家文書』）。このような東方面における劣勢を挽回するために大内氏が選択したのは、大友氏との講和である（天文七年三月成立）。北部九州方面において大内氏は優勢にあったが、大友氏との講和によって東方面への大規模な出兵を可能にしようとしたのである。もっともその最終目的は大内方安芸国人の救援ではなく、将軍義晴の要請に応じて上洛することにあったと考えられる（藤井崇 二〇一九：八七～八八、九三～九四）。ゆえに、尼子氏とも対決ではなく、融和を志向した。「大館常興日記」天文七年九月八日条には、尼子氏と大内氏との縁組みが決まったと記されている。大内氏と同様に尼子氏も将軍義晴から上洛要請を受けており、前年に経久から家督を継承した詮久が上洛準備を進めていた。

　そのような同床異夢の大内・尼子融和は結局、成就しなかった。両家の縁組みも成立せず、天文八年になると安芸国における大内方と尼子方との戦闘は激化している。武田氏のもとへ松田経通（尼子方出雲国人）や赤穴光清（尼子方石見国人）が派遣され、八月には、武田氏から離反した熊谷氏の居城高松（広島市安佐北区）を攻撃したが攻略できなかった（『吉川家文書』）。九月には、山県郡における毛利勢と吉川勢との衝突のほか、戸坂（広島市東区）において毛利勢と武田勢（援軍として松田らも参加）との戦闘が起こり（『吉川家文書』）、十二月には東西条衆財満備前守も大内氏から離反した（「右田毛利家文書」）。平賀父子の対立においても天文八年半ばには弘保方が劣勢にあり（『平賀家文書』）、天野興定が救援に向かっていたが、敵勢の方が多く、義隆は援軍を待つように指示したため（「右田毛利家文書」）、年末には白山城は危機に陥っていた（「石井文書」）。このような大内方の苦戦は、大友氏との講和後も北部九州においては少弐氏との戦闘が続いており、天文八年十月の勝利によってようやく沈静化の目途が立ったという状況にあったことに起因する。

一方で、尼子氏は東方経略に一定の成果を収めるとともに、備後国においても尼子方が増えており、天文九年（一五四〇）初頭には、安芸国への本格進攻が可能な状況になっていた。たとえば、備後渋川氏は天文六年から「証如上人日記」などの本願寺史料において尼子方と認識されており、尼子氏と本願寺を取り次ぐ役割を担ったとされる（田口 一九九四：六～七。谷口 二〇一九：九六～九九）。また、渡辺氏も尼子氏に従属しており、「芸州金山番衆」（武田氏への援軍として金山城に在番）を務めていた（本多 二〇一三：一五）。

もっとも、大内方との合戦によって父元直を失ったにもかかわらず、熊谷信直は武田氏から離反して大内方に転向しており、尼子氏としても本格進攻しなければ、尼子方となった安芸国人をつなぎ止めておくことが難しいという危機感があったと考えられる。また、尼子方の攻勢によって、山県郡壬生城のほか、高橋氏討伐の際に獲得していた石見国阿須那などを失った毛利氏に対して、天文八年九月以前に、石見小笠原氏を通じて調略を行っていたが、毛利氏は拒絶しており（『毛利家文書』）、大内方安芸国人を服従させるためには軍事的圧迫が必要だった。

郡山合戦

前項でみた尼子方の攻勢を受け、大内氏も尼子氏との正面衝突を決意した。天文八年末から広島湾頭における活動を活発化させるとともに（「白井文書」など）、天文九年一月、大内義隆は山口を出立し、防府（山口県防府市）に着陣して、安芸国における尼子方勢力に対して圧力をかけた。その結果、大内方水軍と武田方水軍の戦闘が、一月の江波島（広島市中区）、二月の佐東川口、五月の箱島で展開された（「白井文書」など）。四月の戸坂における戦闘は、戸坂氏の武田氏からの離反に伴うものと考えられる。大内氏の狙いは平賀興貞の殲滅にあったと考えられ、義隆自身は当面、防府から動かなかったものの、大内水軍が広島湾頭に攻め込んだほか、天文九年五月頃、白山城に大内氏の援軍が到着し（『萩藩閥閲録』）、六月には毛利勢が造賀（東広島市）において興貞勢を破った。さらに、同年六月の武田光和の死没によって、安芸国内の尼子方は危機に陥っていた。

天文九年四月には、渋川義陸が尼子氏と大内氏とを講和させて上洛を実現しようと動いていたが（「証如上人日記」四月二十日条）、詮久は安芸国内の尼子方の危機を救うため、安芸国への本格進攻を決断した。その最終目的について、かつての通説では毛利氏打倒にあったとされてきたが、近年の新説では、⑴郡山城攻撃によって興貞の籠もる頭崎城の包囲を解かせて興貞を救出する、⑵武田氏家中の安定、⑶軍事的圧力によって毛利氏を屈服させて対大内氏の拠点とする、といった目的があったとされる（吉野 二〇〇一：三六）。以下、元就の自筆とされる記録（「郡山籠城日記」〈『毛利家文書』〉）を中心に、合戦の経緯をまとめる。

天文九年九月、詮久は郡山城西方の多治比に着陣した。兵力を三万としているが、これは元就が戦功を強調するために、実際の兵力より過大な数を記したと思われる。緒戦において郡山城下まで侵入したものの数十名の戦死者を出した尼子勢は、多治比川を挟んで郡山城の対岸に位置する青山・三塚山に陣替えして、大軍の包囲によって毛利氏を屈服させる戦略に転換した。その後は、尼子勢の南方への展開、城下における小競り合いがみられたが、郡山城の攻略を果たすことはできなかった。

一方、大内義隆は九月に岩国に着陣し、十月に陶隆房（興房の後継者、のちの晴賢）・杉重矩・内藤興盛らが厳島に渡海。大内勢は翌日海田へ渡り、中郡を経て郡山方面へ向かったとされる（「房顕覚書」）。援軍を率いた隆房が郡山城の東方山田中山（安芸高田市）に着陣したのは十二月三日。陶勢は翌年の天文十年（一五四一）一月十一日、郡山城尾根続きの天神尾に陣替えした。援軍の到着に力を得た元就は、同月十三日、宮崎長尾の尼子陣を攻撃して大勝。同時に陶勢が三塚山を攻撃し、尼子勢は撤退に追い込まれた。

もっとも、元就の記録には重要な点が省略、あるいは簡略化されていると考えられる（木村 一九九六：一一二〜一一四）。尼子勢は竹原小早川家・天野氏・井原氏といった大内方の安芸国人とも戦っており、大内方安芸国人も救

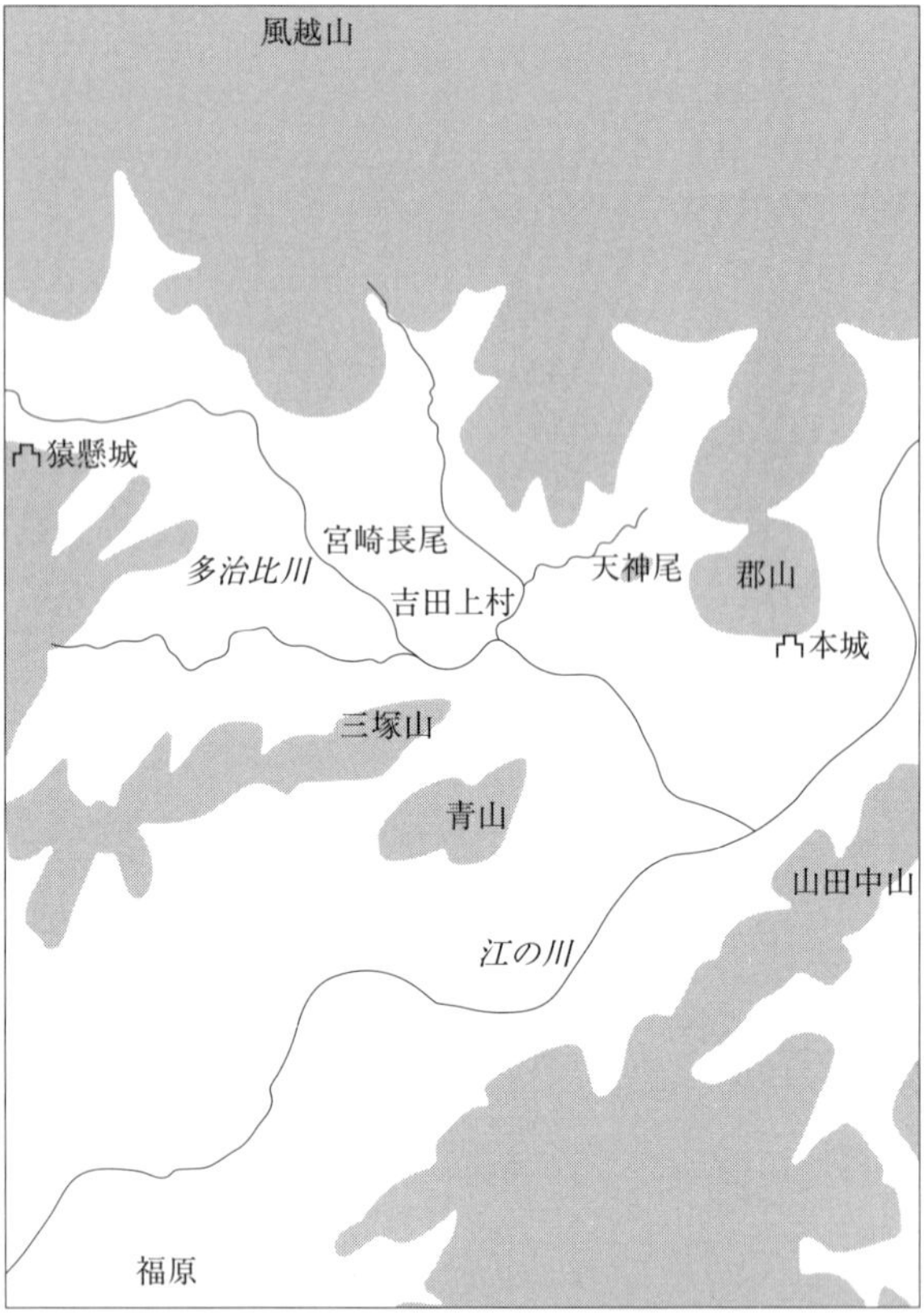

図3－2　郡山合戦関係図（著者作成）

図3－3　郡山城（安芸高田市吉田）（安芸高田市歴史民俗博物館提供）

援に駆け付けていたが、元就はその働きを簡略化して記している。また、一連の戦闘における大内勢の働きについて、一月十三日の戦闘を除き、元就は簡略化して記している。たとえば、大内氏からの援軍として、東西条代官杉隆宣（たかのぶ）が毛利氏領坂要害（安芸高田市）に派遣されて駐屯しており、尼子勢との戦闘に大きな役割を担っていた。したがって、主戦場は毛利氏領だったが、本質的には大内氏と尼子氏との合戦といえるものだったのである。

さらに、当初は尼子方として参戦していた沼田小早川家の裏切りが戦況の大きな画期となったと考えられるが、この点についても元就は言及していない。一月五日付で大内氏家臣内藤隆時から椋梨常陸介（盛平）に宛てられた書状に、「このたび尼子氏への裏切りとして、尼子勢に攻撃を仕掛けられ、敵を多く討ち捕られ、被官数人が負傷されたとのこと、杉次郎左衛門尉から報告が参りました」とある（『小早川家文書』）。杉次郎左衛門尉とは坂要害に駐屯していた杉隆宣のことである。したがって、この文書は天文十年のものと考えられる。尼子勢による毛利氏攻撃に沼田小早川家を代表して椋梨盛平が参加していた。内藤隆時の書状は杉からの報告を受けて発せられたものであるから、盛平の寝返りは陶隆房ら大内勢の着陣によって尼子勢の不利を悟ったうえでの判断だったのだろう。

とはいえ、「通路切搦」などによるゲリラ戦を展開して、後方との連絡遮断、兵粮・物資の輸送妨害に成功して尼子方を兵粮・物資補給に追い込んだ元就の戦功も小さくない。したがって、この合戦は全体的にみると、元就の勝利ではなく大内氏の勝利だったが、元就の戦略も勝利の一因であり、国外勢力を退却させるにあたって連携した安芸国人衆の中でも元就の指導的地位を高めることにつながったといえよう。

図3－4　宍戸氏系図（著者作成）

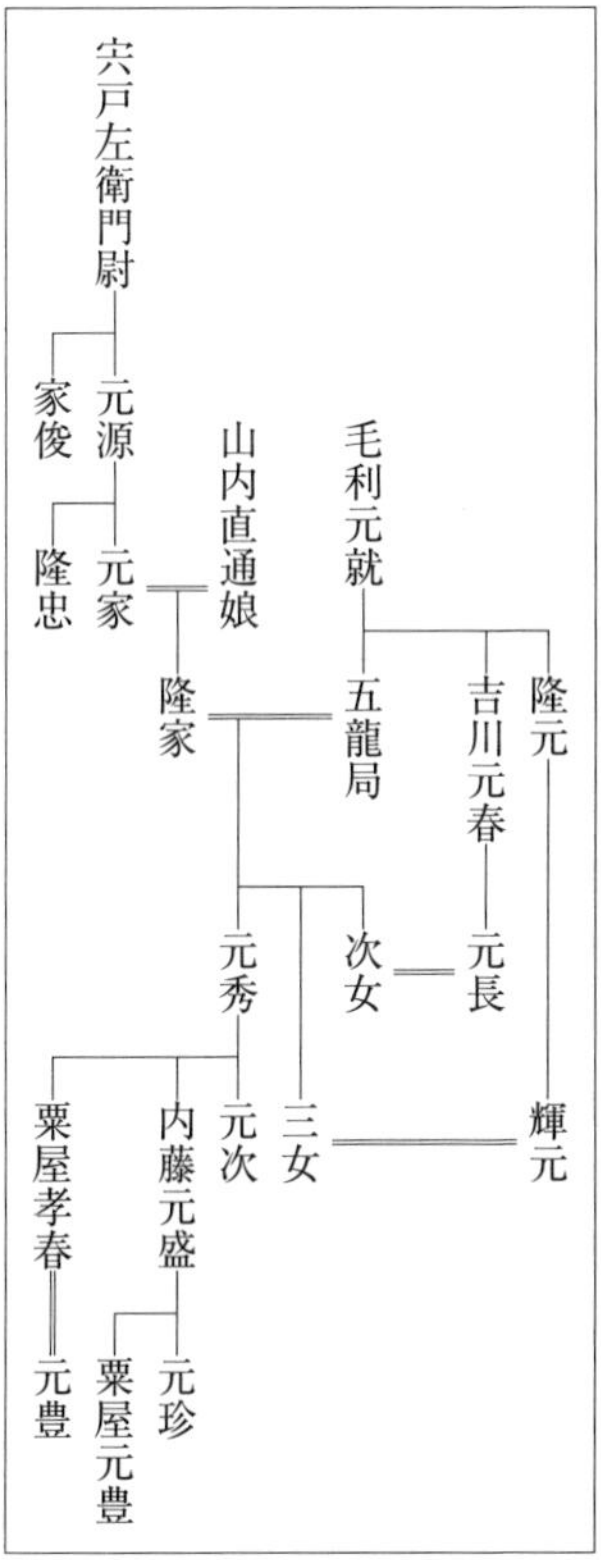

元就と宍戸氏

かつての通説では、軍記類の叙述をもとにして、天文三年年頭に元就が五龍城を訪問し、宍戸氏と毛利氏との和睦、宍戸氏の大内氏への従属、宍戸元源の孫隆家と元就娘（五龍局）との縁組みが決定したとされていた。しかし、享禄二年に元源が大内義隆から備後方面の軍事情勢について「事あるたびに毛利（元就）と相談され、しっかりと対応されることが大切です」という書状を受給しており（「宍戸家文書」）、毛利氏や山内氏が大内氏に帰服した大永五～六年頃に、宍戸氏も大内氏に従属したものと思われる。

隆家の父元家は永正十四年以降と考えられる八月十六日付で「佐東（広島市安佐南区）のことについて、弘中中務丞（大内氏家臣）を派遣するので、話し合い、事あるたびに尽力されることが大切です」という大内義興書状を受給しており（『萩藩閥閲録』）、大内氏の調略を受けていた。その当時、元源は大内方毛利氏との戦闘を続けていたが、有力な同盟関係にあった武田信繁の討死などによる反大内方の危機的状況下で、元家が父に反して大内氏の調略に応じた可能性を指摘できる。しかし、内通が発覚した元家は父元源によって処罰され、元家妻は実家山内家へ戻されて出産した。それが隆家である。大永三年頃になると、元源は隆家を引き取ったとされる。この時点では宍戸氏・山内氏ともに尼子方だったためと考えられる。

大永三年には毛利氏も尼子方に転じている。したがって、宍戸氏と毛利氏との和睦は大永三年頃に遡るとみられ、宍戸氏の大内氏への従属も毛利氏や山内氏との関係を重視した結果と思われる。

次に、郡山合戦における宍戸氏の動向についてみていく。軍記類によると、天文九年六月下旬、尼子久幸（経久甥）・国久（経久次男）・誠久（国久の子）の率いる尼子勢三千余騎は備後国へ進攻し、志和地の八幡山城に布陣。まず宍戸氏領岩屋城（安芸高田市、城主は元源の弟深瀬隆兼）へ攻めかかったが、頑強な抵抗や増水によって攻略を断念し、出雲国へ撤兵したという。また、岩屋城攻略に失敗した結果、尼子氏は備後方面から郡山城へ進攻する計画を変更して、石見方面から進攻することになったとされる。しかし、この合戦に関する同時代史料はまったく確認できず、郡山合戦に先立ち宍戸氏領において戦闘があったとは考えられない。五龍局が嫁したことで毛利氏の縁戚となった宍戸氏の活躍を喧伝するために創作された叙述だと思われる。

一方、郡山城をめぐる攻防における宍戸勢の活躍は信憑性の高い史料で確認できる。「郡山籠城日記」には、天文九年十二月十一日、尼子方（南条、小鴨、出雲高橋、吉川）の布陣する宮崎長尾を毛利勢とともに攻撃して、数人を討ち捕ったと記されている。また、尼子勢撤退後の天文十年四月二十一日、細川晴元（澄元の子）周辺の人物から元源に対して発せられた書状（『毛利家文書』）に、尼子勢が撤退したことを知らせる元源書状を受け取ったので晴元へ披露したこと、元源のこのたびの忠節が比類ないものであることについて晴元から書状が下されたことが記されている。

隆家と五龍局との縁組みについても、五龍局が享禄二年生まれであること、隆家と五龍局との間の長男元秀の生年が天文十六年（一五四七）とされていることから、実際の婚姻は郡山合戦後の天文十年代前半まで降るとする有力説が提示されている（秋山 二〇一八：九）。もっとも、郡山合戦時、宍戸氏と毛利氏とが同盟的関係にあったことから推測すると、婚約は郡山合戦以前に成立していたと考えられる。

2　大内義隆の安芸・備後国制圧

武田氏・厳島神主家の滅亡

武田光和死没直後の六月二十五日付で、武田氏重臣と思われる和重（名字は不明）が「戸坂」へ宛てた書状には、「光和の家督については御料人（光和妻と思われる）と協議して、人選について尼子氏へお願いしたところ、すぐに同意されました。そこで、湯原が近日中に下向されます」とある（『毛利家文書』）。光和には実子がいたとの伝承もあるが、いずれにせよ大内方の攻勢を前にして、尼子氏の支援を頼むほかに生き残る術は困難であり、尼子氏から当主を迎えようとしたものと考えられる。結局、尼子氏が若狭武田氏へ要請して、武田元光の子信実が安芸武田氏の家督を継承することとなった。同じ頃、尼子勢が毛利氏領へ進攻し、武田勢もそれに呼応して郡山城方面へ向かったが、般若谷（安芸高田市・広島市安佐北区）において敗北した（『萩藩閥閲録』）。

一方、厳島神社神主友田興藤は大永四年に大内氏に帰服して以降、表面的には反大内活動を行うことはなかったが、天文九年に尼子勢が南下すると、天文十年一月十二日、大内氏に反旗を翻したという（「房顕覚書」）。ところが、その翌日に尼子勢は大内方に敗れて撤退してしまった。一月十五日、黒川隆尚の率いる大内水軍が厳島に渡海。三月には興藤の籠もる桜尾城は大内勢によって包囲された。三月二十三日、義隆は本陣を七尾（廿日市市）に置き、四月五日に桜尾城は陥落し、興藤は自害した。神主職を継承していた興藤の弟広就も五日市城（広島市佐伯区）において自害し、藤原姓厳島神主家は滅亡した。

後継の神主には大内氏家臣杉家一族の杉隆真（のち佐伯景教に改名）が任じられたが、権限は大きく制限された。また、神領衆の多くは桜尾城陥落以前に大内氏に従属したが、桜尾城には大内氏の城督として鷲頭興盛が在番し、厳島神社領は大内氏の直轄的支配下に置かれた。

また武田氏については、軍記類によると、当主信実は尼子勢敗退を知るとすぐに金山城から逃亡したとされる。義隆は十三日の戦闘の翌々日（一月十五日）付で大内水軍を仁保島に集結させたことを告げており（萩博物館寄託「杉家文書」）、郡山合戦後すぐに武田氏討伐の準備を開始している。信実の行動を明確に物語る史料は確認できないが、武田氏家臣の抵抗がみられる一方で、信実の安芸国における動静はみられない。

いずれにせよ、一月末には天野興定を通じて香川氏に対する調略が企てられる（「右田毛利家文書」）など、武田方は混乱状況に陥っていた。三月になると、大内勢や毛利勢のほか天野勢なども金山城へ迫り、五月十二日夜から十三日にかけて、「金山伴陣」において武田家人は誅伐された（「右田毛利家文書」、「譜録」など）。軍記類によると、金山城開城後に一部の家臣が伴城（広島市安佐南区）に籠もって徹底抗戦しようとして誅伐されたという。この経緯についても同時代史料で詳らかにすることは困難であるが、信実はこの後も存命しており、五月十二日以前に信実が国外へ退去していたことは事実と思われる。いずれにせよ、「金山伴陣」の敗戦によって安芸武田氏は滅亡した。

なお、武田氏一族とされる伴氏について、天文十年の「金山伴陣」後も存続しており、信実から離反して大内氏に従っていたが、天文十一年（一五四二）、大内方の出雲遠征中に毛利勢によって討伐された（『萩藩閥閲録』）。毛利氏の主力は遠征中であり、伴氏が蜂起したにせよ、大規模なものだったとは考え難い。出雲遠征苦戦中に不測の事態が起こることを懸念して討伐されたかもしれない。その遺領の大部分は毛利氏に給与されており、安芸武田氏一族の滅亡は毛利氏のさらなる支配領域拡大につながった（『毛利家文書』）。

また、頭崎城の平賀興貞も尼子勢の撤退後に降伏して隠居し、興貞の子隆宗が家督を継承した。

大内義隆の出雲遠征

郡山合戦の勝利で勢いづいた大内氏は天文十年末に出雲国への進攻を計画し、翌年（天文十一年）一月頃には、大内義隆自身が出陣したとされる。四月頃から備後国北部で戦闘が始まり、六月には義隆自身が着陣して、七月に赤穴氏の居城瀬戸山城（島根県飯南町）を攻略、尼子氏の居城富田城（島根県安来市）へ迫った。大内勢の進攻には毛利氏ら従来からの大内方国人に加えて、郡山合戦以前には尼子方だった吉川氏・山内氏らも大内方に転じて参加していた。

このうち吉川氏については、郡山合戦で敗れた尼子勢の撤退後間もなく大内氏に帰服を申し出たと考えられる。しかし、天文十年八月、大内義隆は三入（広島市安佐北区）に布陣してそのまま越年したとされ、三入布陣の時点まで吉川氏が大内方に抵抗していたことはないだろうが、いまだ帰服が認められていなかったかもしれない。天文十一年閏三月、ようやく興経に対する義隆の安堵状が発給されて、大朝・新庄・北方計八五〇貫の地は安堵された。しかし、その直前の二月に元就が大内氏に対して吉川氏へ与えないように要望していた夜谷（与谷）については大内氏に接収されたうえ、寺原についても六月、大内氏への忠節を条件に返付することとされており（『吉川家文書』）、興経には不満の残る処遇だった（木村 二〇一九：三）。

山内氏については、隆通（少輔四郎）は天文十一年十二月二十六日付で毛利元就加冠状を受給しているが、その一カ月後の天文十二年（一五四三）一月十一日付で大内義隆加冠状も受給している（『山内家文書』）。この経緯は定かでないが、山内氏の尼子氏からの離反が元就の働きかけによるものだったため、いったん元就の加冠によって元服したものの、出雲遠征において苦戦した義隆が山内氏を味方につなぎとめるために、改めて自らが加冠して、「隆」の偏諱も与えたかもしれない。

大内勢の撤退とその影響

結局、大内方による尼子氏の本拠富田城の攻略は容易に進まず、遠征が長引いた結果、吉川氏や山内氏は再び尼子方へ転じた。軍記類によると、天文十二年四月三十日、興経らは富田城へ入城したという。三刀屋氏・本城氏ら出雲・石見国人も尼子方に転じたため、遠征軍は崩壊状態に陥った。大内方は五月初頭から撤退を開始し、義隆や元就は無事帰国したものの、撤退途中に義隆の養子晴持が船の転覆によって死没したほか、東西条代官杉隆宣や沼田小早川家の当主正平（興平の子）が討死するなど、大内方は大きな損害を蒙った。

吉川氏・山内氏らの離反によって大内方は撤退に追い込まれたが、無事に帰国を果たした義隆は八月十八日、元就に対して吉川氏領を与える旨の宛行状を発給した（『毛利家文書』）。もっとも、この宛行状の実効性は乏しかった。大内氏から離反した吉川興経が義隆の宛行状に従って領土を引き渡すことはあり得ない。興経の背後には尼子氏が控えており、毛利氏のみの軍事力で吉川氏領を奪取することは難しい。そうすると、興経と縁戚関係にある元就を警戒した義隆が吉川氏領を給与することによって、毛利氏に対して吉川氏と戦うように仕向ける狙いがあったのではないか。

一方、大内氏の出雲遠征失敗後、備後国において再び尼子方の動きが活発化した。天文十二年六月、当主を失った沼田小早川家領の椋梨（三原市）へ尼子方の「備後勢」が進攻したが、毛利勢などの救援によって撃退された（『萩藩閥閲録』）。大内義隆も同年七月三日付で世羅郡堀越（世羅町）の在地領主層に対して、代官派遣を告げている（「小寺文書」）。この代官とは弘中隆兼を指すと考えられ（藤井崇 二〇一九：一八八〜一八九）、隆兼は安芸国に加えて備後国方面も管轄することとなった（この頃から「西条守護」と呼ばれるようになったと考えられる）。

長らく備後国守護職を保持していた山名惣領家の当主祐豊は八月、上山実広に対して義隆へ協力するように指示しているが（『萩藩閥閲録』）、山名氏の備後国人に対する影響力は低下しており、東上を企てる尼子氏への対抗上、大内氏による備後国支配を容認した。もっとも、北部九州において少弐氏の活動が再びみられるようになったこともあり、義隆自身が大軍を率いて備後国へ遠征することは困難であり、備後方面における対尼子方戦は備後国人のほか、毛利氏と弘中隆兼が中心となっていった。その背景には、元就が天文五年の山内氏の尼子氏への屈服以降、大内（山名）方国人領主の軍事指導者としての地位を獲得していたことがあった（柴原 二〇一五：一五〇〜一五七）。

戦闘の経過をみると、天文十三年（一五四四）三月には、田総において毛利勢が尼子方を破っている（『毛利家文書』）。さらに同年七月、大内方の三吉氏領へ尼子勢が進攻し、救援に赴いた毛利勢は敗れたが、三吉勢の働きによって尼子勢は撤退したという。この折の布野（三次市）における戦闘では大内方の備後国人上山広信（実広の子）が討死しているが（『萩藩閥閲録』）、全体的にみると尼子氏の備後国進攻は失敗に終わったといえよう。

山名理興の備後国下向

前章でみたように、大永七年、形式的には備後国の支配者だった山名惣領家は大内氏と手を結び、その結果、尼子氏の備後国進出を食い止めていた。ところが、翌年二月、惣領山名誠豊が死没した。誠豊の兄致豊の子祐豊が家督を継承したが、尼子氏の再進攻が予想されるなか、山名氏はどのように対処したのか。「山名家譜」などの記録類において、天文七年に大内義隆が備後国へ出兵して神辺城を攻撃した際、自害に追い込まれた城主として山名宮内少輔氏政という人物が確認される。この記録類に従うと、山名氏は備後国支配のために一族の人物を派遣して、神辺城に置いていたことになる。一方、大内氏に従って神辺城を攻略した人物として、「忠興」が記されている。かつての通説では、忠興とは杉原理興のことで、神辺城主になったことに伴い、名字を杉原から山名に改めたと考えられてきた。また、理興は山手銀山城（福山市）を本拠とする山手杉原氏の出身とされてきた。しかし、理興が杉原を称したことを示す同時代史料は確認できず、大内義隆の天文七年の備後国進攻も事実ではない。

では、山名理興とは何者なのか。近年、一月十六日付で備後国人田総信濃守に宛てた塩冶豊綱（山名惣領家家臣）書状（「田総家文書」）や五月十三日付で備後国人湯浅藤右衛門尉に宛てた山名祐豊書状（「湯浅家文書」）にみられる「山名彦次郎」を理興とする新説が提起された（木下 二〇一一b：二四～三〇）。いずれの書状も大永八年のものと考えられており、その内容は備後国への彦次郎下向を伝えたものである。大永七年半ば、山名氏は備後国人衆に対して和談を命じており、弛緩していた備後国支配権を強化し、山名氏の下に国人領主層を統合しようとしていた。そのためには、遠隔地の但馬国から間接的に支配するのではなく、一族の人物を備後国に常駐させて直接的に支配する必要があり、「山名彦次郎」を下向させたとする見解であり、首肯できよう。

また、五月十四日付で太田垣誠朝（山名惣領家家臣）が末長左近大夫（竹原小早川家家臣）に宛てた書状（「譜録」）には、「備後国について、安芸守殿（竹原小早川弘平）とあなた様へ屋形（山名惣領家当主祐豊）から書状をもってお伝えいたします」「宮内少輔と話し合って早急に決着するように心掛けられることが非常に大切です」とある。大内方国人だった竹原小早川家に対して、山名氏への支援を依頼し、詳細は宮内少輔と話し合って決めるように伝えたものであり、宮内少輔が山名氏の備後国支配の中心的役割を担うこととされていたことがわかる。この書状も大永八年のものと考えられるが、大永八年以降の史料において理興は宮内少輔を称しており、この書状の宮内少輔も理興を指す。備後国への下向にあたり、理興は彦次郎から宮内少輔に名乗りを改めたと考えられる。このような経緯から、理興が山名氏一族であることは明白であるが、その詳細な系譜を明らかにすることは難しい。

神辺合戦

次に、備後国へ下向した後の理興の動向についてみていこう。

少なくとも永享年間頃までの山名氏による備後国支配の拠点は国府（こくふ）（八尾山（やつお））城（府中市）だったと考えられるが（谷重 二〇一六：九三〜九四）、遅くとも天文十年頃の理興は神辺城（かんなべ）（福山市）を本拠としている。神辺については、山名氏による備後国人衆の和談に関して「神辺和談」という表現がみられ、大永七〜八年頃に神辺が山名氏による備後国支配の一拠点となっていたことを示すが、理興下向の際に入城したのが神辺城と国府城のいずれだったのか確定することは難しい。

理興下向後も山名惣領家の備後国への影響力は低下していった。山内氏が尼子氏に屈服した天文五年頃になると、理興は大内氏への従属を強めていたと考えられる。「興」は大内義興の偏諱で、山名氏一族でありながら大内氏の強い影響を受けていたことがうかがえる。ところが、天文十二年、大内方による富田城攻撃が難渋すると、理興は大内氏から離反して尼子方へと転じた（「譜録」）。先にみた出雲遠征直後に沼田小早川家領へ進攻した「備後勢」の主力は理興だったと思われる。一方、山名惣領家当主祐豊は前項でみたように大内氏を支持しており、理興は祐豊の意向に明確に反していた。この時点における理興は山名惣領家からの自立を遂げていたと評価できよう。とはいえ、理興が備南地域の支配権を確立しえたのは、山名氏の一族だったことを大きな要因とすると考えられ、山名氏の備後国への影響力が完全に消滅していたとはいえない。

その後の戦闘の経過をみていこう。理興の沼田小早川家領への進攻は毛利勢の救援などによって撃退され、その後、理興は毛利勢など大内方の攻撃を受けることとなった。大内氏は天文十五年末に山手杉原氏の当主で理興に従属していた杉原豊後守を調略して、理興から離反させた（「浦家文書」）。そのうえで、天文十六年四月、大内方の軍勢は外郡五ヶ村（福山市）へ進攻（『萩藩閥閲録』）。毛利氏や湯浅氏（世羅郡を本拠とする国人）は勝渡（正戸）山（福山市）西に布陣しており、理興の居城神辺は次第に追い詰められていった（「湯浅家文書」）。翌年の天文十七年（一五四八）六月に神辺固屋口（大内義隆は「村尾城下」と表記しており、神辺城山麓の城下町地区を指す）で大規模な戦闘があり、死傷者が確認される吉川勢のほか、毛利氏譜代家臣、内藤氏などの安芸国人衆、湯浅氏などの備後国人衆、大内氏家臣も参加している（『吉川家文書』など）。

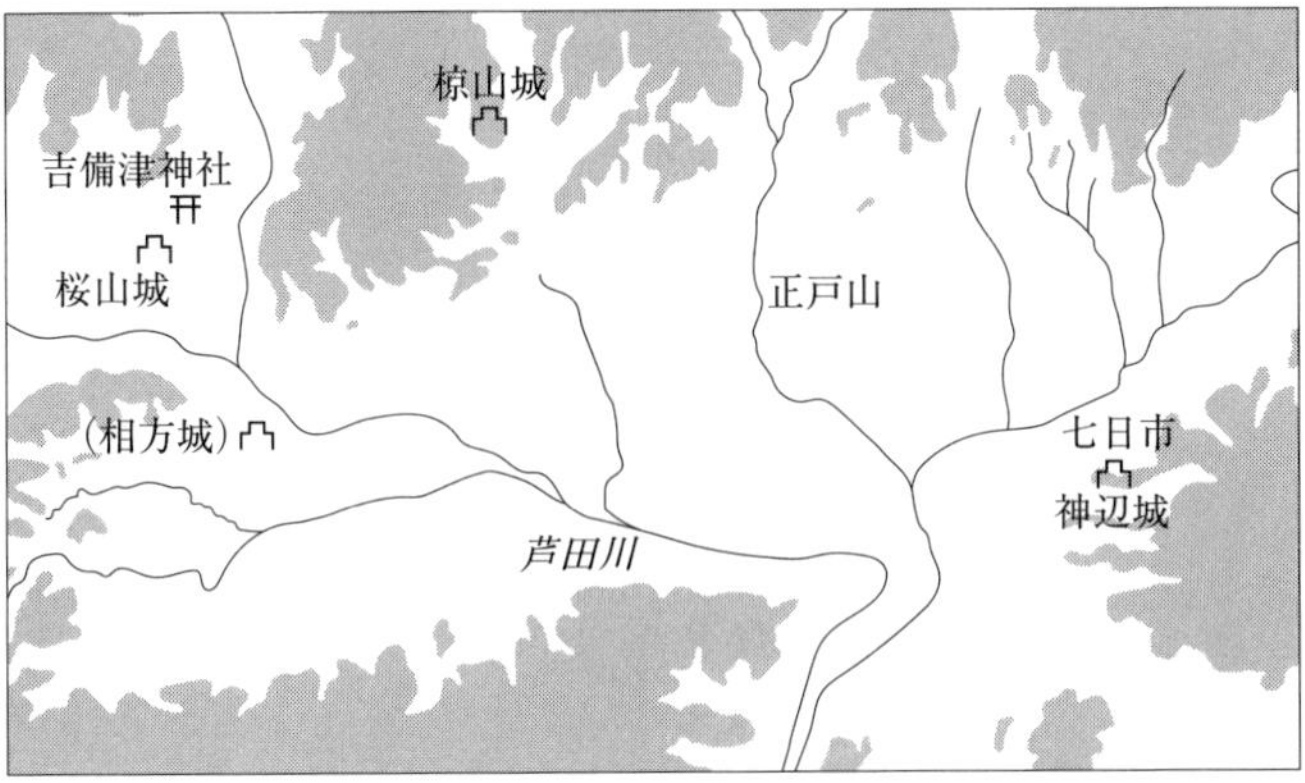

図３－５　神辺合戦関係図（著者作成）

　同年七月、大内氏は毛利元就らへ神辺表における稲薙（収穫前の稲を刈り取って奪うこと）を命じるとともに、西条勢衆（大内氏の安芸国支配の拠点東西条一帯の軍勢）の派兵を告げた。また、備後国南部のみならず、北部の国人衆に対しても出兵を命じている（『萩藩閥閲録』）。つまり、六月の大規模な攻撃にもかかわらず、神辺城は陥落しなかったため、総攻撃態勢に入ったのである。この折、大内氏家臣青景隆著も出陣することとなったが、隆著は義隆自身も出兵すべきと考えていたようで（『吉川家文書』）、結局出陣に踏み切らなかった義隆と、出陣すべきと考えていた陶隆房や青景隆著との間に亀裂が生じ、それが隆房のクーデタにつながった可能性が指摘されている（藤井崇 二〇一九：二五四～二五六）。

　大内方の攻撃は翌年の天文十八年（一五四九）も続き、二月の村尾要害麓における戦闘においては小早川隆景勢が戦功をたてている

（「小早川家証文」）。四月の神辺城下（毛利隆元は「七日市表固屋」と表記）における戦闘においては、毛利氏譜代家臣のほか、大内氏家臣杉勢などの戦功がみられるが（『萩藩閥閲録』）、八月になっても神辺城は持ち堪えていた。しかし、孤立無援の神辺城は、九月四日、ついに陥落した（『福原家文書』）。理興は城からの脱出に成功。その後、尼子氏に庇護されたという。

このように、神辺城攻略には毛利氏ら国人衆の働きも大きかったが、攻略後の神辺城は大内氏直轄城郭とされ、青景隆著らが城督となった。理興領の多くも大内氏直轄領になったと思われる。

宮氏の動向

ここで備後国における大内方・尼子方対立時の宮氏一族の動向をみていこう。

軍記類によると、宮氏は郡山合戦に尼子方として参戦し、尼子勢撤退後に大内方に転じたが、出雲遠征時に大内氏から離反したとされる。天文十年二月頃、宮実信（上野介家）に対して一族の法成寺兵部大夫が椋山（福山市）において謀叛を企てており（「平川家文書」）、この時点における実信は尼子氏に従属していたと考えられる。法成寺は尼子勢の撤退を踏まえ、謀叛を企てたのだろう。

天文十年八月には、宮下野守家の遺領を獲得した宮彦次郎が、幕府に対して宮家惣領の地位を望んでいる（「大館常興日記」）。彦次郎は久代（庄原市）を本拠とする宮氏一族で、大内方とされている。したがって、宮下野守家が尼子勢の撤退後も尼子方に留まったため、大内方に討伐されて滅亡したことをうかがわせる。宮氏一族の惣領は下野守だったため、その遺領を獲得した久代宮家が惣領としての正統性を主張したのだろう。一方、同年二月時点で尼子方に留まっていた上野介家は、下野守家滅亡時には大内方に転じていたと考えられる。また、天文十七年頃、山名理興討伐のために遠征していた毛利備中守（元就の子隆元）が宮次郎左衛門尉要害陥落の際に中途まで出兵したことを大内氏から賞されている（『毛利家文書』）。次郎左衛門尉は理興に荷担していたと考えられるが、上野介家当主とは考え難く、理興討伐時の上野介家の動向は定かでない。上野介家領における戦闘が確認できないため、引き続き大内方だったようである。

もっとも、天文十九年（一五五〇）八月には法成寺（福山市）へ井原氏（安芸国人）などの大内方が進攻しており、神辺城陥落後も備後国南部に反大内方（尼子方）勢力が残存していたことが判明する。法成寺は宮氏一族が掌握してきた地であり、宮氏一族の中には次郎左衛門尉や法成寺家など尼子氏に荷担した勢力があったことを示している。いずれにせよ、宮上野介家は後述する天文二十一年（一五五二）の滅亡まで存続していた。

3　毛利氏の台頭

元春の吉川家への入嗣

天文十二年（一五四三）の吉川氏領を毛利氏へ給与するという大内氏の方針は、先にみたように実現困難であり、元就も吉川氏との係争地の解決を通じて尼子氏との関係修復を望んだ。興経も毛利氏との和解に積極的だったが、尼子氏は毛利氏との和解に消極的だったため、この和解も実現しなかった。尼子氏に和解を拒否された結果、元就も興経との融和方針を改め、次男元春を吉川家へ入嗣させることとした。元春の母（元就の妻）は吉川国経娘（法名は妙玖）だったため、元春は吉川家の血もひいていた。

図３-６　吉川元春画像（東京大学史料編纂所所蔵模写）

吉川氏領を元就に給与すると約束していた大内義隆もこの入嗣を後押ししたと考えられ、義隆の承認のもと、元就は元春入嗣へ向けて吉川氏家中の調略にとりかかった。その結果、吉川氏家中は森脇祐有ら興経派（親尼子派）と吉川経世（元経弟、興経叔父）ら反興経派（親毛利派）とに分裂した。この対立は、天文十五年（一五四六）七月に興経派が元春入嗣の条件を提示しており、この頃までに元春入嗣の合意はほぼ整っていたと考えられる（木村 二〇二一：七〇～七三）。

その後、天文十六年七月十九日付で興経は元就・元春・隆元に宛てた起請文を提出して正式に元春入嗣が決定した（『吉川家文書』）。同時に、元就らも興経に対して、隠居領は毛利氏領内とし将来は千法師（興経の子）に継承させること、興経の身柄を大内氏へ引き渡さないことなどを約束する起請文を提出した。しかし、この時点では、興経の隠居領問題が未解決だったため、居城日山城（北広島町）からの興経の退去、元春の入城は実現していない。一方、天文十六年閏七月から、吉川氏当主としての元春の活動は開始されている。もっとも、初期の知行安堵・宛行は元就との連署で行っており、元春の権威は元就の後見によって成り立っていた。天文十七年になると、単独で感状を発給するようになっているが、その時点でも元春は日山へ入城していない。興経は家中における不利な形勢を踏まえ、いったん元春への家督譲渡に同意したものの、日山城に居座って尼子氏の支援による形勢逆転、あるいは両派並立を狙っていたのではないか。

そこで、元就は大内氏の権威によって元春の日山入城を実現させようと考えた。天文十八年四月二十二日、山口において元春は大内義隆から吉川氏の家督継承を認められ、興経の称していた官途治部少輔を与えられた（『吉川家文書』）。さらに八月には、日山城請け取りにあたって軍勢を派遣してほしいとする元就の要請に対して、大内氏から笠井帯刀左衛門尉などを登城させるとする大内氏からの返答がもたらされており、元就・元春は大内氏からの積極的な支援をとりつけた。一方、興経に対する尼子氏の支援があった形跡はなく、興経がこれ以上日山城に居座ることは困難となり、天文十九年一月頃、元春は日山城への入城を果たした。元春は天文十三年、叔父北就勝と契約を結んでおり（『吉川家文書』）、高橋氏旧領の一部を継承していた。高橋氏も吉川氏も安芸国と石見国双方にネットワークを有していた家であり、元春は両家を継承することによって、安芸国・石見国にまたがる多くの関係・情報を獲得した。そのことが毛利氏の戦国大名化に大きく寄与することとなる（木村 二〇二一：七九〜八〇）。

興経の日山城からの退去時期は特定できないが、元春の日山入城を大きく遡ることはないと考えられる。隠居領は毛利氏領内で与えられたが、天文十五年七月時点で興経派が要望していた有田や与谷といった吉川氏領に隣接する地域ではなく、深川（広島市安佐北区）になったという。興経の動向を警戒した元就が、旧臣層との連携を阻止するとともに、興経を監視しやすい場所に置いておこうとしたものと思われる。とはいえ、興経は幽閉されていたわけではない。ある程度の家臣を引き連れて深川に居住していた。森脇祐有のような側近衆さえ離れてしまった興経が叛逆することは困難だったろうが、それでも元就にとってはその存在自体が危険なものであり、天文十九年九月二十七日、隠居所の深川を襲撃され、興経は落命した。同時に千法師も殺害され、吉川家の嫡流は断絶した。

隆景の小早川家への入嗣

郡山合戦においても援軍を派遣し、毛利氏にとって同盟的関係にあった竹原小早川家の当主興景は天文十年三月頃に死没した。その妻が毛利興元娘（山内豊通の死没後に再嫁）だったため、従兄弟にあたるという縁戚関係に基づき、天文十三年、元就三男徳寿丸（のちの隆景）が竹原小早川家へ入嗣した。その間の経緯をみると、天文十二年十二月以前に、隆景の竹原小早川家への入嗣が検討されている。しかし、元就が逡巡したため、義隆から元就に対して直接入嗣を勧める書状が発せられ、それでもなお、元就が難色を示したため、義隆は竹原小早川家家中が隆景入嗣を強く希望していることを伝えて、元就に了承を求めている。

従来の通説では、元就の策略によって竹原小早川家は事実上毛利氏に乗っ取られたとされてきたが、事実は異なる。天文十二年の出雲遠征の失敗によって、大内氏に従属していた安芸国人衆には動揺が広がっていた。当主不在となっていた竹原小早川家も不安定化する危険性があり、竹原小早川家を安定させるためには、安芸国人衆の盟主的存在であり、かつ有力な大内方である元就による竹原小早川家への支援が不可欠だった。そこで、元就縁戚者による竹原小早川家の家督継承を義隆は求めたと考えられる。

図3-7　小早川隆景画像（東京大学史料編纂所所蔵模写）

そうすると、隆景の竹原小早川家入嗣は元就にとって不本意だったのだろうか。逡巡する元就の懸念を取り除くために、大内義隆は竹原小早川家家中の総意による入嗣要望であることを保証しており、元就の真意は定かでないが、結果として逡巡してみせることによって、元就は竹原小早川家家臣団を掌握し、竹原小早川家を毛利氏の強固な同盟勢力とすることに成功した。また、天文十六年の山名理興攻撃時に発給された竹原小早川家家臣に対する戦功を称する徳寿丸書状には花押は据えられておらず、徳寿丸書状のほか、元就と隆元からもそれぞれ戦功を賞する書状が発給されている（『萩藩閥閲録』）。徳寿丸の権力は毛利氏、とりわけ元就の後見によって補強されていたのである。

次に、沼田小早川家への入嗣についてみていく。

沼田小早川家は郡山合戦の当初には尼子方だったが、陶隆房の着陣後に尼子方から離反した。このような沼田小早川家の行動が郡山合戦における大内方勝利の大きな要因になったと考えられるが、大内氏にとって沼田小早川家は離反を繰り返す信用できない存在だった。このため、居城高山（三原市）には大内氏から在番が派遣された。また、天文十一年の大内義隆の出雲遠征に参加した当主正平は天文十二年の出雲からの撤退時に殿を命じられたという。その結果、撤退途中の五月九日、正平は出雲国鳶巣（島根県出雲市）において討死した。正平の子又鶴はわずか二歳だったが、事実上の人質として大内氏に抑留されたため、椋梨盛平や乃美隆興を中心とした親大内派の有力家臣による領国運営が行われることとなった。

その後の隆景の沼田小早川家入嗣について、『陰徳太平記』においては次のように叙述されている。繁平（又鶴）が三歳のときに眼疾によって視力を失ったため、一族の乃美安芸守らの談合により、毛利氏に従属することによって家の存続を図るべきであると決した。そこで、隆景は正平娘と婚姻して沼田小早川家を継承することとなり、繁平は剃髪して教真寺に入った。ところが、田坂全慶らは引き続き繁平を当主とするか、あるいは、一族の中から家督継承者を選ぶべきであるとして納得しなかったため、それを聞いた隆景が、反対者をことごとく討ち果たした。

隆景入嗣時に右記のような大規模な軍事的抵抗活動があったことを直接的に証する同時代史料は確認できないが、沼田小早川家の家中において親大内・毛利派と親尼子派の対立は実在したと考えられる。

又鶴が大内氏に抑留されている間、親大内・毛利派（椋梨盛平、乃美隆興ら）が家中の中枢にあったが、天文二十年（一五五一）になると又鶴の帰国が取沙汰されるようになっていた。ところが、同年九月二十八日付で元就・隆元は乃美隆興に対して、「このたび、沼田小早川家について、又鶴丸殿から竹原の隆景が家督を継承しました。隆景の入嗣の成功はすべてあなた様の努力のおかげです」という起請文（『萩藩閥閲録』）を認めている。この起請文は、又鶴の帰国によって自らの地位が低下する危険性を感じた椋梨や乃美が毛利氏への接近を図り、隆景の沼田小早川家入嗣を推進したことをうかがわせる。また、隆景入嗣は天文二十年九月前後だったことを示している。

さらに、この起請文を認めた直前に勃発した陶隆房らのクーデタに元就や元春は賛同しており、隆景入嗣に対する陶らの承認が、賛同の条件の一つだったかもしれない。いずれにせよ、分立していた小早川氏は統合され、かつ毛利氏の従属下に置かれることとなった。

大内義隆排斥の企て

天文二十年八月に表面化した陶隆房（晴賢）を中心としたクーデタによって、大内義隆・義尊（よしたか）父子は命を奪われたが、このクーデタは突発的なものではなく、前年から計画されたものだった。天文十九年八月二十四日付で、隆房は毛利元就・隆元、吉川元春や天野隆綱（たかつな）（興定の子、志和東天野）に対して、義隆を廃して義尊を擁立する計画を打ち明け、賛同を要請している（「右田毛利家文書」、『吉川家文書』）。隆綱は天文十八年に家督を継承した際、隆元と兄弟契約を結んでいたが（「右田毛利家文書」）、隆房は元就・隆元に対して天野隆綱らへの「仰催」権を認めており、毛利氏が安芸国人衆の盟主的存在だったことを示している（岸田 二〇一一：一三〇〜一三四）。もっとも、その権限は高橋氏の保持していた備芸石国人領主連合の盟主的地位を継承したもので、大内氏が安芸国支配の安定化の観点からその地位を認めたものだった。その意味では、安芸国人領主層が完全に自発的に毛利氏を盟主に担いでいたわけではないことに留意しておく必要がある。

図3-8　毛利隆元画像（東京大学史料編纂所所蔵模写）

また、この計画は隆房一人の企てではなく、杉重矩や内藤興盛といった他の重臣と協議したうえで決定したものだった。軍記類によると、元就はそのような企てに反対だったが、対抗できる兵力がなかったため、やむをえず陶の命令に従ったとする。しかし、元就・隆元は元春に対して九月八日、毛利氏は陶らに賛同するので元春も速やかに賛同を返答するように指示している。前日の七日、隆房は笠間（かさま）修理亮旧領のうち吉木（よしき）・都志見（つしみ）・戸谷（とだに）（北広島町）を吉川氏に給与するとしているが、その書状には八月二十五日付の書状を受け取ったとある（『吉川家文書』）。つまり、隆房からクーデタ計画を受け取った翌日に元春は新たな知行地を要求し、隆房がそれを受諾した結果、賛同したのである。

天野隆綱についても賛同の条件として恩賞を所望し、それを毛利氏が隆房へ取り次ぎ、隆房が了承していることから（「右田毛利家文書」）、他の安芸国人へも毛利氏を通じて、恩賞を餌に賛同が呼び掛けられたと考えられる（岸田 二〇一四：九四～九五）。クーデタ計画への賛同によって得られる権益拡大が、元就ら安芸国人の決断の一要因となったのである。

陶らが軍事行動を起こして大内義隆らを自害に追い込んだのは九月一日。「房顕覚書」によると、陶勢が厳島を占領したのが八月二十日。さらに鷲頭が城督だった桜尾城を開城させて占拠した。毛利勢も同時期に麻生与太郎（土佐守の子カ）が城督だった金山城へ迫り、在番していた福島氏らを調略して占拠したとされる。実際に、九月八日付隆元書状には「佐東かな山・神領・かしらざきのいずれも抵抗はなかった」「今日、西条へ進攻する」（『萩藩閥閲録』）とあり、八月末頃に金山城を開城させたことがうかがえる。決起にあたって陶は元就と協議し、賛同を得たうえで、ほぼ同時に行動を開始したのである。

安芸国人はなぜクーデタに賛同したのか

右の書状にある「かしらざき」とは平賀氏の居城頭崎城のことで、当時の城主は平賀隆保。郡山合戦後に家督を継承した隆宗は山名理興攻撃中の天文十八年に陣没したが、嗣子がなかった。そこで大内義隆は、小早川氏庶家船木常平（かつて竹原小早川家の継承者に予定されていた福鶴のこと）の子亀寿を強引に平賀家へ入嗣させた。これが平賀隆保である。亀寿は山口に置かれていたが、義隆に寵愛されていたという。もっとも、義隆が隆宗弟新九郎（のちの広相）の家督継承を認めなかったのは、たんに寵愛する亀寿を引き立てようとしただけとは考えられない。有力な国人平賀氏を直接的に掌握しようとする意図があったのではないか。したがって、義隆排斥に毛利氏などの国人が賛同した背景には、安芸国支配を強化しようとしていた義隆の方針への不満があったと思われる。

義隆は天文十年の安芸武田氏・厳島神主家討伐後、桜尾（鷲頭興盛）、金山（麻生土佐守・右田左馬助）・大田（嶋田

中務丞・伴田中兵衛丞・小坂三河守）に城督を置き、西条守護（弘中隆兼）を介さず、佐東・佐西両郡と大田郷（安芸太田町）を直轄支配しようとしていた。厳島神領衆は直臣化され、流通経済上の拠点厳島は直属家臣（黒川隆尚・小原隆名など）によって直接的に支配していた。このような支配体制は安芸・備後国人の統括を担っていた西条守護弘中隆兼の権限肥大化を抑制する意図もあったとされる（中司 二〇一三：三〜一一三）。その延長線上に平賀氏の直接的掌握もあると元就らは感じたのではないか。

そこで、毛利方は金山城占拠に続き、平賀隆保を追い落とすため天文二十年九月四日に頭崎城を攻撃し、これを占拠した（『萩藩閥閲録』）。隆保は義隆による安芸国支配の拠点槌山（明神山）城へ逃れたとされるが、毛利方は同月十一日に槌山城へも攻撃をかけ（『吉川家文書』、『山内家文書』など）、陥落させた。

その後、十月七日付で広相らは、「このたび平賀家は元就・隆元のお口添えによって再興が叶いました」「このご恩は決して忘れません」という起請文を元就・隆元へ提出している（『毛利家文書』）。広相が隆保による家督継承について、実質的には大内氏による平賀家乗っ取りと認識していたことをうかがわせる。隆房らのクーデタが再興につながったのであるが、毛利氏の尽力によるところが大きかったことから、これ以降、平賀氏は毛利氏の影響下に置かれていった。

たとえば、翌年天文二十一年三月、平賀広相と小早川隆景は兄弟契約を結び（『平賀家文書』）、さらに天文二十二年（一五五三）二月には、毛利・小早川・平賀三家の盟約が隆元・隆景・広相間で結ばれているが（『毛利家文書』）、同日付けで広相は元就へ起請文を提出している。四月になると、この三家の盟約に吉川家も加わっている（『平賀家文書』）。これに先立つ天文二十一年一月には、志和堀天野隆重（元連の子）の四男元友、熊谷信直の三男広実が隆元の加冠を受けて、毛利氏家中の一員となっている。これは人質的側面を有していたとされ、毛利氏による天野氏・熊谷氏の掌握が進んだことを示している（長谷川 一九九六：七〇）。

このようにして、毛利・吉川・小早川・平賀・天野・熊谷らの連携は強化され、元就をリーダーとする有力な国人の連合体が自発的に形成された。隆房らのクーデタには賛同したものの大内氏支配に対峙する体制が構築されつ

図3－9　熊谷・天野氏系図（著者作成）

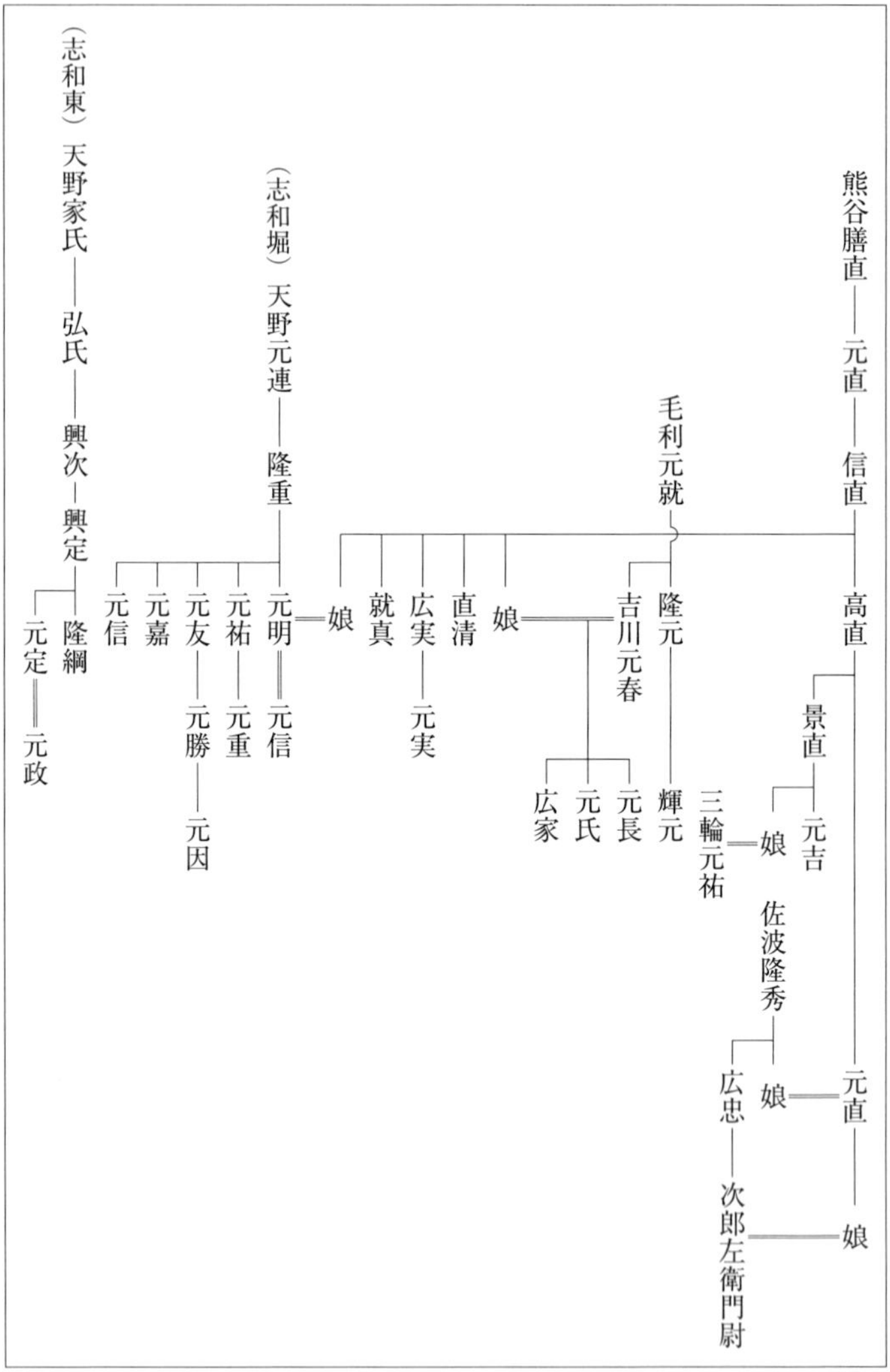

つあったと評価できる。

宮上野介家の滅亡と高杉合戦

大内氏家中の騒動に乗じて、尼子氏は再び備後国への進出を図った。天文二十一年二月、陶晴賢（義隆に代わって擁立した晴英（大友義鑑の子、義鎮弟）の偏諱により隆房から改名）は湯浅氏に対して尼子氏に荷担した勢力が備後国南部・北部や境目において蜂起する可能性を報じて、元就に従って対処するように指示している（「湯浅家文書」）。六月には晴英が毛利氏・湯浅氏らに境目への進攻を命じ（「湯浅家文書」）、七月、毛利・吉川・阿曽沼勢らが志川滝山城（福山市）を陥落させた（『毛利家文書』、『吉川家文書』）。敵は宮上野介家と考えられる。その後、宮内表において戦闘が展開されているが（「湯浅家文書」）、同年末までに戦闘は終結した（「湯浅家文書」）。このようにして、宮上野介家は大内方の攻撃によって滅亡に至ったのであるが、宮氏一族の中でも大内氏に荷担した久代宮家や有地氏は存続している。

なお、志川滝山合戦における阿曽沼氏・湯浅氏および石見出羽氏の戦功は元就（隆元）を通じて大内晴英に披露されており（『萩藩閥閲録』、「湯浅家文書」）、毛利家が安芸・備後・石見国人の盟主的地位にあったことを物語る（外園 二〇〇三：一二五）。

次に、備後国北部の情勢をみていく。天文二十一年八月、尼子勢が高光（神石高原町）へ進攻、福永（神石高原町）へ布陣し、十月になると伊多岐へ進攻した（『萩藩閥閲録』）。これに対して、毛利氏をはじめとした安芸国人衆が西条守護弘中隆兼とともに迎撃したところ、十月二十六日、尼子勢はいったん撤退した（「贈村山家返章」）。この折に福永を本拠とする宮氏一族高尾宮家のほか田総氏・馬屋原氏といった備後国人は大内氏に荷担している。軍事進攻に失敗した尼子氏は戦略を練り直し、同年末頃から出雲杵築の御使坪内氏を通して、旗返城（三次市）を居城とする江田氏への調略に取り掛かった（「尼子家古記録」）。その結果、天文二十二年四月、江田氏は大内氏から離反した。

元就はすぐに湯浅氏ら備後国人と連携して吉舎へ向かい、十二日、寄国固屋（三次市）を攻略。これに対して尼子勢も援軍を送ったが、五月、高（庄原市）において毛利勢に敗れた。孤立した江田氏は、七月に高杉城（三次市）、十月に旗返城（三若要害）を落とされて滅亡した。これらの合戦には小早川氏や平賀氏といった安芸国人も参加している。また、三吉致高・隆亮父子は四月、元就に対して起請文を提出して、忠節を誓った（『毛利家文書』）。さらに、山内隆通は江田氏滅亡後の十二月、宍戸隆家を通じて毛利氏へ九ヶ条の条件を提示し、元就らがそのほとんどを受け入れた結果、多賀山氏とともに尼子氏から離反した。

もっとも、同年十月には山名惣領家の祐豊（宗詮）からも味方についた場合の条件を提示し、同日付で山名氏家臣塩冶左衛門尉は元就や大内氏に対して祐豊（宗詮）から書状を送るとしている（『山内家文書』）。宗詮は五月二十四日付で湯浅氏に対しても備後への出兵の覚悟を告げている（「湯浅家文書」）。実態は伴っていなかったものの、備後国を分国とみなす意識を山名惣領家はいまだ有しており、備後国人領主層にもその観念は存続していた（長谷川二〇一七：一二一〜一三。川岡 二〇一八：二九九〜三〇〇）。その結果、山内氏は尼子氏からの離反によって形式的には山名氏傘下に復帰し、実質的には大内氏の支配下に置かれ、直接的には毛利氏の影響下にあるという複雑な立場になったといえよう。

いずれにせよ、尼子氏は備後国においても勢力圏を失い、元就が備後国北部も含む国人連合の盟主的地位を得たのであるが、戦後処理において江田氏領は実際に戦功をたてた毛利氏や安芸・備後国人衆ではなく、大内氏の直接支配下に置かれた。クーデタに賛同してその後も大内氏からの命令に従って戦ったにもかかわらず、安芸・備後国人衆に対する恩賞は少なかった。義隆の直接的支配志向に反発してクーデタに賛同したものの、結局、陶晴賢の主導する新体制においても、大内氏の直接的支配志向は同様だった。このため、安芸・備後国人の中には元就をリーダーとして大内氏からの自立を望む機運が高まったと考えられる。

4　大内氏の滅亡

防芸引分

石見国津和野（島根県津和野町）を本拠とする国人吉見正頼は、妻が大内義興娘で義隆と親密な関係にあったことから、クーデタ派に対する抵抗を続けていた。そこで、吉見氏討伐が計画され、天文二十二年（一五五三）末から翌年初頭、毛利氏や平賀氏といった安芸国人に対して大内氏は津和野への出兵を命じた（『平賀家文書』など）。

元就は自らの出陣に前向きだったが、隆元（元就長男）は元就が出陣した場合、吉見氏討伐後に最大の潜在的対抗勢力になる元就がそのまま抑留される恐れがあること、元就出陣の隙に尼子勢が備後国北部へ進攻する確率が高いことなどを理由に元就出陣に反対し（『毛利家文書』）、対応は容易に決まらなかった。

その後の経過について、従来の通説では、平賀広相が大内氏から派遣された使僧を捕縛して毛利氏へ引き渡したことから、元就も大内氏との断交を決断したとされてきた。その出来事については、三月六日付元就・隆元連署状（『平賀家文書』）に記されているが、この書状を天文二十三年（一五五四）のものとする従来説は検討を要する。

元就・隆元が平賀氏に対して大内氏との断交の決意を知らせ、賛同を求めたのが五月十一日。使僧が捕縛されたとの情報はすぐに大内氏へ伝わるはずであり、三月六日付連署状を天文二十三年のものとすると、五月時点における平賀氏は大内氏の討伐対象になっていると考えられるが、そのような形跡はない。また、明確な大内氏からの離反行動をとった平賀氏に対して、毛利氏が賛同を呼び掛けるのは不自然である。さらに、四月十六日付隆元書状には、毛利氏が津和野へ下向した場合、安芸国人のうち、平賀・天野・保利（天野）・熊谷・野間も下向し、在国しているのは吉川・宍戸のみになるとある（『毛利家文書』）。大内氏からの使僧を捕縛した平賀氏が大内氏に荷担して津和野へ下向するとは考え難く、この時点における平賀氏はいまだ大内氏に従っていたと考えるべきである。

天文二十四年（一五五五）五月には大内方と毛利方との戦闘が広島湾頭で展開されており、晴賢は六月、山里（やまざと）（廿日市市）に布陣している（「房顕覚書」）。両勢力は拮抗状態にあったうえ、右記の四月十六日付隆元書状では毛利氏と行動をともにすると認識されていた野間氏は天文二十四年三月頃、大内氏に帰服しており（「譜録」）、同じ頃に大内氏から平賀氏に対して調略を行ったとしても不自然ではない。したがって、三月六日付連署状は天文二十四年のものと考えられる。

一方、大内氏（晴賢）から出兵催促があったことを知らせる平賀氏からの使者到来を踏まえ、平賀氏の毛利氏との連携姿勢を謝した二月二十九日付元就・隆元連署状（『平賀家文書』）は天文二十三年のものと考えられる。したがって、元就・隆元は元春・隆景のほか、右記の隆元書状にみられる平賀・両天野・熊谷・宍戸といった他の安芸国人と協議したうえで対応を決しようとしていたのであろう。平賀氏へ書状を発した五月十一日に天野氏へも書状を発したところ、天野氏はすぐに起請文を提出。元就・隆元も五月二十二日付で起請文を認めているほか（「右田毛利家文書」）、熊谷・阿曽沼、福井（ふくい）（川内警固衆（かわのうちけいご））らも五月中に大内方に対する軍事行動に参加しており、安芸国人が盟主である元就の決断を待っていた状況をうかがわせる。

各国人が自己利益を優先して個別に判断していたそれまでの状況から、綿密な協議の上で同一行動をとろうとする、ある程度強固な同盟的関係が構築された状況へと変化していたといえよう。

広島湾頭・山里周辺における合戦

元就らが大内氏との断交（防芸引分）を決意した翌日の五月十二日、毛利方は佐東郡・佐西郡の大内方領へ進攻し、金山城、己斐（こい）城、草津城、桜尾城などを攻略、さらに厳島も占領した（「房顕覚書」）。石道・五日市（広島市佐伯区）においては熊谷氏の戦功が確認され（『熊谷家文書』）、福井氏は金山在番を命じられている（『萩藩閥閲録』）。五月十五日には阿曽沼氏らとともに、周防国玖珂（くが）郡小瀬（おぜ）・御庄（みしょう）（岩国市）へ進出しており（『萩藩閥閲録』）、毛利方の軍事行動は迅速だった。決起時期は、陶晴賢自身が津和野へ出兵した隙を突いたものであり、陶勢の転進前に要地を抑える必要があったからと考えられる。

毛利氏ら安芸国人の離反に対して大内氏もすぐに対策を講じた。五月二十八日付で大内義長（よしなが）（晴英から改名）が晴賢へ宛てた書状（内容は義長・晴賢の不仲を否定するもの）が『山内家文書』に残されており、晴賢は義長から受給した書状を山内氏に送ることによって、山内氏が毛利方につくことを阻止しようとしたものと思われる。元就が津和野出兵の諾否を迷っていた前年末、元就が出兵した場合には山内氏と久代宮家との戦闘が始まっても沈静化できないことを隆元は懸念しており、山内氏が毛利氏の統制下になかったことをうかがわせる。

また、久芳（くば）（東広島市）を本拠とする久芳氏のように吉見氏討伐のために在陣中だった者に対して、大内氏は恩賞を約束して味方に引き留めており（『萩藩閥閲録』）、安芸・備後国人すべてが大内氏から離反したわけではなかった。さらに、竹原小早川家水軍勢力の中核だった乃美備前守も吉見氏討伐に参陣しており、隆景が大内氏から離反した後も大内方として活動している（『萩藩閥閲録』）。小早川氏家中でさえ一丸ではなかった。

一方、吉見氏と対陣している晴賢自身もすぐに転進することはできなかったため、周防国にまで進入した毛利方の迅速な軍事行動を食い止めるべく、晴賢は家臣宮川甲斐守を指揮官として、周防国山代（玖珂郡山間部）、安芸国山里（佐西郡山間部）の土豪層を動員して（「船越家文書」）、桜尾城方面に向けて進発させた。ところが、陶勢は六月五日、迎撃した毛利方に折敷畑（廿日市市）で敗れ、宮川は討死した（『防長風土注進案』）。勢いづいた毛利方は六月八日には山里（玖島、白砂）、七月には吉和（廿日市市）まで進出した（『熊谷家文書』、『萩藩閥閲録』など）。

もっとも、折敷畑における毛利方の勝利は局地戦にすぎず、安芸国中央沿岸部においては大内方も健在で、先にみた乃美備前守のほか、吉見氏討伐に参陣していた白井氏も大内方で、いったん大内氏から離反した能美衆（江田島市）や山本氏らの呉衆（呉市）も七月には帰服している（「白井文書」、「譜録」）。倉橋島・蒲刈（呉市）を拠点とする多賀谷氏も大内方だった。東西条地域においても黒瀬衆（東広島市）は毛利方に抵抗して十月に討伐されている（『萩藩閥閲録』）。

吉見氏との停戦を成立させた晴賢が九月頃に帰国すると、毛利方も攻勢を強めていく。十月には白砂を味方に付けて玖島へ進攻させた（「波多野家文書」）。山里地域においては津田・友田は大内方で、村落同士の衝突が生じていた。両勢力が村落の指導者である土豪層を取り込んだ結果、村は戦場と化していたのである。

厳島合戦　天文二十四年になると、広島湾頭における戦闘が激化している。一月には草津（広島市西区）や尾長・矢賀（広島市東区）へ大内方が進攻（「白井文書」、『萩藩閥閲録』）、三月頃には野間氏が大内氏に帰服して仁保島（広島市南区）や開田（海田町）で戦闘が展開されたが（「白井文書」）、毛利方の攻撃により野間氏は降伏し、四月十五日に開城した（「譜録」）。軍記類には当主野間隆実は謀殺されたとあるが、実際には存命しており、野間氏家臣団も次項でみる大内方の対毛利方最前線だった山里要害在番に投入されている（秋山・表二〇一一：五〜八）。もっとも、その後の領主としての野間氏の活動はみられず、開城によって国人野間氏は滅亡したといえる。

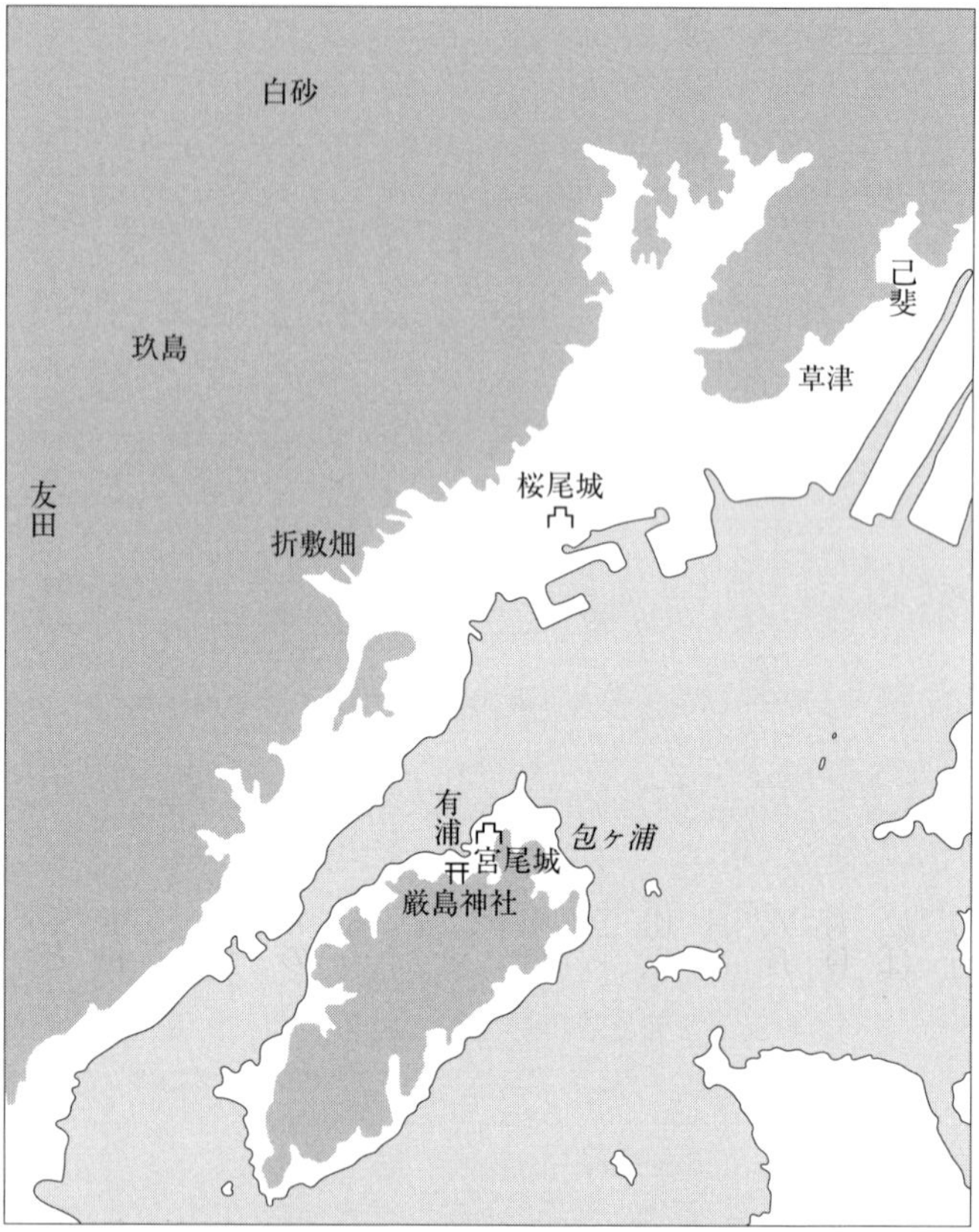

図3－10　厳島合戦関係図（著者作成）

このように広島湾頭における戦闘では、大内方の攻勢にもかかわらず湾周辺の過半の要地は毛利方が確保していた。そこで、大内方にとって重要になったのが厳島の奪回である。とりわけ、陶氏は厳島町衆・社官との私的な関係を形成しており（中司 二〇一三：一一～一二）、晴賢にとって厳島が毛利方に奪われたことは痛恨事だったと思われる。五月に大内水軍の厳島有浦（ありのうら）への来襲がみられると、元就は隆元を草津へ派遣するとともに、佐東衆を厳島へ渡海させ、守備を増強した（『萩藩閥閲録』）。六月には己斐豊後守を厳島宮尾（みやのお）城番としている（「右田毛利譜録」）。これに対して、九月二十一日に晴賢が厳島へ上陸したが（「房顕覚書」）、渡海した毛利方の攻撃によって十月一日、晴賢や弘中隆兼は討死した。

この合戦に至る経緯について、検討していこう。

従来の通説（軍記類の叙述が主な根拠）では、平地における戦闘では兵力差から不利であると考えた元就が、(1)桜

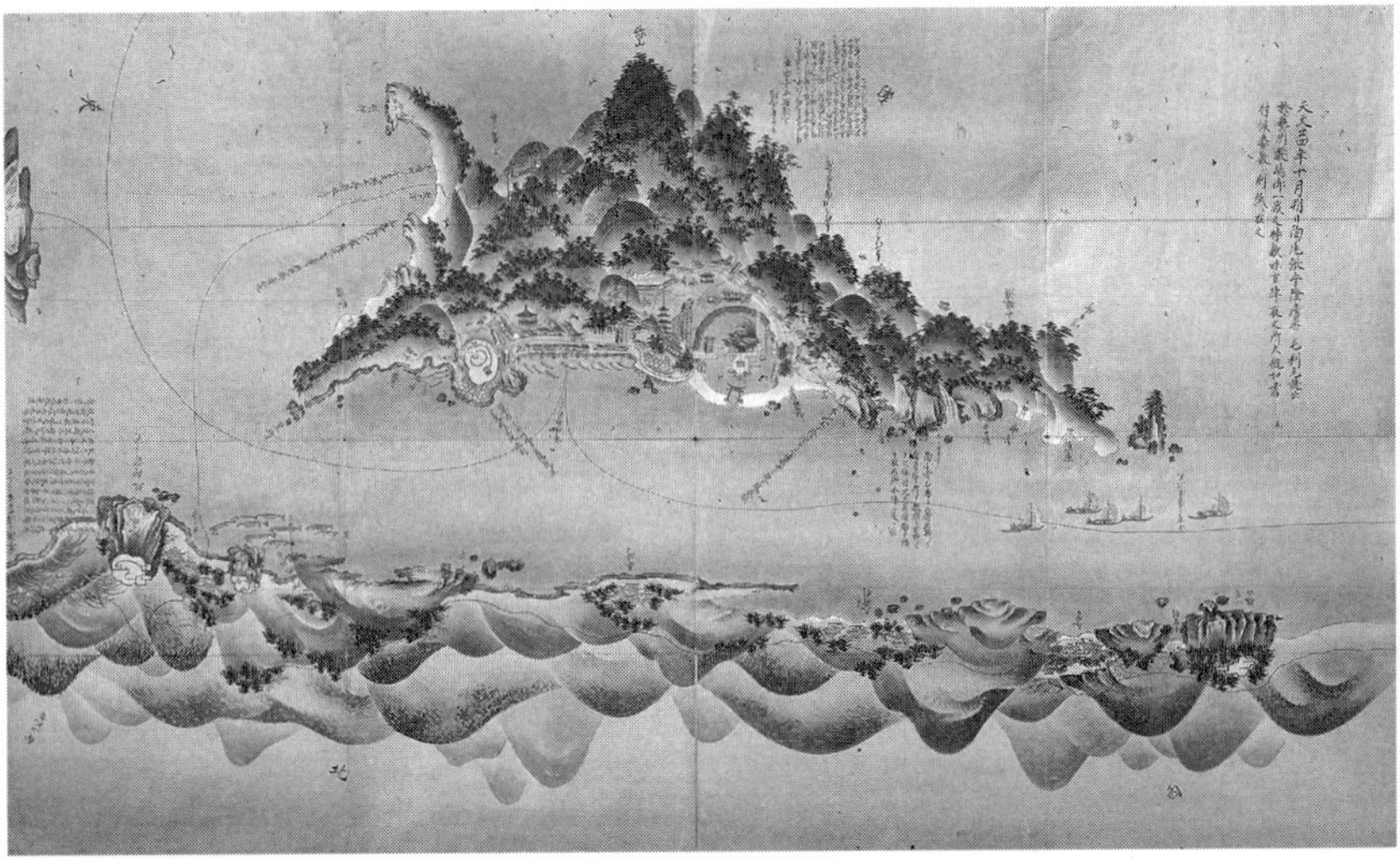

図３－11　「芸州厳島御一戦之図」（山口県文書館所蔵）

尾城主桂元澄（かつらもとずみ）（毛利氏庶家）に陶氏への内通を約束させて、大内勢を山間部ではなく沿岸部におびき寄せ、(2)さらに、厳島に囮（おとり）の城である宮尾城を普請して厳島へおびき寄せた、(3)陶氏家臣江良房栄（えらふさひで）を調略したうえで、その情報を流して陶晴賢に房栄を誅伐させた、(4)大内勢二万、毛利勢四千という兵力差を、狭小な地形における奇襲攻撃によって勝利した、とされてきた。

しかし、(1)について、同時代史料にそのような形跡はまったく残っていない。また(2)について、宮尾城は大内氏との断交直後には存在しており、囮の城として普請されたものではない。大内氏にとって厳島は商業・流通の拠点として重要な地であり、とりわけ、陶氏が強い影響力を持っていた地域だったため、七月にも白井氏らを派遣して奪回を企てていた。しかし、奪回が失敗に終わったため、晴賢自らが兵を率いて厳島へ渡海したのである。晴賢は五月頃、山里に布陣しており、元就も六月頃には陶勢が山里から廿日市へ進攻してくることを想定していた（『萩藩閥閲録』）。八月晦日には山里方面における戦闘がこのたびの合戦の勝ち負けを決すると認識しており（『黄薇古簡集（きびこかんしゅう）』）、九月一日には山里の陶勢に対応するために桜尾へ向かうとしている（「井原家文書」）。厳島合戦の直前まで決戦の地として山里あるいは廿日市といった本土側が想定されており（秋山・表 二〇一一：四～五）、厳島が戦場となったのは自らの権益を守ろうとする晴賢自身の意向に基づくもので、元就の謀略に引っかかったわけではない。

さらに(3)について、房栄内応の根拠とされてきた『毛利家文書』には「江良」に三百貫を約束して内応を呼びかけたところさらなる要求をしたと記されているが、この「江良」は房栄ではなく江良弾正忠（賢宣）を指す。弾正忠は桜尾城を毛利勢が攻めた際に降伏し、厳島合戦後の防長進攻にも参戦しており、誅伐されていない。房栄が殺害されたことは事実と考えられるが、元就の調略に基づくという根拠はない。最後に(4)について、厳島へ赴いた弘中隆兼は大内方の水軍が不足しているとして討死を覚悟しており、毛利勢と大内（陶）勢に大きな兵力差があったとは考えられない（秋山 二〇一四：七一～八一）。

このように厳島合戦における逸話には元就の知略を強調するために創作されたものも多い。もっとも、兵力差に関して、弘中の認識のような水軍力の不足を晴賢が認識していなかったのかという疑問は残る。その点については、宮尾城攻略は短時間で可能と考えていたため水軍力を重視していなかったかもしれない。一方で、元就も隆景を通じて要請していた来島村上水軍の来援によって勝敗が決すると認識しており（『毛利家文書』）、大内勢と雌雄を決するための厳島への渡海には来島村上水軍の来援が不可欠だった。逆に、来島水軍さえ来援しなければ水軍力でも毛利氏には劣らないと晴賢は認識していたと思われる。つまり、厳島合戦における毛利方勝利の最大の要因は来島水軍の来援にあったといえよう。

厳島合戦前後の備後国

防芸引分以降厳島合戦に至るまでの安芸国における毛利方と大内方との戦闘において、備後国人が来援したことを示す史料は確認できないが、備後国北部の国人については、天文二十三年四月の隆元の認識が示唆するように、尼子氏の進攻が予想されたため、来援不可能な状況にあったと考えられる。

備後国南部の国人については、天文二十三年のものと考えられる十一月八日付隆元・元就連署状によると、隆景とともに十月二十八日、宇賀嶋（尾道市）を攻撃している。備後国南部の国人の中で、天文二十一年の宮上野介家滅亡後に最大の勢力となったのは杉原氏一族である。なかでも山手杉原氏当主杉原豊後守は、天文二十二年四月以前に毛利氏と親密な関係にあることが確認される。豊後守の妻は毛利興元娘（元就の姪、山内豊通・小早川興景との死別後に再嫁）だった。豊後守と興元娘との婚姻時期は定かでないが、防芸引分後に豊後守が神辺城主となっていると考えられるため（木下 二〇一一b：二七）、宇賀嶋攻撃当時には毛利方であり、隆景とともに宇賀嶋へ進攻した「外郡衆」の一員だったと思われる。

宇賀嶋は向島（むかいしま）沖の尾道水道に位置する小島であるが、「関（せき）の大将」と呼ばれる海賊の拠点だった（山内 二〇〇一：一〇一〜一〇七）。隆景が宇賀嶋と直接的に対立していたことはこの年四月から確認されるが（『毛利家文書』）、備後国南部の国人渡辺氏らによる宇賀嶋攻撃は天文二十二年から始まっている。防芸引分以前であり、その当時、毛利氏らと対立していたのは尼子氏だった。したがって、宇賀嶋は尼子氏に荷担する勢力だったと思われる。ところが、防芸引分後になると、宇賀嶋による小早川氏領への攻撃に関する情報を陶晴賢が益田氏へ伝えており（『益田家文書』）、宇賀嶋と大内氏との連携関係がみられる。また、晴賢は同時に能島村上氏からの使者が到来したことを告げている。これらの史料から、宇賀嶋水軍は能島村上氏と行動をともにしており、防芸引分後は能島村上氏とともに大内氏に荷担したため、制海権を掌握されることを防ごうとして隆景が渡辺氏や因島村上氏らとともに宇賀嶋への攻勢を強めたものと考えられる。その結果、天文二十三年十一月十七日、宇賀嶋は落去した（「厳島野坂文書」）。

能島村上氏については、厳島合戦以前に毛利方に転じたことを示す史料は確認できない。それゆえ、能島村上氏への備えのために、備後国南部の国人はもとより、隆景でさえ最終盤になるまで広島湾頭や厳島へ向かうことができなかったのである。

防長進攻

厳島合戦の大敗の結果、山里地域に在陣していた陶勢が撤退すると、元就は早速、陶氏の強い影響下にあった周防国山代地域（山口県岩国市）への進攻、成君寺山城（じょうくんじやま）（岩国市）の攻略へと乗り出した。また、自らは十月五日に小方（おがた）（大竹市）へ陣替えし、岩国への進攻を企てた（「波多野家文書」）。十月八日には周防国蓮（れん）華山城（げやま）（岩国市）を居城とする椙杜隆康（すぎのもりたかやす）・元種（もとたね）兄弟に対して岩国要害を攻略したことを報じて、毛利方への荷担を呼びかけた（『萩藩閥閲録』）。

陶晴賢は討死したものの大内氏当主義長は健在で、厳島合戦で失った兵力も大内氏全体の軍事力からみると一部にすぎなかったが、晴賢という事実上の統率者を失った大内氏家中は毛利方との講和を図ろうとする勢力（杉重輔など）と、毛利方との対決を推進する勢力（内藤隆世など）に分かれて混乱し、その間に、毛利方は支配地域を拡大していった。毛利方へ転じた椙杜氏らが十月末に鞍掛山城（岩国市）を攻略したほか（『萩藩閥閲録』、萩博物館寄託「杉家文書」）、翌年（弘治二年〔一五五六〕）二～三月頃に山代地域や玖珂郡南部・熊毛郡を制圧し、四月には陶氏の拠点須々万沼城（山口県周南市）へ迫った（『萩藩閥閲録』）。陶勢は頑強に抵抗したが、弘治三年三月に須々万沼城が陥落すると、陶氏の居城若山城（周南市）も同月に陥落した（『萩藩閥閲録』、「御郷家文書」）。

すると、右田ヶ岳城（山口県防府市）の右田氏が大内氏から離反。三月十二日に元就・隆元らが防府に着陣すると、大内義長や内藤隆世らは山口から逃走し、長府勝山城（山口県下関市）に入ったが、毛利方は赤間関の鍋要害（下関市）を占領して、関門海峡を封鎖した結果、四月二日に勝山城は陥落し、内藤隆世は討死。降伏して功山寺（下関市）へ移った義長は三日に切腹して、大内氏は滅亡した。

一方、安芸国内において、防芸引分時点で大内方だった久芳氏は厳島合戦以前の天文二十四年二月には毛利氏に従っている（『萩藩閥閲録』）。乃美備前守の動向は不明だが、天文二十四年以降、乃美宗勝（備前守の子とされるが、別系統の可能性もある）は毛利方として活動している。一方、呉衆山本賢勝は弘治二年十月に大内義長から官途吹挙されており（『萩藩閥閲録』）、呉から逃走していたと考えられるが、大内方に留まっていた。弘治二年十月に義長から安堵状を受給していた能美氏は（「山野井文書」）、大内氏滅亡後、来島村上氏に従っている。白井氏も弘治二年十月に義長から府中（府中町）などの給地を安堵されているが（『萩藩閥閲録』）、府中はすでに毛利方に占拠されており、実効支配できていない。大内氏傘下にあって旧領復帰を狙っていたと考えられるが、大内氏が滅亡すると、天正年間初頭には小早川氏に仕え、仁方（呉市）へ移ったと考えられる（磯神社棟札）。

次に、備後国人のうち防芸引分時に向背不明だった山内氏・多賀山氏の動向をみていく。多賀山通続宛十二月十

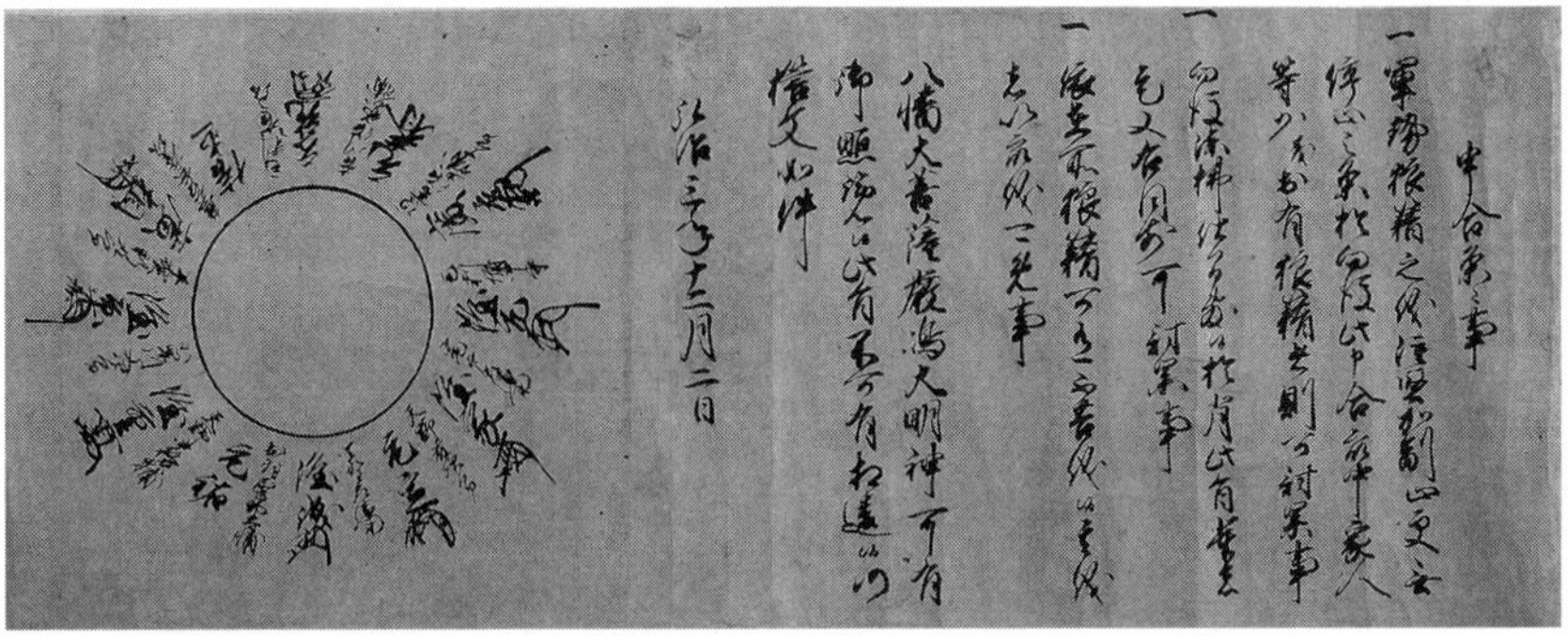

図3-12　「毛利元就外十一名連署契状」（安芸国衆傘連判）（毛利博物館所蔵）

三日付元就・隆元連署宛行状（『萩藩閥閲録』）には、一味となったことを本望として山代において給地を遣わすとある。『大日本古文書』においては天文二十二年のものとしているが、山代地域を毛利方が制圧したのは弘治二年二～三月であり、約束手形にすぎないにせよ、弘治元年を遡るとは考え難い。山内少輔四郎（隆通）に対して備後国外郡に関する要求を受け入れたと伝える三月二日付元就・隆元連署状（『山内家文書』）も弘治二年あるいは三年のものと考えられる。ちなみに、弘治三年十二月の備後国人と元就・隆元との連署起請文（傘連判(からかされんばん)。図3-12）に隆通や通続は含まれておらず（『毛利家文書』）、大内氏領国の制圧に山内氏・多賀山氏が派兵していなかったことをうかがわせる。その後、大内氏の衰退を踏まえ、山内氏・多賀山氏も毛利氏への従属を明確にしたのであろう。

大内氏滅亡により毛利氏領国は一気に拡大した。また、大内氏奉行人層のうち、仁保隆慰(たかやす)、小原隆言(たかのぶ)（隆名から改名）、大庭賢兼(おおばたかかね)らは、勝山城攻撃に参加しており、大内氏滅亡以前に毛利氏に服属していたが、大内氏滅亡後には、波多野興滋(はたのおきしげ)、河屋隆通(かわやたかみち)、岩正興致(いわまさおきむね)、吉田興種(よしだおきたね)らも服属し、領国支配の経験豊富な奉行人層を手に入れた。彼らは防長両国の安定的な支配に寄与していく。また、毛利氏の五奉行制は防長進攻・平定の過程でその実体が形成されていったと考えられる（水野椋太 二〇二〇：六～一一）。

❖　❖　❖

大内氏支配地域の周縁部に位置する安芸・備後国への尼子氏進出に大内氏が対抗するためには、国人領主層を大内方にまとめる役割を担う指導者を必要とした。毛利元就は尼子方に荷担した高橋氏討伐に戦功をたてたことによって、安芸国における最大級の国人へと成長を遂げ、対立関係にあった近隣の国人宍戸氏や熊谷氏とも和解して、大内・尼子中間地域における指導的地位を占めるようになっていった。

また、吉川家への元春、小早川家への隆景の入嗣の背景には、両家が自家の存続に向けて元就の力に期待したこと、大内氏が両家を大内方に留めるために元就の力を必要としたこともあったが、この入嗣によって元就の安芸・備後国人領主層における指導的地位は強化された。

もっとも、山名理興没落後の大内氏による備後国中郡支配において、毛利氏は統括的な役割を担うこととなったが、毛利氏の権能は「公儀」である大内氏権力を背景にしたものにすぎない。そのうえ、安芸国および備後国外郡支配は主として西条守護弘中隆兼が担っている。したがって、この時点で毛利氏が自立的な国人領主連合の盟主になったと評価することはできない（川岡 二〇一六a：七三〜七五）。

一方、天文十九年、元就は家中において自律性を保持していた井上一族を誅伐した。その直後に作成された連署起請文（『毛利家文書』）は、先にみた享禄五年の連署起請文をさらに進めて、毛利氏当主へ水利権・流通権を一元化したものであり、周辺中小国人領主層や被官層の持っていた自力救済権の根幹部分を吸収したものだった（矢田一九九八：六六〜六八）。このようにして、毛利氏は拡大した家中の支配権を確立したのである。

とはいえ、井上一族の誅伐は大内氏のバックアップによるもので、先にみた吉川家への元春の入嗣・竹原小早川家への隆景の入嗣も大内氏の意向に沿ったものであり、毛利氏が独力で成し遂げたものではない。安芸国支配の核に毛利氏を据えることによって、国人統制を進め、支配体制を安定化させようという大内氏の政策によって実現したものだった（川岡 二〇二二：二七八〜二七九）。その点では大内氏従属下における毛利氏の権力拡大には限界があった。

他方、毛利氏以外の有力な国人家中では内部対立を自力で克服できていなかった。たとえば、平賀氏家中においては、家臣坂家の大内氏への両属や庶家入野家の自立的性格がみられた。「イエ」支配の相対的な弱さを克服し、安定的な家中支配を実現するために、国人は毛利氏の力を必要としていた（菊池 二〇〇一b：九〜一〇）。

そのような状況下で勃発した大内義隆排斥クーデタに毛利氏などの国人が賛同した背景には、安芸国支配を強化しようとしていた義隆の方針への不満があったと考えられるが、陶晴賢の主導する新体制においても大内氏の直接的支配志向は同様だった。このため、有力な安芸国人が元就をリーダーとする連合体を形成して大内氏からの自立を企てたのが、天文二十三年五月の防芸引分だった。その後の備後国人領主層の毛利方への荷担も、大内氏や尼子氏といった国外勢力からの自立の観点から判断されたものといえよう。

弘治三年に毛利氏は大内氏を滅亡させて安芸・備後国に加えて防長二国も支配する戦国大名へ成長したが、その支配構造は同年十二月の傘連判（『毛利家文書』）が示すように国人領主層の緩やかな統合体を基盤としていた。安芸・備後国においても、大内氏の掌握していた国成敗権の奪取に成功したものの、有力な国人との同格性を保持したまま国成敗権を担うという二面性を解消できない状況にあった（川岡 二〇一六b：四八〜四九、五四）。

第四章　毛利氏領国の拡大と織豊期の安芸・備後

本章では、尼子氏領国の制圧、「副将軍」と称された元就の後継者輝元の栄華と織田信長との対決、豊臣政権への服属と輝元による領国の変革、毛利氏の防長減封による安芸・備後国における戦国の終焉までを追っていく。第1節では、尼子氏の居城富田城の攻略、その後の尼子氏再興活動の鎮圧について、有力な安芸・備後国人の動向を中心にみていく。第2節では、輝元が備中三村氏の討伐、織田信長に追放された将軍足利義昭の受け入れを経て信長との対決を決断し、播磨上月城の攻略などによって、支配領域を最大とするまでの栄華期をみる。第3節では、信長やその部将羽柴秀吉との戦闘が不利に転じていった状況とその要因を探り、信長横死後に樹立された豊臣政権への服属までを追う。第4節では、豊臣政権の権威を背景に企図された領国の変革施策に着目するとともに、関ヶ原合戦における敗北による変革の挫折をみる。

1　尼子氏・大友氏との抗争

出雲富田城の攻略

厳島合戦の後、毛利方が大内氏領国への進攻に注力している隙を突いて、毛利氏に荷担する石見国人佐波氏に対する尼子氏の圧迫が強まっていた。そこで弘治三年（一五五七）三月、吉川元春・宍戸隆家・譜代家臣口羽通良（志道家を出自とするが、高橋氏旧領の口羽〔邑南町〕を与えられ、口羽を名字とした）らが石見国東南部へ出兵し（『熊谷家文書』）、尼子方の小笠原氏らと対峙した。また、石見銀山周辺では、尼子方として刺鹿城（島根県大田市）に多胡辰敬、毛利方として山吹城（大田市）に刺賀長信が入って争っていた。

同年七月には忍原（大田市）において毛利勢が尼子勢に敗れたため、元就自身の北生田（安芸高田市）への布陣が計画されたが（『毛利家文書』）、大内氏領国の制圧を優先することなった結果、八月末から九月初頭頃に、山吹城は尼子方によって攻略された（『萩藩閥閲録』）。

防長両国制圧後の弘治四年（一五五八）から毛利氏による石見国進攻ならびに尼子氏との対決が本格化していくと、毛利氏と備後国人との関係に変化が生じた。永禄元年（一五五八、弘治から改元）閏六月、備後国人馬屋原備前守の石見国への従軍、および同族馬屋原越中守の出雲方面の偵察が要請されている（『萩藩閥閲録』）。永禄二年（一五五九）七月には、尼子方小笠原氏攻撃への救援として出兵した尼子勢を、元春・熊谷氏のほか、備後国人杉原盛重らが河登（島根県江津市）において撃破している。これらの史料から、石見国に近接しない備後中南部の国人への動員が可能になっている状況がうかがえる。

永禄四年（一五六一）になると、将軍足利義輝（義晴の子）の調停により毛利氏と尼子氏との講和が成立した。永禄二年八月頃に降伏した小笠原氏を毛利氏が宥免した結果、防芸引分時から毛利方として活動してきた石見国人福屋氏が毛利氏から離反した一方で、永禄三年（一五六〇）に尼子晴久が死没して若年の義久（晴久の子）が家督を継承したため、直接衝突を避けたい両者の思惑が一致したのだろう。

ところが、永禄五年（一五六二）二月に毛利勢の攻撃によって福屋氏が滅亡すると、尼子方の石見・出雲国人領主層は続々と毛利方へと転じ、石見銀山も毛利氏の支配下に入った。この機をとらえ、毛利氏は毛利・尼子講和を破棄して尼子氏領国へ進攻した。安芸・備後国人もこの進攻に参加している。たとえば、永禄五年六月の伯耆国日野本城（鳥取県日南町）奪取における久代宮家（『萩藩閥閲録』）、同年七月の出雲国中郡への進攻における宍戸・山内・多賀山氏（「厳島野坂文書」）、永禄六年（一五六三）三月の杉原盛重勢の西伯耆への出兵（「横山文書」）、永禄六年五月の香川氏の伯耆国河岡城（鳥取県米子市）への在番（『萩藩閥閲録』）などの戦功が確認される。久代宮家や山内・多賀山氏のような隣接する地域への出兵もあるが、香川氏のような遠隔地への派遣もみられ、従属時期や自立度によって軍事協力のあり方にも差があったことをうかがわせる。

永禄八年（一五六五）になると、富田城攻略戦が始まり、志和堀天野隆重（「贈村山家返章」）、平賀氏（『平賀家文書』）、熊谷氏（『熊谷家文書』）、楢崎氏（本拠は備後国久佐（府中市））（「楢崎家文書」）らの参加が確認される。このような安芸・備後国人の働きもあり、永禄九年（一五六六）十一月、富田城は開城に追い込まれ、尼子義久・秀久・倫久兄弟は安芸国へ下向し、長田（安芸高田市）に幽閉された。

尼子氏領の制圧によって毛利氏の所領は中国地域の過半に達したが、毛利氏に荷担した安芸・備後国人が片務的に毛利氏から軍役を課されたわけではない。尼子氏領の制圧によって得られる恩賞（所領）を目的に軍役に応じた面もあった。たとえば、山内氏の場合、永禄五年、牛尾・賀茂・井能・佐世（島根県雲南市）において合計二千二百貫の地を給与され、翌年にも隆通の要求が通って牛尾半分が給与されている（『山内家文書』）。熊谷氏の場合、永禄五年に古志（同出雲市）において五百貫の地を給与され、時期は特定できないものの、信直の要求が通って古志に隣接する芦渡のうち由井（出雲市）が給与されている（『熊谷家文書』）。

なお、毛利隆元は永禄六年八月四日、尼子氏攻めのために出雲国へ向かう途中、安芸国佐々部（安芸高田市）において死没した。軍記類などでは、佐々部において和智誠春の接待を受けた翌日に急死したため、元就は和智らによる毒殺を疑い、永禄十二年（一五六九）一月の誠春と弟柚谷元家の殺害につながったとする。一方で、永禄十一年（一五六八）二月、誠春の子元郷は父と意見が相違した場合には毛利氏に従うという起請文を元就へ提出しており、北部九州への出兵を企てていた元就が、後方における不安要素を除去するため、備後国中部領主連合の盟主の地位にあった和智氏に圧迫を加え、完全服従させるために誠春らの殺害に及んだ可能性が指摘されている（柴原二〇一八：二四四）。

杉原盛重と伯耆戦線

天文十八年に神辺城から逃亡した山名理興は、防芸引分後、毛利氏によって神辺城主への復帰を許され、弘治三年に死没したとする伝承がある。しかし、この伝承は理興と山手杉原氏当主の杉原豊後守とを混同したものである。杉原豊後守は毛利興元娘（山内豊通・小早川興景の後家）を娶り、神辺城主となったが、弘治三年二月以前に死没した（木下 二〇一二：四）。そこで、後継の神辺城主となったのが、山手杉原氏庶家を出自とすると思われる盛重である。同時に盛重は興元娘を娶ったともいわれるが、「森脇覚書」によると、永禄六年頃に死没した西伯耆地域の有力な国人行松入道（居城は尾高（鳥取県米子市））の後家を娶ることによって、尾高城主となったとされている。

実際に、盛重の西伯耆地域における活動の初見は、永禄六年三月の盛重家臣横山・谷本の尾高在城である。また、七月時点における盛重は山名藤幸や久代宮景盛とともに日野に滞在していた。盛重家臣の尾高入城と盛重が行松入道後家と縁組みした時期との前後関係を確定することはできないが（三月以前に縁組みは決定していたようだ）、元就は七月二十三日付で、盛重・藤幸・景盛の尾高・河岡への救援を命じたとしており、その後、十一月には盛重勢が天満固屋（鳥取県南部町）を攻撃していることから、盛重はこの間に尾高城主になったと考えられる（岡村 二〇一〇：六三）。

これ以降、杉原盛重は神辺城主と尾高城主を兼ねることとなったが、軍事行動の主な舞台は日本海側になっていく。永禄七年（一五六四）八月には日野衆の蜂起を鎮圧して伯耆国内の尼子方勢力を撲滅している。永禄十二年の尼子勝久（誠久の子）・山中鹿介らの蜂起時には北部九州へ出兵していたため、伯耆国の一部を尼子方に奪われたが、永禄十三年（一五七〇）に帰国して、伯耆国のほか、出雲国の尼子方拠点の攻略に戦功をたてた。元亀二年（一五七一）八月頃までには伯耆国内の尼子方の掃討に成功している。なお、この間の永禄十二年八月には山名理興旧臣とされる藤井皓玄が神辺城を一時的に奪取するという事件が起きたが、すぐに奪回している。その後も天正七年（一五七九）に毛利氏から離反した伯耆国人南条元続らとの戦闘において中心的な役割を担ったが、天正九年（一五八一）に死没した。

大友氏との抗争

大内氏滅亡後、毛利氏と大友氏とは旧大内氏領国をめぐって激しく争っていたが、永禄二年の大友義鎮の豊前・筑前守護職補任・大内家家督継承によって、毛利氏は北部九州へ進出する正当性を失った。そこで、元就は大友氏支配に抵抗する勢力を形成すべく、秋月・麻生・宗像といった北部九州の国人衆を支援するとともに、北部九州における橋頭堡として、赤間関（山口県下関市）の対岸門司（北九州市門司区）

の確保を企てた。永禄二年六月に、大内氏旧臣貫氏らを派遣して門司城を攻略して在番を置いた。その後、一時的に大友氏に奪回されたものの、再奪取して、永禄四年には、門司城の南にある苅田松山城（福岡県苅田町）も奪取した。これらの戦闘においては、乃美宗勝・元信兄弟や因島村上氏ら水軍勢力の戦功が確認されるほか、志和堀天野隆重は松山城在番を務めている（『萩藩閥閲録』）。

しかし、北部九州への進出と尼子氏領制圧を併行して進めることは難しく、対尼子氏戦争を優先することにした結果、元就は将軍義輝による大友氏との講和調停の受諾を決意し、門司城を除く豊前・筑前国からの撤退を承諾した。反大友軍事行動の前線拠点となっていた香春岳城（福岡県香春町）からの撤退が条件とされ、毛利氏に荷担した国人衆は強く反対したが、結局、永禄七年に香春岳城からの撤退が完了し、毛利・大友講和が正式に成立した。なお、門司城において毛利氏庶家坂元祐の在番が確認される（『萩藩閥閲録』）。

だが、永禄九年の富田城開城によって、毛利氏の北部九州進出が物理的に可能になると、高橋・秋月・宗像・麻生隆実といった親毛利氏国人は再び蜂起し、さらに、龍造寺隆信や原田氏も大友氏から離反して、反大友氏の動きは拡大していき、毛利・大友講和も事実上破棄された。そこで、大友宗麟（義鎮の法名）は同盟関係にあった土佐一条氏・伊予宇都宮氏によって毛利氏を牽制して、北部九州への出兵を妨げる戦略を採った。このため、北部九州戦線から乃美宗勝が転戦して、伊予河野勢らとともに永禄十一年二月、伊予国鳥坂（愛媛県大洲市・西予市）周辺において一条勢と合戦し、勝利を収めた。その後、隆景・元春・福原貞俊・宍戸隆家も渡海（「浅野忠允氏旧蔵厳島文書」）した結果、宇都宮氏は降伏した。

一方で、毛利勢が伊予への渡海を優先したため、北部九州の毛利方は苦境に陥っていたが、永禄十一年八月、伊予から引き揚げた小早川・吉川勢が九州へ渡海すると攻勢に転じ、永禄十二年閏五月、筑前立花山城（福岡県新宮町・久山町、福岡市東区）を奪取した。また、元就は嫡孫輝元とともに長府（山口県下関市）まで出陣した。この際、熊谷信直も長府に在陣している（『熊谷家文書』）。

このような毛利氏の攻勢に対処するために、宗麟は反毛利氏活動を誘発させた。永禄十二年六月の尼子勝久・山中鹿介らの出雲・伯耆への乱入、八月の備後国神辺における山名理興旧臣の蜂起、十月の大内輝弘（大内義興の弟高弘の子、高弘は義興と対立して大友氏領国へ亡命していた）の山口乱入などである。その結果、隆景・元春らは十月、中国地域における騒乱鎮圧を優先することとし、乃美宗勝らを立花山城守備に残して北部九州から撤退した。立花山城に残った乃美宗勝らも十一月には開城して毛利氏領国へ引き揚げ、大内氏の継承者として北部九州の大内氏旧領を確保し、とりわけ、東アジア交易の窓口博多を掌握しようとする元就の野望は挫折した。

尼子氏再興活動の勃発

富田城開城後の旧尼子氏領国の支配は、尼子氏居城だった出雲国富田城に天野隆重、伯耆国尾高城に杉原盛重を在番させるとともに、伯耆国のうち、東部は羽衣石城（鳥取県湯梨浜町）の南条宗勝、因幡国は鳥取城（鳥取市）の武田高信を主たる毛利氏与党として防備を固めるという態勢だった。

隆重・盛重ともに、元就からの信頼の厚さ、軍事指揮官としての能力を買われて抜擢されたと考えられるが、出雲国・伯耆国全体を統括する権限は与えられておらず、それぞれの本拠（志和堀・神辺）も保持したまま在番として赴いていたものであり、万一の場合に動員できる兵力は多いとはいえなかった。このため、尼子氏没落の過程で毛利氏に荷担した国人領主層の軍事力が頼りだったが、隆重・盛重にその指揮権限はなかった。したがって、富田城開城直後期の旧尼子氏領国支配は、既存の支配構造を基本として、スポット的に元就の信頼の厚い国人を配置したにすぎず、体系的な支配体制が整えられていなかった。そのうえ、北部九州の争乱激化に伴い、伯耆では盛重・南条のほか、日野衆、出雲では宍道氏・三沢氏といった国人層や、米原綱寛・野村士悦といった尼子氏旧臣層を九州へ派遣しようとしており、出雲・伯耆の防備態勢は脆弱になっていた。

そのような状況下において、永禄十二年六月、但馬守護山名韶熈（祐豊）の支援を受けて、尼子勝久・山中鹿介らが蜂起して、出雲国へ乱入した。勝久は尼子経久の子国久の孫である。祖父国久・父誠久ら（新宮党）は尼子晴久によって粛清されていたが、勝久は生き延びて京都東福寺の僧となっていたとされる。尼子氏旧臣のうち、富田城開城後国外へ逃亡していたと思われる山中鹿介らは、尼子氏再興の旗頭として勝久を担いだ。山名氏領国の但馬から船で島根半島の忠山（島根県松江市）周辺に上陸した再興軍は新山城（松江市）を本拠として、出雲国を席巻していった。伯耆国や美作国においても再興軍に応じる動きがみられ、毛利氏による旧尼子氏領国支配は危機に陥った。

尼子氏再興活動の鎮圧

北部九州において大友氏と戦闘を繰り広げていた毛利氏は、六月の尼子氏再興軍蜂起に対応するために、第一陣として野村士悦ら、第二陣として米原綱寛のほか坂元貞らを東上させて、富田城在番天野隆重を救援しようとしたが（「野村家文書」）、米原は大友氏に内通しており、帰国後に米原は再興軍に合流してしまった。出雲国においては、「土豪層のほとんどが再興軍に同意」（「竹矢家文書」）という状況に陥り、富田城在番衆の中でも馬木・河本・湯原らが再興軍に応じたが、天野隆重は富田城を守り抜き、三沢・多賀・赤穴・三刀屋・宍道などの国人も毛利方に留まった。この折に、熊谷広実が守備する須佐城（島根県出雲市）へも尼子勢が襲来したが撃退している（『萩藩閥閲録』）。

さらに、永禄十三年一月には、赤穴氏ら出雲国人のほか、佐波・周布・益田といった石見国人を動員して、輝元自らが兵を率いて出陣した結果、尼子氏再興軍が奪回していた出雲国内の諸城は次々と陥落した。元亀元年（一五七〇、四月に改元）六月には再興軍の中心人物の一人で森山城（島根県松江市）を守備していた秋上庵介を調略して毛利方に寝返らせることに成功して、この頃までに出雲国内の再興軍の拠点は米原の居城高瀬城（出雲市）と、尼子勝久が籠もる新山城を残すのみとなっていた。

有力な安芸・備後国人の動員をみると、七月には宇根路（島根県奥出雲町）で山内勢と再興軍に参加した福屋隆兼勢との戦闘が確認される（「玉川文書」）。また、十月、元就・輝元が平賀勢に対して、再興軍が拠点にした満願寺城（松江市）の攻撃を要請している（『平賀家文書』）。湯浅氏についても、場所は特定できないものの出雲国へ出兵している。もっとも、九月には数十人の兵を残して当主将宗は帰国を許されたが（非常時の場合には十神〔島根県安来市〕へ駆け付けるとの条件付き）、将宗が帰国している間に満願寺城や下葉崎城（松江市）は尼子勢に攻略された（「湯浅家文書」）。これは国人への軍事動員が無期限でなかったことを示す事例といえよう。さらに、この時期に将宗は替地の要求を行っており、その際に上原氏が仲介にあたっている。上原元将は元就の娘婿であるが、元将の父豊将とともに備後国内郡における盟主的地位にあると認識されており、毛利氏が上原氏と縁戚関係を結ぶことによって備後国内郡領主層をまとめようとしていたことがうかがえる。言い換えると、従来からの地域領主間の結びつきを活用しなければ、毛利氏による領国支配は困難だったといえよう。

元就の体調悪化に伴う輝元・隆景らの撤退によって一時的に尼子勢の掃討は停滞したが、最終的に元亀二年三月十九日に高瀬城、八月には新山城を攻略して尼子勝久は隠岐（おき）へ逃走し、尼子氏再興活動の鎮圧に成功した。

2　毛利氏の最盛期

御四人体制と元就の死

永禄十年（一五六七）、毛利元就は表向きの政務から退いて隠居しようとしたが、輝元から隠居を思い止まるように懇願された。元就というカリスマが存在することによって、本来は同格だった有力な国人らを毛利氏へ従属させることが可能だったのであり、輝元の名の下に有力な国人を含む各領主層を結合させることは困難だった。そこで、元就は当面隠居を取りやめたが、すでに七十一歳という高齢であり、遠くない将来に訪れる自らの死没後においても毛利氏領国を安定させるための体制を整えておく必要があった。その結果として導入されたのが、吉川元春・小早川隆景・福原貞俊・口羽通良を構成員とする御四人（おんよにん）体制である。御四人の権限は輝元の諮問機関として当主の権限を規制するものとされる（中司 二〇〇四：五二～五四）（元就と正室妙玖との間の子である元春・隆景は、一門の中でも別格の地位を認められ、「両川（りょうせん）」とも称された）。

元就は元亀二年六月十四日に死没し、輝元が名実ともに毛利氏領国の当主となったが、御四人体制はその後も維持された。元就の死没した日に隆景が元春に発した書状に「ご相談のために、時々、隆家・信直・貞俊・通良がご参上されて、すべてについて相談しましょう」とあり（『吉川家文書』）、御四人に加えて隆景の姉五龍の夫宍戸隆家、そして元春の岳父熊谷信直を含めた六人が連携して輝元を支えていくという決意を示した。

さらに、元亀三年十二月一日付で掟が定められた（『毛利家文書』）。この掟については、(1)公共機能の執行権限が

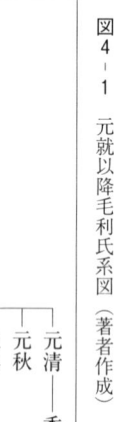

図4－1　元就以降毛利氏系図（著者作成）

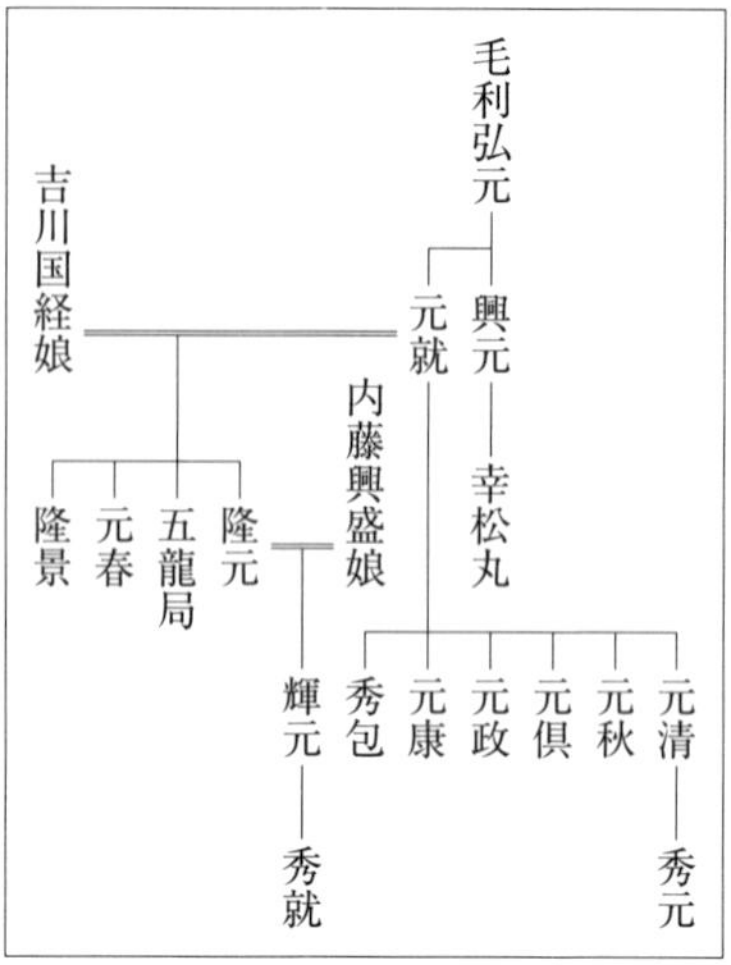

「一揆中」的家臣団ではなく主人によって掌握されることになった点に意義があるとする見解（池 二〇一〇：二二四～二二五）、(2)主人＝輝元ではなく、「御四人」が毛利氏の最高意思決定機関であることを明示したものとする見解（岸田 二〇一四：三六九）、(3)譜代層を中心とする家臣団に浸透すべきもので（加藤 一九八四：一七〇～一七三）、家臣団のヒエラルヒーがタテに貫徹しておらず、「一揆中」的性格を完全に解体していない家臣団との対立を孕んでいたことを示すとする見解（朝尾 一九九四：五二）などがある。とりわけ、安芸・備後国人との関係に注目すると、(3)の見解の通り、この掟は狭義の毛利氏家中を対象としており、有力な安芸・備後国人をはじめとした広義の毛利氏家中全体を対象としたものではなかったといえる。

　そのような広義の毛利氏家中における当主権力の不浸透を補完する意味でも、御四人体制が必要だった。生前の隆元が元春・隆景に不満を抱いた際、元就は隆元に対して「隆景と親密な備後の国衆について、隆景とどれだけ親密な国衆だろうと、隆元はそのことを気にしてはいけませんし、腹を立ててもいけませんので、そのように心得なさい。隆景もまた、親密な国衆のことについては、隆元に尋ねて、話し合って、それを理解することが非常に大切です」と訓戒しているが（『毛利家文書』）、これは備後国人衆が隆景を取次として毛利氏に対して愁訴（しゅうそ）などを行っていたことを踏まえたもので、平賀氏も隆景を取次とする愁訴を行っている（『平賀家文書』）。言い換えると、備後・安芸国人衆の統制には、国人衆との伝統的な地縁結合関係を持つ小早川家の当主隆景の存在が不可欠だったのである。もっとも、隆景の発給した宛行状・安堵状などの検討から、隆景は家中以外に対する正式の宛行・安堵権限を有しておらず、備後国人らに対する軍事指揮権を持っていたものの、あくまでも毛利氏の山陽支配の担当者として

社会を考え、変える

子どもの「貧困の経験」
●構造の中でのエージェンシーとライフチャンスの不平等

大澤真平 著
3960円

子どもは貧困による不利と困難をどのように認識し、主体的に対処していくのか。量的調査と8年の継続的インタビュー調査に基づいて、子どもの視点から「貧困の経験」を理解するとともに、貧困の継続性と世代的再生産を捉え、支援・政策のあり方を考える。

序　章　子どもの貧困の経験という視点
第1章　資源の不足・欠如としての貧困
　　——本研究の分析視角と課題
第2章　量的調査にみる子どもの生活
　　——ケアの社会化と家族資源の観点から
第3章　子ども期の貧困の経験
第4章　子ども期から若者期の貧困の経験へ
第5章　貧困の世代的再生産の実際
　　——ジェンダーとライフコースの観点から
終　章　貧困の世代的再生産の緩和・解消へのアプローチの方向性
　　——子どもの貧困の経験から考える

ひとり親家庭はなぜ困窮するのか
●戦後福祉法制から権利保障実現を考える

金川めぐみ 著
5280円

国会議事録にみる国家の家族観と「福祉の権利化」の2つの視点から変遷過程を考察し、政治哲学の人間像とケアの倫理を基に「公的ドゥーリア」の概念を提示、法政策のあり方を示唆する。

序　章　本書の目的と構成
第1章　日本におけるひとり親家庭研究の動向
第2章　ひとり親家庭の“把握”と支援施策の動向
第3章　母子及び寡婦福祉法成立までの関連法制定過程
第4章　母子家庭の母及び父子家庭の父の就業の支援に関する特別措置法成立までの関連法制定過程
第5章　法における家族の眼差しと、ひとり親家庭の視座
第6章　「福祉の権利化」の視点からみたひとり親家庭の福祉法政策
第7章　ひとり親家庭の福祉法政策における今後の方向性
終　章　本書での結論と今後の課題
補　論　コロナ禍におけるひとり親家庭対策の素描

デンマーク発 高齢者ケアへの挑戦
●ケアの高度化と人財養成

汲田千賀子 編著
2530円

いま日本の高齢者介護の現場では人材不足が大きな問題となっており、それは介護の質的水準の低下に直結する。限られた人材で対応するには、ケアの高度化が必須となる。本書は一足早くケアの高度化を実現したデンマークの現場を知る著者が、その実際を詳解する。

第1章　高齢者介護に求められる「ケアの高度化」とはなにか
第2章　デンマークの高齢者ケアの高度化を支える社会システム
第3章　デンマークの認知症ケア実践にみる高度化
第4章　デンマークの高齢者ケアの高度化を担う人財養成
第5章　デンマークの福祉現場におけるキャリア形成と求められるスキル
第6章　デンマークから学ぶ福祉・介護政策への示唆と展望

新刊

仕事と賃金のルール 石田光男 著
●「働き方改革」の社会的対話に向けて 2970円

ガールズ・アーバン・スタディーズ 3300円
●「女子」たちの遊ぶ・つながる・生き抜く
大貫恵佳・木村絵里子・田中大介・塚田修一・中西泰子 編著

「冒険・探検」というメディア [Social History of Japan 1]
●戦後日本の「アドベンチャー」はどう消費されたか
高井昌吏 著 3630円

無作為抽出ウェブ調査の挑戦 3960円
杉野 勇・平沢和司 編

教育の効果：フィードバック編 3850円
ジョン・ハッティ・シャーリー・クラーク 著／原田信之 監訳
宇都宮明子・冨士原紀絵・有馬実世・森 久佳 訳

改訂版

福祉に携わる人のための人権読本〔第2版〕
山本克司 著 2640円

スタディ憲法〔第2版〕 2750円
曽我部真裕・横山真紀 編

合格水準　教職のための憲法〔第2版〕
志田陽子 編著 2640円

エッセンス憲法〔新版〕 2750円
中村英樹・井上亜紀・相澤直子 編

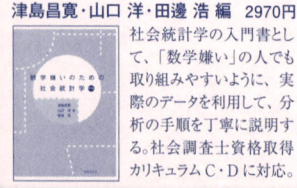

数学嫌いのための社会統計学〔第3版〕
津島昌寛・山口 洋・田邊 浩 編 2970円

社会統計学の入門書として、「数学嫌い」の人でも取り組みやすいように、実際のデータを利用して、分析の手順を丁寧に説明する。社会調査士資格取得カリキュラムC・Dに対応。

改訂版

憲法〔第四版〕 3850円
加藤一彦 著

ベーシックテキスト憲法〔第4版〕
君塚正臣・森脇敦史 編 2860円

公務員をめざす人に贈る 行政法教科書〔第2版〕
板垣勝彦 著 2750円

行政法の基本〔第8版〕 2970円
●重要判例からのアプローチ
北村和生・佐伯彰洋・佐藤英世・高橋明男 著

新プリメール民法5 家族法〔第3版〕 [αブックス]
床谷文雄・神谷 遊・稲垣朋子・小川 惠・幡野弘樹 著 2750円

新ハイブリッド民法
1 民法総則〔第2版〕 3410円
小野秀誠・良永和隆・山田創一・中川敏宏・中村 肇 著
2 物権・担保物権法〔第2版〕 3300円
小山泰史・堀田親臣・工藤祐巌・澤野和博・藤井徳展・野田和裕 著

ユーリカ民法3　債権総論・契約総論〔第2版〕
田井義信 監修／上田誠一郎 編 3080円

18歳からはじめる民法〔第5版〕 [〈18歳から〉シリーズ]
潮見佳男・中田邦博・松岡久和 編 2420円

家族法〔第3版〕 2860円
中川 淳・小川富之 編

これからの消費者法〔第2版〕 2860円
●社会と未来をつなぐ消費者教育
谷本圭子・坂東俊矢・カライスコス アントニオス 著

ベーシックスタディ民事訴訟法〔第2版〕
越山和広 著 3300円

ハイブリッド刑法各論〔第3版〕
松宮孝明 編 3960円

刑事訴訟法の基本〔第2版〕 3520円
中川孝博 著

いまから始める地方自治〔改訂版〕
上田道明 編 2750円

の位置にあったとされる。

一方、山内氏の場合、元就死没直後の七月、元春と熊谷信直の仲介によって輝元と山内隆通・元通父子との間で起請文を交換している（『山内家文書』）。同時に隆通・元通は元春・元資（のちの元長）父子と起請文を交換するとともに、元通と元資との間で兄弟契約も結んでいる（『山内家文書』）。この事例は毛利氏と山内氏との対等性を示すものであり、備後国の中でも北部の国人は隆景ではなく、元春との結びつきが強かった状況を物語る。元春は出雲・石見・伯耆の国人に対する軍事指揮権を持っており、山陰・備北国人衆は元春のゆるやかな統制下にあったといえよう。

備中兵乱

尼子勝久・山中鹿介らの蜂起と同時期に、備前・美作・播磨境目地域の領主浦上宗景は大友宗麟の働きかけに応じて毛利方から離反し、翌年には備前国の領主宇喜多直家も宗景と行動をともにしていたが、元亀三年（一五七二）、将軍義昭の調停によって毛利氏と浦上氏・宇喜多氏との講和が成立した。

元亀四年（一五七三）になると、将軍義昭を京都から追放した織田信長が毛利氏を牽制するために、浦上宗景に対して備前・播磨・美作国の統治を認める朱印状を発給した。宗景は毛利氏に従属しているのであるから、宗景への朱印状発給は備前・播磨・美作を毛利氏領国と認めたものであるとの信長の弁解を毛利氏は受忍したが、宗景が信長朱印状を根拠にして従属を求めたことに反発した宇喜多直家は天正二年（一五七四）三月頃、浦上氏との敵対状況に至った。この両者の対立にあたり、毛利氏は宇喜多氏を支援することとし、五月には備後衆の派兵、安芸国中郡衆内藤元泰の検使としての派遣を決めた（「内藤家文書」）。ところが、毛利氏の宇喜多氏支援は、父家親を宇喜多氏に殺害されたことを恨む備中国人三村元親の毛利方からの離反を引き起こした。

このようにして、毛利氏と三村氏、宇喜多氏と浦上氏との戦闘が始まった。毛利勢は三村氏領へ進攻し、天正二年閏十一月、楢崎氏に猿掛城（岡山県矢掛町、城主は元親の兄庄元祐）攻撃が命じられている（「楢崎家文書」）。同年十二月には隆景らが手要害（同高梁市）、続いて杠城（同新見市、城主は元親の弟三村元範）を攻略（杠城攻略には楢崎氏も参加）、天正三年（一五七五）二月には鬼身城（同総社市、城主は元親の弟上田実親）、五月に元親の居城松山城（高梁市）、六月に備前児島の常山城（岡山市南区・玉野市、城主は三村氏の縁戚上野隆徳）を攻略して三村惣領家を滅ぼした。

この当時の毛利氏の軍事編成について、手要害攻略時の頸注文（『毛利家文書』）から実態を知ることができる。そこでは「毛利手」とは別に、小早川・宍戸・平賀・阿曽沼・天野（志和東天野）・熊谷・天野中務少輔（志和堀天野）・山内・上原・田総・馬屋原らが独立した部隊として記されており、有力な国人は自立性の高い軍事組織を編成していた。毛利氏は指揮権を一元化できていないという課題を抱えていたのである。

また、三村氏旧領を獲得したことによって毛利氏の支配領域は拡大したが、三村氏旧領における主要城郭の支配体制をみると、毛利氏による領国支配の限界がうかがえる。猿掛城には穂田元清（元就四男）、松山城には志和堀天野元明（隆重の長男）、国吉城（手要害）には口羽・有福氏（和智氏庶家）、常山城には乃美宗勝といった在番主が置かれたが、いずれも給地替えになったわけではなく、以前からの所領を保持したままで在番するという形態だったため、天野や有福といった国人の在地との結びつきを切断することはできなかった。また、以前からの所領と在番地に軍事力が分散してしまい、軍事力の面でも兵員を十分に確保できないという弱点があった。

足利義昭の鞆下向

さて、信長によって京都から追放されていた足利義昭は、天正四年（一五七六）二月、毛利氏領国内の備後国鞆（福山市）へ突如として下向した。信長との関係が悪化傾向にあったとはいえ、表面上の同盟関係は継続しており、輝元は義昭の受け入れを逡巡し、対応に苦慮した。二月二十二日付湯浅将宗宛輝元書状（「湯浅家文書」）に「備前・播磨のことについて、昨年以来、信長から申し入れがありましたので、無事に決着するように協議してきましたが、このように将軍様がご下向されたので、信長が疑心を抱き、領国境を越えて侵攻してきましたら、すぐに出陣してください」とあり、輝元は信長との関係維持に向けた打開策を探りつつ、万一に備えて備後の国人領主らを備前・播磨境目地域に派兵する準備を始めた。

結局、四月に毛利氏は義昭を受け入れることとし、これ以降、義昭は天正十五年（一五八七）七月以前に津郷（福山市）へ移座するまで（その後、天正十五年末には帰京したと考えられる）、主として（時期は特定できないが、山田〔福山市〕の常国寺を御座所としたこともあった）鞆を居所とした（長谷川 一九九九：一四〜一五）。義昭の下向は単身ではなく、多くの随行者を伴っていた。真木島昭光・上野秀政・一色昭秀ら近臣だけでなく、北畠具親（伊勢国）・武田信景（若狭国）・内藤如安（丹波国）・六角義堯（近江国）ら大名衆、飯尾昭連・為忠・松田藤弘ら奉行衆、大館藤安・小林家孝ら番衆も含まれており、幕府としての機能も一定程度果たしていた。つまり、鞆に幕府が置かれていたともいえる状況になった。そのうえ、義昭を将軍とする「鞆幕府」は、毛利氏権力と一体化することで機能していたとされ、輝元は「副将軍」に位置づけられた（藤田 二〇一〇：五二～五五、六〇）。

また、義昭は熊谷信直といった国人や、鞆を拠点とする村上亮康（因島村上氏庶家）・御座所のあった山田の領主渡辺元らに対して毛氈鞍覆・白傘袋を免許しているが、村上を除き、輝元の関与がみられ、義昭を利用した輝元による家中統制強化の一環とみなされている（村上は天正十年以降のことで、情勢変化を反映したものと考えられる）。一方で、山内隆通が御伴衆に加えられた際には輝元の関与は確認できない。同様に御供衆に加えられた出雲国人のうち、三沢為虎は輝元の吹挙に基づくものだったが、宍道政慶のケースでは輝元の関与はみられない。この点について、この時点における幕府の職制は毛利氏にとって政治上評価できる意味を有さず、御供衆になることによって毛利氏との関係に変化が生じることもなかったため、毛利氏は積極的に関与しなかったと考えられている（水野嶺 二〇一五：三二〇～三三二）。

義昭による栄典・諸免許の授与は国人の地位を上昇させるものではなかった。逆に、諸免許の授与は輝元の関与に基づくものであり、輝元と国人との主従関係強化につながったと評価できよう。

毛利氏の栄華

義昭受け入れを契機に、毛利氏は織田権力との戦闘に突入した。まず、信長勢に包囲されていた大坂本願寺の救援に赴き、天正四年七月十三～十四日早朝の木津川河口における戦闘において織田水軍を撃破し、兵粮補給に成功した。大坂へ赴いた船団の中には、児玉就英を指揮官とする毛利氏直属水軍（かつての川内警固衆）、小早川水軍、因島村上水軍のほか、香川氏や木梨氏がみられる。

続いて、瀬戸内海海域を掌握することを目的として、天正五年初めに毛利勢は讃岐国へ進攻して拠点となる元吉城を掌握していたが、織田権力に服属した讃岐衆が閏七月、元吉城へ来襲した。この際、乃美宗勝ら小早川水軍や児玉就英ら毛利直属水軍、猿掛・桜尾城主元清を補佐する桂広繁、香川氏などの活躍によって撃退に成功した（多田 二〇〇四：五九）。その結果、長尾・羽床ら讃岐国人は人質を提出して毛利氏に従属することとなった（「厳島野坂文書」）。

また、義昭受け入れ以前の天正三年一月には、但馬の山名韶熙（祐豊）・氏政父子と毛利氏との同盟も成立している。形式的には対等な関係の同盟であるが、織田権力の圧迫に耐えかねた山名氏が毛利氏の支援を必要とした面が大きく、この同盟成立によって毛利氏は但馬国をも影響下に置いた。ところが、芸但同盟成立後においても、但馬国人領主のうち垣屋光成・田結庄氏らの尼子氏与党は屈服することなく、但馬国内の内乱状況は続いた。義昭下向後の天正四年五月に毛利氏に敗れた尼子勝久・山中鹿介らが因幡国から退去すると、信長は彼らを庇護し、その結果、但馬国内の尼子氏与党は織田方に転じて、毛利方の垣屋豊続、八木氏、太田垣氏らとの代理戦争が続いた（山本浩樹 二〇〇七：一五）。

さらに、天正五年十月に播磨国へ派遣された羽柴秀吉は但馬国へも進攻し、毛利氏与党への圧迫を強めるとともに、播磨国上月城（兵庫県佐用町）に勝久・鹿介らを入城させた。一方の義昭や毛利氏は、天正六年（一五七八）二月、播磨国三木城（兵庫県三木市）の別所長治を調略して、織田権力から離反させた。この機をとらえ、毛利勢は上月城を攻撃して同年七月にこれを開城させ、尼子勝久は切腹、山中鹿介を護送途中に殺害して、尼子氏残党を殲滅した。この勝利の結果、毛利氏は安芸・備後・周防・長門・石見・出雲・隠岐・伯耆・因幡・備中・備前・美作に加え、讃岐や但馬・播磨・豊前の一部を事実上の支配下に収め、元就期をはるかに上回る版図を有する屈指の大大名となったのである。

毛利氏栄華の陰り

そのような栄華の影で、毛利氏家中には綻びが生じていた。

天正六年三月、元春の吉川家入嗣時に親毛利派として活動した吉川経世の孫元教の謀叛計画が発覚したのである。元教の父経好は天文十九年一月、元就・元春と盟約を締結して、元春が日山へ入城すると、大朝の平城（北広島町）から市川（広島市安佐北区）へ転出して「市川」を名字とする毛利氏家臣となった（木村 二〇二一・七六〜七九）。また、大内氏滅亡後間もない時期に山口へ赴き、長門国（阿武郡を除く）・周防国吉敷・佐波郡支配を統括する山口奉行を務めていた。

元教事件の当時、毛利氏は上月城攻撃に向けて大軍を東へ向かわせており、その隙を突いた蜂起計画だったと考えられる。その背後には大友宗麟があったが、元教にも自らが毛利氏と同格の国人吉川氏を継承する資格があり、毛利氏に代わって周防・長門を支配することも可能だという野望があったのではないか。結局、元教は内藤元輔らに討ち取られ、この企ては失敗に終わった。

その後、再三にわたる義昭の要請に応えて輝元自身が兵を率いて上洛の途につくことを天正六年十二月に決定したが、結局、この計画は実行されなかった。その理由の一つとして、天正七年一月の杉重良（妻は福原貞俊の姉妹）の豊前国における大友氏への寝返りを挙げることができる。この事件も三月に重良を討ち取ったことにより鎮圧できたが、市川・杉の謀叛（計画）を通じて、東方面への戦線伸張は西方面の不安定化につながるとともに、過度の軍事動員が国人領主層の離反を招く危険性があるという問題点が表面化した。このため、輝元も戦線拡大に慎重になり、上洛計画は中止されたのである。

また、領国は拡大したものの、領国支配体制は旧来のままで、毛利家が国人領主連合のリーダー的位置づけから完全に脱したとは言い難かった。たとえば、輝元の上洛計画への随行を湯浅氏に要請した際、当面の恩賞として備中国において三十貫の地を「少ないのですが」と断って給与しており（「湯浅家文書」）、将来の戦功に対する恩賞の約束ではなく、事前に恩賞を給与しなければ動員が困難だった状況をうかがわせる。

いずれにせよ、輝元の上洛中止は織田権力との直接的な軍事衝突の最前線に立つ境目の領主らを動揺させたと考えられ、天正七年六月前後に宇喜多直家は毛利氏から離反して信長に従った。さらに同年九月、伯耆南条氏も毛利氏から離反して信長に従う姿勢を明らかにし、戦況は毛利氏にとって不利な方向へと転換した。

3　毛利氏と秀吉

毛利対織田戦争の勃発

天正七年（一五七九）十一月、吉川元春は宇喜多氏らの離反を踏まえ、「備前国がこのような状況になり、戦争に突入すると、十のうち、八から九割は敗北が決定的です。以前に江田氏（備後国人領主）や野間氏（安芸国人領主）が離反したケースとは異なります。容易に勝利することはできません。まして信長からの援軍が到来して戦争になった場合、宇喜多直家を倒すことは、尋常な尽力で成し遂げることはできません。そして、戦争は長引くと、味方からの離反者が出るでしょう」と記した（「譜録」）。毛利家が国人領主連合のリーダーにすぎないという弱点を元春は認識していたのである。

宇喜多氏との戦闘では、天正七年十二月の四畝城（岡山県高梁市・真庭市）攻略、天正九年十月の忍山城（岡山市北区）攻略といった勝利もみられたが、祝山城（岡山県津山市）攻防戦では苦戦した。その相違は祝山の方がより遠隔地にあったためと思われる。対織田戦争における毛利氏の軍事力として、国人領主層への軍役賦課は不可欠だった。祝山にも備後国人領主福田盛雅らが籠城していた。毛利氏はこのような遠隔地の戦争地域の将兵に対して兵粮を支給していたが、遠隔地への米の輸送は敵方の妨害もあるため困難だった。そこで、輸送しやすい銀を支給することによって対応しようとしている（菊池 二〇〇〇：一〇六～一〇七）。しかし、銀で米を購入するためには、市場や商人にアクセスできることが条件となる。祝山の場合、織田方に完全に包囲されていてアクセスが困難だったため、結局、退城に追い込まれた。

また、対織田戦争最前線の国人領主層を毛利方につなぎとめるためには、援軍派遣が不可欠だった。その一例として、争奪戦を繰り広げていた鳥取城（鳥取市）に石見吉川家の吉川経家を城番として派遣したことが挙げられる。しかし、毛利氏支配下地域と鳥取城との中間で抵抗を続ける南条氏の存在による陸上からの兵粮補給の困難性に加え、織田方長岡藤孝麾下の丹後水軍の活躍などによって海上からの兵粮補給も遮断されたため、鳥取城は飢餓状態に陥った。天正九年十月二十五日、経家らが切腹して鳥取城は陥落したが、毛利氏としては、毛利両川吉川氏の一門経家が毛利氏に荷担した在地の領主層と運命をともにしたことにより、領国内の領主層のさらなる離反を抑止する効果はあった。

上原氏の離反

天正十年（一五八二）になると、備中・備前境目地域が毛利・織田戦争の主戦場になった。秀吉勢は四月十三日、今保川を越えて備中国毛利方領へと進攻した。その最前線に位置する岩山城には湯浅将宗らが在番していたが、秀吉勢は岩山城を通過して北上し、四月十六日より前に宮路山城・冠山城（岡山市北区）を攻撃した。宮路山城には小早川氏庶家乃美隆興の子景興、冠山城には備中・備前の国人領主層と考えられる林三郎左衛門尉・松田孫次郎が在番していたが、冠山城は四月二十五日、宮路山城は五月二日に陥落した。

一方、日幡城（岡山県倉敷市）には上原元将が在番していたが、秀吉の調略によって、少なくとも四月二十四日より前に毛利氏からの離反を決意した。備後国人領主層の毛利氏に対する従属性は相対的に低く、天正七年の宇喜多氏離反後、輝元の叔父元清は「備後衆は表裏の者（裏表のある者）なので、一層気をつけておかなければならない」（『毛利家文書』）と認識している。元清の姉妹である「こうざん（甲山）」は上原氏を毛利方につなぎとめるための鎹として元将に嫁していたが、万一、上原氏が離反した場合には殺害されるのではないかと元清は心配していた。そこで、離反の危険性のある上原氏らを在地から切り離して、戦いの最前線に配置していたと思われる。

ところが、秀吉の調略によって、備前国児島の高畠氏、来島村上氏などの毛利方の海洋領主層が織田方へと転じて、備讃海峡の制海権は織田方に掌握された。その結果、毛利勢は物資輸送に支障を来たし、織田方と直接的に対峙する境目の諸城に対する毛利勢の救援はままならなくなった。見捨てられる危険性を察知したため、上原氏は毛利氏からの離反を決意したと考えられる。

毛利・織田戦争は天正四年から七年間にわたって続いており、毛利氏による軍事動員体制は限界点に達していた。この段階における毛利氏領国の支配構造は、国人領主連合的性格を払拭しきれていない。毛利家が国人領主層の権益を保護・拡大してくれる存在である限りにおいて、国人領主層は毛利氏からの軍事動員に応じた。たとえば、熊谷就真（なりざね）（信直五男）は備中佐井田（さいだ）城（岡山県真庭市）における長期間の在番の恩賞として備中国あるいは美作国において千五百貫（「熊谷家文書」）、湯浅将宗は岩山城在番の恩賞として備中国あるいは美作国において三百貫の給与を約束されていた（「湯浅家文書」）。その実現のためには両国から織田勢を駆逐し、宇喜多氏を討伐する必要があるが、天正十年の秀吉勢の攻勢によってその実現は困難になりつつあった。

そのような状況下で、国人領主層が織田方に転じて、自らの家の権益保護・拡大を図ろうとするのは必然だった。戦争が長引いた場合、離反者が出るという元春の懸念が現実となったのである。

備中高松城の戦い

宮路山城・冠山城・日幡城とともに、毛利氏の防御線に位置していた城として鴨（かも）城（岡山市北区）が挙げられる。鴨城には毛利氏庶家桂広繁や備後国人上山元忠（もとただ）、在地の領主生石（おいし）氏らが在番していた。ところが、生石氏の離反により五月二日、端城（出城）が陥落して「本丸のみのはだか城」（「溝江文書」）となった。この危機は広繁らの活躍によって敵を撃退することによって脱することができた。この折に、上山氏は離反していない。湯浅将宗は生石氏のような在地領主層の離反や地下人一揆によって撤退が困難になることを予想して（山本浩樹　一九九四：八四）、岩山城から撤退したものの、離反はしていない。将宗は上原元将を通じて離反を誘われたが拒否しており、上山氏にも離反の誘いがあったと思われる。つまり、すべての備後衆が表裏者だったわけではない。

ではなぜ上原氏は離反したのか。上原氏が備後国内郡における盟主的地位にあり、毛利氏への潜在的な対抗意識を有していたため、織田方に転じて、備後地域を統括する存在になろうとしたかもしれない。

続いて、秀吉は備中高松（たかまつ）城（岡山市北区）へ攻めかかった。城主清水宗治（しみずむねはる）は在地の国人領主だったが、水攻めに耐えて毛利勢の救援を待った。ところが、毛利勢は高松城を包囲する秀吉らと対峙したまま動かなかった。高畠氏や来島村上氏など海洋領主層の離反によって制海権が混乱し、物資輸送手段に窮していたからである。また、備中国へ遠征した毛利勢の軍事編成は、元春や隆景・元清といった一門や「吉田衆」と記された譜代家臣とは別個の部隊として、木梨・楢崎・三吉・天野元明（志和堀）・宍戸・山内・久代といった備後・安芸国人衆が記されており

（「厳島野坂文書」）、軍事指揮権が一元化されていないという課題をいまだ解消できていなかった。

このような弱みを抱えていたため、本能寺での信長横死を知った秀吉が清水らの切腹・高松城開城を条件に停戦を呼び掛けると、毛利氏は清水らを見捨てて停戦を受諾したのである。毛利氏にとっての本領は高梁川以西であり、高梁川以東を織田権力に割譲することは許容範囲だった（藤田 二〇〇七：一五一～一五二）。乃美宗勝の子少輔四郎にまで調略の手は伸びており、秀吉との戦闘継続は、さらなる備後・安芸国人層への調略を招き、毛利氏領国崩壊につながる恐れがあった。秀吉からの停戦呼びかけは毛利氏とっても救いの神だったといえよう。

杉原氏討伐

毛利氏と停戦した秀吉が明智光秀を破った後、毛利氏と秀吉との国境画定交渉が始まった。さらに、天正十一年（一五八三）の賤ヶ岳の戦いで柴田勝家らを破った秀吉は、毛利氏に対して美作・備中・伯耆三国の割譲という厳しい条件を突きつけてきた。そこで、交渉にあたっていた毛利氏の外交僧安国寺恵瓊は、備中については高梁川を境界として西部は穂田元清（元就四男）領、伯耆西半分については吉川元長領とし、両名は秀吉家臣とするという妥協案を提示した（『黒田家文書』）。

この案が実行されると、杉原氏の拠点の一つである伯耆国尾高城およびその周辺地域は没収されることとなる。この当時の杉原氏の当主は景盛である。盛重の死没後、家督を継承したのは長男の元盛だった。ところが、元盛発給文書は天正十年八月を終見としてそれ以降確認できなくなり、代わって同年閏九月から元盛の弟景盛の発給文書が確認されるようになる（木下 二〇一二：一二五～一二六）。軍記類によると、秀吉勢の進攻時に、景盛が元盛に対して織田権力への服属を勧めたが拒否されたため、企ての露見を怖れて元盛を殺害したという。後述する景盛討伐時の輝元書状に「景盛については、元盛を殺害して以降、暴悪非道な企みがあった」とあり（「湯浅家文書」）、景盛による元盛の殺害は事実であるが、元盛殺害の要因を同時代史料で明らかにすることはできない。

その後、天正十二年（一五八四）八月になると、輝元は景盛に無道の企てがあるとして討伐命令を発した（「湯浅家文書」）。輝元書状に景盛の企ての具体的な内容は明記されていないが、景盛に対する秀吉からの書状を入手した金尾という人物がのちに輝元から恩賞を与えられており（「二宮家文書」）、景盛討伐が秀吉との無断通交を一つの理由にして行われたことをうかがわせる。

実際に景盛が秀吉に内通していたのか定かでないが、秀吉との国境画定交渉において伯耆国における杉原氏領を元長へ給与する案が浮上しており、景盛はその案に不満を持っていたとみられる。さらに、景盛討伐が命じられる以前の天正十二年四月、安芸国中郡衆井原元尚（もとなお）が在番として神辺城へ赴いている。それ以前に備後国人吉原氏、中郡衆秋山氏、熊谷就真も神辺在番として赴いていた。八月の時点ではこれに熊谷広実も加わっている（「井原家文書」）。神辺城は杉原氏の拠点の一つだったが、毛利氏から在番が送り込まれた結果、杉原氏の拠点としての性格は弱まっていた。このような冷遇に不満を持つ景盛に対して、秀吉が毛利氏から出奔して直臣になるように誘いを掛けていたのではなかろうか。

しかし、秀吉の調略が発覚して景盛討伐命令が発せられた。出雲・石見衆に加え、湯浅氏など備後国人が西伯耆の杉原氏領へ進攻した。八月七日までには天満要害（鳥取県南部町）が陥落し、景盛が籠もる佐陀（さだ）城（鳥取県米子市）も陥落寸前に追い込まれ（「湯浅家文書」）、十六日に景盛は平田（ひらだ）（鳥取県大山町カ）で落命した。また、景盛の子も処刑された（『吉川家文書』）。

一方、神辺など備後国の杉原氏領において戦闘があった形跡はない。杉原氏家臣で備後国にいた横山盛政や所（ところ）原肥後守（ばらひごのかみ）は景盛討伐以前から毛利氏に通じていた（横畠 二〇〇九：一七〜二〇）。このため、景盛討伐命令が発せられた際、彼らは毛利氏に抵抗することなく在番衆に協力したと考えられる。その結果、景盛の弟五郎（広亮（ひろすけ））によって杉原氏の存続は叶った。しかし、杉原氏は西伯耆の所領を失い、備後国における所領も大幅に縮小した（松浦 一九七七：一四。横畠 二〇〇九：二一〜二四）。

このようにして、備後国南部の有力な国人杉原氏は大きく衰退することとなったが、このような国人に対する圧迫は他にもみられる。

国人統制の進展

天正十一年末、毛利氏は有力な国人からも人質を徴収することとし（『毛利家文書』）、実子の提出を命じていたが、山内隆通は伊予国に在陣中だったため、天正十二年三月になってもいまだ人質を提出していなかった。輝元は三吉氏や久代宮家（出雲国人三沢氏も）らはすでに人質を提出しているとして、隆通に対して速やかに提出するように命じている（『山内家文書』）。その際、詳しくは宍戸隆家・元孝（のちの元秀）父子から申し入れるとしているほか、熊谷信直経由でも人質提出命令は伝えられており、毛利氏の対山内氏交渉については、隆通が毛利氏に従属した折にも窓口を務めた宍戸氏や、隆通継室の実家である熊谷氏に依存していた様子がうかがえる。

しかし、これまでも毛利氏に忠誠を尽くしてきたにもかかわらず実子の提出を要求されることに不快感を示して、隆通は実子鬼松（のちの広通）の提出を拒否した（『山内家文書』）。そこで、輝元は惣国並であるとして理解を求めるとともに、提出先は郡山ではなく、宍戸氏あるいは熊谷氏領でもよいとの譲歩案を示した結果、隆通は鬼松を五龍城へ提出し（『山内家文書』）、この問題は決着した。

隆通が提出に応じた背景には、同時期に神辺城への在番衆の派遣といった杉原氏への圧迫策が進行しており、これ以上の抵抗は家の存続に危機を招くと悟ったことがあったと考えられる。一方で、輝元が譲歩した背景には、山内氏を追い込むと、杉原景盛と一体となって、伯耆・備後境目地域において大規模な反毛利氏活動が展開する恐れがあると認識したことがあったと考えられる。

この一件は、天正十二年になっても、有力国人の自立性を完全に否定できていなかったことを示すものであるが、人質提出に抵抗していた山内氏も最終的に実子提出を受け入れており、国人統制進展の画期とみなしうる。この人質提出をもって毛利氏と有力な国人間の人的結合関係が解消されたとの見解もあるが（鴨川 一九九二：二九八～三〇四）、五龍城への提出という譲歩を必要とした点で、毛利家が国人領主連合のリーダー的位置づけにすぎないという特質を解消できていなかったとみなすべきだろう。

また、永禄十一年以降の時期に、毛利氏から有力な国人などへの検使の派遣が頻出するようになっているが、戦時下の軍事行動に限られており、有力な安芸・備後国人本領への派遣はみられない（馬部 二〇〇四：一〇一～一〇三）。

これらの事例から、天正十二年時点においても、毛利家は有力な安芸・備後国人を中核とした国人領主連合のリーダーにすぎず、毛利氏領国自体が国人領主のゆるやかに統合した連合体だったといえよう。

一方、小早川家の正月拝賀など儀礼の場における座配をみると、天正十三年（一五八五）の座配に有地・楢崎・因島村上氏庶家村上亮康（すけやす）（「鞆殿」）、天正十四年（一五八六）に高須といった備後国人衆がみられる。杉原氏討伐後に不安を感じた備後南部の国人衆が隆景の庇護によって家の存続を図ろうとしていたことを示すものと考えられる。もっとも、高須弥三（元勝（もとかつ））は天正十四年、輝元から備後国深津（ふかつ）郡における宛行状（「譜録」）や官途書出（『萩藩閥閲録』）、楢崎三河守の子で高須を称した少輔三郎（景好（かげよし））は天正十六年（一五八八）、輝元から官途書出を受給しており（『萩藩閥閲録』）、輝元との主従関係が確認される。

この段階では、輝元への権力集中が進みつつあったが、毛利氏領国が国人領主層のゆるやかな連合体的性格を持つという特質も完全には消滅していなかったのである。

豊臣政権への服属　杉原景盛の討伐は、難航していた秀吉と毛利氏との講和を実現に導いた。難航の主たる要因は、秀吉への割譲予定地（備前・美作・備中）に所領を有する領主層が明け渡しを拒否して抵抗を続けていたことにあったが、彼らに対して当面の給地として神辺周辺の旧杉原氏領を給与することによって明け渡しが実現し、天正十三年初頭に講和が成立した。もっとも、この時点で毛利氏は豊臣政権に服属したわけではなく、天正十三年の長宗我部攻めや天正十四～十五年の島津攻めにおける毛利勢の出兵も、毛利氏の領土獲得の野望を叶えるという側面があり、秀吉から一方的に軍役を課されたとは評価できない。

豊臣政権への服属が可視化されたのは、天正十六年七月の輝元初上洛である。輝元は従四位下、侍従・参議に叙任され、秀吉の創出した公儀の序列下に組み込まれた。この折に輝元に随行した譜代家臣も叙任されているが、有力な国人は随行しておらず、叙任されていない。熊谷氏庶家の就真・元実（もとざね）（信直三男広実（ひろざね）の子）や備後国人楢崎氏の庶家と思われる元兼（もとかね）は輝元の直属家臣として処遇されていたため随行しているが、叙任されていない。有力な国人については、文禄四年（一五九五）の宍戸元次（もとつぐ）（隆家の嫡孫）、文禄五年（一五九六）の熊谷元直（もとなお）（信直の嫡孫）への叙任が確認されるが、いずれも譜代家臣や輝元側近衆と同格の従五位下である。

ここで、毛利氏家中の官途授与について整理しておきたい。毛利氏による官途授与は、京都に吹挙するという形式をとっていた大内氏とは異なり、当初から独自に与える形式をとっていたが、戦国期においては有力な国人への授与はできなかった（今岡 一九九四：二〇二～二〇六）。永禄三年二月に元就・隆元のほか、熊谷信直・天野元定（志和東、隆綱弟）・阿曽沼広秀（弘秀の子）・平賀元相（広相の子）・宮盛常（久代宮）が将軍義輝から官途授与された際には、毛利氏の吹挙に基づくものであり、かつ正式の口宣案（元就・隆元）と御内書のみ（国人）という差異がみられ、天皇・将軍を頂点とする身分序列の中で一段上位に立とうとする意図があったとされるものの、将軍と国人との主従関係が名目的とはいえ維持されていた（秋山 一九九八：二六八）。将軍との接点や中央のアクセス権は依然として有力な国人に残っていた（浅野 二〇一八：九～一〇）。

豊臣政権服属後になると、叙任による明確な身分序列の形成に加え、官途類の授与についても、天正十六年の宮盛慶（久代宮、盛常の子）、天正十八年（一五九〇）の平賀元相など、それ以前には官途授与できなかった有力な国人に対しても輝元からの授与がみられるようになっている。したがって、毛利氏と有力な国人との身分的同格性は徐々に克服され、輝元を頂点とする新しい身分秩序の編成、有力な国人をも包摂した新しい毛利氏「家中」の形成が進んだと評価できよう（秋山 一九九八：二七一）。

また、元春は天正十四年十二月、その嫡子で天正十一～十二年に家督を継承した元長（木村 一九九九a：一五）も天正十五年六月に死没していた。隆景は天正十三年に伊予国、天正十五年に北部九州へ入部し、それまでみられていた有力な国人に対する行政行為への関与はこれ以降みられなくなる。このようにして、御四人体制が解体された。同時期に元就期から続いていた譜代層による五奉行系奉行人も政務から排除されていき、輝元は自分の意向を忠実に実現しようとする有能な輝元出頭人（輝元の信認と自己の能力に基づき選任された奉行人）を登用して、さまざまな改革を断行していった。

4　毛利氏領国の変革と関ヶ原合戦

先にみた軍事編成における有力国人の自立性の高さという問題点はその後どうなったのだろうか。

軍事力編成の変革

天正十四～十五年（一五八六～八七）の島津攻め以降、「一手衆」の存在がみられるようになる。天正十五年六月五日に死没した吉川元長の跡目を弟経言（のちの広家）が継承した際、「御一手の国衆」から起請文が提出されている（「二宮家文書」）。有力な安芸・備後国人で経言の一手衆とされたのは天野元弥・杉原広亮・熊谷元直（『吉川家文書』）。元直は経言の母が元直の祖父信直の娘で、吉川家の代表的な縁戚である。天野元弥（のちの元嘉）は隆重の子で、兄元明が備中国に給地を与えられたため、隆重が出雲国において与えられた給地を受け継いでいた。広亮は兄景盛の誅伐後に杉原家を継承し、出雲国において給地を有していたと考えられる。この一手衆はたんなる同陣とは異なり吉川家の当主を軍事指揮官として形成された軍事組織だったと評価できるが、一手衆のその他の構成員は有力な出雲・石見・伯耆国人であり、毛利両川体制下において元春に統率された山陰方面の国人領主のゆるやかな連合体による軍事組織と大きな差異があったとは考えられない。

さらに、天正十五年十一月になると、宍戸元次を軍事指揮官とする一手衆が確認される（『萩藩閥閲録』）。この一手衆には山内氏と多賀山氏が含まれている。その他の構成員として明記されているのは三沢氏で、いずれも備後・出雲境目地域の領主である。宍戸隆家の父・祖父がともに山内氏の娘を娶っているほか、天文二十二年の山内氏の毛利氏帰属の際にも隆家の関与が認められることなど、宍戸氏と山内氏は深い関係にあり、宍戸「御一手衆」はこのような旧来の結合関係に基づき編成されたのである。

この時期には一手衆という新たな組織が編成され、有力な国人を毛利氏の軍事編成下に組み込むことに成功したものの、臨時的な編成にすぎなかった。そのうえ、人格的・地縁的要素に依拠する編成だった点や軍役賦課基準の不統一性という問題点は克服できていなかった。

天正二十年（一五九二）に始まった第一次朝鮮渡海時には、元就七男で志和東天野家を継承した元政、元就八男で周防国人椙杜家を継承したのち、兄元秋（元就五男）の権益を継承した元康、安国寺恵瓊の「一手」が確認される。元政一手には平賀・阿曽沼・熊谷、元康一手には三吉、天野元信（元明弟、志和堀惣領家を継承）が含まれている。志和東天野家に隣接する有力な国人の多くが元政一手とされているが、同族の志和堀家は含まれておらず、阿曽沼は当初、元康に同道していた。また、文禄二年（一五九三）の輝元・隆景・広家の帰国後は、譜代家臣の福原広俊・椙杜元縁（志道家の出身）が軍事指揮官として起用されている。この段階では、人格的・地縁的要素に依拠しない恒久的な軍事組織としての一手衆が創設され、軍事指揮官に両川以外の元就の庶子や譜代家臣を起用した点で組編成の萌芽が見られるものの、有力国人を一元的な軍事組織体系に組み込む段階までには至っていなかった。

慶長二年（一五九七）に始まった第二次朝鮮渡海時には、人格的・地縁的に依拠しない機動的な編成が可能になり、また、個別の事情・伝統を排除した統一的な軍役賦課が行われた。組頭は、元政・元康・安国寺・宍戸・福原・椙杜・三輪元徳。有力な安芸・備後国人のうち、平賀・阿曽沼・山内が元政組、三吉・天野元信が元康組、有地（宮一族）・馬屋原・多賀山が安国寺組、杉原・和智・天野元嘉（元珎から改名）が宍戸組、久代宮が福原組、高須が椙杜組に属している。この組編成はあくまでも当該軍事行動に限定した組織であり、軍事面を超えた家臣団編成が実現したとはいえなかったが、第二次朝鮮渡海以後になると組はたんなる軍事組織を超えた家臣団編成組織となった。

組頭には堅田元慶・二宮就辰といった輝元出頭人を起用し、スタッフ（出頭人）がライン（組）の長を兼職することによって、出頭人的官僚制機構が主導する形で有力な国人らを毛利氏家中へ包摂し、輝元を頂点とする一元的な支配構造（輝元専制体制）を構築しようとしている。毛利氏における近世家臣団編成は豊臣政権への従属によって自動的に実現したのではなく、段階的かつ輝元の主導によって成し遂げられた。豊臣期末には、身分上の兵農分離によって形成された常備軍的軍事組織の最終的な軍事指揮権を大名当主に一元化する体制が確立していたのである。

有力な国人の給地替え　天正十五～十八年に実施された領国全体にわたる検地（惣国検地）によって、領国内所領の数量的把握が実現した（本多 二〇〇六：二九三）。その結果、領主層の給地替えが可能になり、安芸・備後国人の一部も国外へ給地替えされた。

有力な安芸国人のうち、宍戸は天正十一年頃には備中国鬼身城主となっていたが、五龍城も引き続き本拠としており、惣国検地後も両城の周辺に多くの給地を与えられている。志和堀天野は備中松山城周辺地域の方が多いものの志和堀地域も引き続き支配している。平賀・熊谷・天野の給地は旧来からの支配地周辺が大半を占めており、給地替えが行われた形跡はない。このように、有力な安芸国人は旧来の本拠から切り離されていない。一方で、中郡衆の井原は周防国三尾（みつお）（周南市）へ給地替えされ、名字も「三尾」に改めている。また、吉川氏庶家で山口奉行を務めた市川経好の孫元直（もとなお）が出雲国へ給地替えされているほか、財満（ざいま）の給地は長門国にみられ、有力国人に次ぐ規模の国人領主については、旧来の本拠から移された者もみられる。

有力な備後国人の場合、山内・三吉の給地はすべて備後国内で本拠の周辺となっている。一方、有地・杉原は出雲国（杉原は景盛討伐直後期に移されたと思われる）、久代宮は石見・出雲国へ給地替えされている。その他の有力な国人では、湯浅・吉原はすべての給地が備後国、和智・馬屋原・上山・木梨は大半の給地が備後国であるが、高須一族は大半の給地が備後国の者と、長門国へ給地替えされた者にわかれる。楢崎は周防国、多賀山は長門国へ給地替えされている。

出雲国人の場合、三沢・三刀屋・宍道・湯・多賀といった有力な国人が揃って長門国へ給地替えされているが、安芸・備後国人では、石高最上位層は給地替えの対象外となっている。かつては同格の存在で同盟的関係にあったという事情から、最上位層の安芸・備後国人の給地替えは困難であり、結果として、伝統的な地域支配構造を払拭できていなかった。

このような中途半端に終わった有力な国人の給地替えを貫徹することも目的の一つとして実施されたのが兼重蔵（かねしげくら）

田検地だった（一九一頁参照）。慶長三年（一五九八）に検地作業を終えると、慶長四年（一五九九）春には給地総入れ替えが計画された。この時期の毛利氏家中においては、輝元の後継者に予定されていた秀元（元清の子）の処遇（輝元に実子秀就が生まれたため）、慶長二年に死没した隆景の遺領・遺臣の処理という二つの大きな問題を抱えていた。この問題の解決のためにも惣国検地に次ぐ再検地が必要とされたのである。

別家を立てる秀元に与える給地は紆余曲折を経て慶長四年二月、出雲国一円・隠岐国一円・伯耆国三郡と安芸廿日市（父元清期からの給地）一万石に決定した。この決定により、伯耆国三郡とそれに隣接する出雲国に給地を与えられていた吉川広家も給地替えが必要となったが、それだけではなく、同時期に輝元は給地総入れ替えを計画しており、本拠を保持し続けていた最上位層の安芸・備後国人の給地替えも予定されていたと考えられる。

しかしその計画は、輝元と連携して秀元処遇問題などを解決した豊臣五奉行の一人石田三成が、慶長四年閏三月に失脚に追い込まれたことによって停滞を余儀無くされた。秀元処遇問題も見直されて、同年六月、長門国一円・周防国吉敷郡・元清旧領に決定したが、長門国や吉敷郡に給地を有していた給人を秀元家臣団に組み込み、隆景遺臣も隆景遺領に給地を与えて直臣化することを基本とするという現状維持的な決着になった。

とはいえ、慶長四年十二月には、給地替えに際する規則を定めており、予定より遅れたものの、給地総入れ替えは実行されるはずだった。ところが、その予定も慶長五年（一六〇〇）に徳川家康の主導する会津攻め（上杉氏討伐）、それに続く関ヶ原合戦が勃発したことにより、結局、未完で終わることとなった。

図4－2　毛利秀元画像（下関市立歴史博物館所蔵）

関ヶ原合戦

慶長三年八月十八日の豊臣秀吉死没直後から、諸大名は親徳川家康派・反家康派に二分されたが、毛利氏は秀吉への取次を担っていた石田三成・増田長盛との関係を重視して、反家康派に荷担していた。ところが、反家康派の中心人物前田利家が慶長四年閏三月三日に死没すると、いわゆる七将が三成襲撃を企てるという事件が勃発した。輝元は伏見城内に逃れた石田三成と連携して親家康派を挟撃しようとしたが、結局、三成が奉行職を退いて隠居することでこの事件は解決した。閏三月二十一日、輝元と家康は起請文を交換したが、その中で家康は輝元との関係を兄弟、輝元は家康との関係を親子と称しており、輝元は表面上家康に屈服した。

慶長五年になると、六月、上洛命令を拒否した五大老の一人上杉景勝を討伐するため、家康は諸大名を動員して会津へ向かったが、三成・大谷吉継・安国寺恵瓊の三者が三成の居所佐和山（滋賀県彦根市）において密会し、反徳川闘争決起を企てた。毛利氏の西軍参加に関する従来の通説では、恵瓊が輝元に無断でこの企てを行ったとされてきたが、豊臣三奉行からの上坂要請連署状を受け取った輝元が即時に上坂を決断して、通常では考えられない高速航行で大坂に到達したことなどから推測すると、輝元は上坂要請以前から反徳川闘争計画に直接関与していたと考えられる。

その後、毛利勢は瀬田（滋賀県大津市）における普請、東軍に荷担した富田氏の居城安濃津（三重県津市）攻撃を経て、関ヶ原近傍の南宮山に布陣した。その軍事力編成は安濃津城攻撃の際の「頸注文」（『毛利家文書』）から判明する。組頭は第二次朝鮮渡海時にも組頭だった宍戸・元政・安国寺・福原に加えて、譜代の渡辺長。毛利秀元と吉川広家は組編成とは別の独立した部隊を率いている。各組の構成員のうち、有力な安芸・備後国人をみていくと、宍戸組に和智・杉原、元政組に山内・阿曽沼、安国寺組に平賀・熊谷元直・神村（吉原）・楢崎、福原組に乃美元興（景興の子）・熊谷元実・天野元因（元友の孫）がみられ、第二次朝鮮渡海時の組から異動した者も少なくなく、組頭と構成員との関係が固定化していなかったことをうかがわせる。また、秀元勢の中には多賀山ら別家創設時に秀元家臣団に組み込まれた有力な国人が含まれているが、彼らには秀元の直接的な指揮権は及ばなかったと考えられる。

第二次朝鮮渡海時に組頭だった元康は輝元に重用されており、当初は輝元とともに大坂に在城していたが、京極高次が西軍から離反して大津城（滋賀県大津市）に籠城したため、大津城攻めに赴いた。その部隊には天野元信・熊谷就真・財満・三吉・田総らが入っている一方で、安芸国中郡衆の井原元茂（元尚弟、のちの元以）は最後まで大坂城に残留している。これらの部隊は豊臣政権における輝元の主導的地位を確保するために必要な兵力であり、本来、前線に投入する予定はなかった。

輝元は秀元・広家といった一門のうち自律性の高い者や有力な国人の多くを前線に投入し、元康や出頭人など信任の厚い者を手元に置いていた。また、阿波蜂須賀氏や伊予松前（愛媛県松前町）の加藤茂勝（のちの嘉明）・伊予板島（愛媛県宇和島市）の藤堂高虎といった東軍荷担大名領の占領や進攻を実施・計画するなど、西国における支配領域の拡大を企図していた。阿波占領部隊が大坂から、木梨氏らの伊予進攻部隊が広島から派遣されている。輝元は東軍主力との戦闘に兵力を集中せず、西国制圧のための兵力を残していた。

広家が主導した家康との不戦協定について、家康との正面衝突を避けて、東西両軍が美濃・近江国境付近で膠着している間に、西国における支配領域拡大を既成事実化したうえで、東軍との全面講和に持ち込むという思惑に基づき、輝元も広家の工作を黙認していたとみられる。ところが、九月十五日の関ヶ原における戦闘が偶発的に勃発したうえ、一日で決着してしまったため、支配領域拡大は断念せざるをえなくなった。もっとも、不戦協定において家康から現在の領国安堵を取りつけており、西軍の大敗にもかかわらず、現状維持は図れるはずだった。

図４－３　吉川広家画像（東京大学史料編纂所所蔵模写）

毛利氏減封

輝元は東軍に荷担した豊臣系大名の筆頭格福島正則からも所領安堵の保証を得て、八月二十五日頃、大坂城から退去したが、その後、家康は毛利氏に対して周防・長門二国への減封を命じた。武装解除していた輝元にはもはや抵抗する術はなく、家康に服従するしかなかった。毛利氏が失った安芸・備後二国には福島正則が入部したが、有力国人の中で福島氏に召し抱えられた者は確認できない。

一方で、毛利氏家中に留まって防長へ移動する場合、家臣の給地は五分の一への削減が基本とされた。毛利氏当主との紐帯が強い一門や毛利家譜代家臣の大半は家中に留まったが、自律性の高かった国人層は自らの家を保つことが最優先であり、本貫地を失うことは許容できても、被官層を引き続き召し抱えるための給地は不可欠だった。被官層には武士階級でありながら農業にも携わる者も多く、武士身分を捨てて在地に残ることを選択する者も少なくなかったが、そのような者を除いても、五分の一に削減されると被官層を維持できなくなる者もあったと考えられる。

その結果、毛利氏家中からの出奔を決意する者も現われた。関ヶ原合戦前の石高一〇〇〇石以上の安芸・備後国に出自を持つ国人のうち、出奔したのは平賀・三吉・長井・香川・己斐・久代宮である。このうち、平賀氏は四〇〇〇石へ減知されることとなったが、新領主福島氏への貢租返還分を負担することができず、家中を出奔したという。しかし、返納分については猶予交渉が行われており、負担できなかったことを理由とする出奔は考え難い。実際に、当主だった元相の嫡男元忠は紀州浅野氏に寄食して百人の月俸を与えられたとある（『平賀家文書』系譜）。たんなる寄食だったのか、実際には仕官していたのか定かでないが、結局、慶長八年頃に元忠は萩藩に帰参した。石高は三〇〇石。出奔前に比べて二％にも満たない減知を受け容れざるをえなかった。

三吉氏の場合、一族の善兵衛は毛利氏家中に留まったが、惣領の元高やその父広高は出奔した。「城主三吉家系譜之写」（『三次市史』Ⅱ）によると広高・元高は姫路城主となった池田照政（この後、輝政に改名）に召し抱えられて、合戦前の給地を上回る石高一万二〇〇〇石の獲得に成功したが、その後、池田氏からも離れて、浅野長則（のちの長重）に仕官した。最終的には長則からも離れて安芸国あるいは備後国三吉郡で牢人となったようである。有地氏の場合、防長減封直後から出奔が懸念されていたが、当主の美作守は家中に留まった。一方で、その子は元和四年（一六一八）頃に出奔し、筑前黒田氏に仕官した。

毛利氏家中に残ったにもかかわらず断絶に追い込まれた家もあった。慶長十年（一六〇五）七月、熊谷元直とその娘婿天野元信は徒党を組んで家中を乱したとして、石見国人佐波次郎左衛門らとともに誅伐された。熊谷氏の庶家元実・元吉（元直弟景直の子）、天野氏の庶家元因・元重（隆重三男元祐の子）も連座して追放処分となった。かつては毛利家と同格の国人で、毛利家当主をリーダーとした国人領主連合体としての「毛利氏」が戦国大名へとのしあがる過程において大きな役割を果たした家やその与同勢力を断罪に処すことによって、輝元は関ヶ原合戦の敗北によって低下していた自らの権威を回復させた。また、熊谷就真・天野元弥は処分されておらず、国人層であっても毛利氏当主へ忠誠を尽くす者は厚遇されることを示した。この事件以前の慶長七年（一六〇二）、阿曽沼氏には毛利元政の子が入嗣しており（阿曽沼元理）、熊谷らの誅伐事件を通じて、毛利氏はようやく国人層の自律性を奪うことに成功したのである。

福島正則の入部と大坂の陣

関ヶ原合戦後に安芸・備後の国主となった福島正則は居所を広島城に置いた一方で、支城を、神辺・鞆（福山市）、五品嶽（庄原市）・尾関山（三次市）、三原（三原市）、亀居（大竹市）の六カ所としたため、これ以外の国人などの居城として機能していた城館は廃城となった。さらに、三原以外の支城は元和の一国一城令によって廃城になったと考えられる。

福島正則は豊臣秀吉の縁者とされ、いわゆる「賤ヶ岳七本槍」として武功をあげるなど、秀吉子飼い家臣の代表格だったが、慶長十九～二十年（一六一四～一五）の大坂の陣においては豊臣家からの勧誘を拒否して徳川方に荷担した。開戦前には豊臣秀頼に対して生母淀殿の江戸へ下向させるように（事実上の人質）説得するなど、豊臣家存続への努力もみられたが、結局、その努力は功を奏さず、嫡子忠勝が大坂城攻撃に加わり（正則は江戸に留め置かれた）、豊臣家を滅亡に至らしめることになった。

毛利氏も大坂の陣においては徳川方として参戦した。もっとも、宍戸元次の弟内藤元盛（長門内藤家を継承）が「佐野道可」の変名で豊臣方に荷担するという事件が起こっている。なぜ元盛が豊臣方に荷担したかという謎はいまだ解明できていないが、戦後、元盛は切腹。元盛の大坂入城には関与していない元盛の子内藤元珍（これ以前に元盛は隠居して元珍が家督を継承していた）・粟屋元豊（元珍の弟、元盛の弟粟屋孝春の家督を継承）も輝元の命令によって切腹させられたうえ、元盛の兄元次（当時の実名は元続）も隠居するなど、宍戸一族の連坐を招いており、この事件を利用して輝元は有力国人の統制強化を図ったといえよう。

輝元期になっても豊臣政権服属以前の毛利氏の広域的支配は有力国人の支配を前提にして、一種の戦時体制として非制度的に有力国人を編成する形で実現していた（村井 二〇一二：一二七）。有力国人の家中は周辺の中小国人領主らを家中に編成することによって成立していたが不安定だったため、毛利氏の権威や影響力を背景に家中支配の維持・強化を図っていた。一方、毛利氏にとっても、軍事力の構成単位である有力国人の家中を安定的に維持する必要があった（村井 二〇一二：一八五〜一九九）。また、有力国人の家中には毛利氏にも直結している両属家臣も存在し（阿曽沼氏における井上宗右衛門尉・井上源右衛門尉など）、両属家臣を媒介に有力な国人領内の「衆」を把握しようとするケースもみられたが（菊池 二〇〇一a：一〇〜一一）、「把握」にとどまり、一元的な毛利氏家中が実現する段階に至っていたとはいえなかった。

このような支配体制上の矛盾を解消するため、毛利氏は秀吉から課された公儀の軍役に対応するという大義名分の下、有力国人を徐々に毛利氏家中に包摂していき、特に朝鮮半島における長期間にわたる軍役に従事させることにより、大名当主を頂点とする一元的な支配体制下に組み込んだ。かつては毛利家と同格の存在だった有力国人といえども、豊臣期末には毛利氏家中へ包摂され、自律性をほとんど喪失していた。有力国人は毛利氏領国の運営にほとんど関与できなかったため、不満を抱きつつ、専制化していた輝元権力に絶対服従せざるをえない状況にあった。

このようにして豊臣期末に大きく進展していた有力国人を完全に毛利氏家中に包摂しようとする動きは、関ヶ原合戦によっていったん挫折したものの、関ヶ原合戦から五年後の熊谷党誅伐事件を経て、ようやく完成へ向かったのである。

第Ⅱ部　守護権力・毛利氏・国人領主の興亡とともに変容した社会

毛利隆元筆「枇杷に鷹図」（毛利博物館所蔵）

第五章　守護・毛利氏とともに変容した宗教・文化

本章では、戦国期における安芸・備後国の宗教・文化について、寺社と大名権力・国人層と関係、大名や国人層の文化・文芸活動に注目して、近年の研究動向を中心にみていく。

第1節では、安芸一宮厳島神社を取り上げる。厳島神社については、豊富な史料を用いて従来から研究が行われていたが、近年、顕著に研究の深化がみられる。第2節では、備後一宮吉備津神社を取り上げるとともに、その他の寺社と守護・毛利氏との関係の変化をみていく。第3節では、室町あるいは戦国期の建立とされてきた建築物のうち、厳島神社五重塔と極楽寺本堂の建立時期を検討する。また、文芸のうち、能楽・連歌・絵画に注目して、毛利氏における文芸活動の意味を探る。

1　安芸一宮厳島神社

戦国前期の厳島神社

厳島（いつくしま）神社神主職は、承久の乱ののち、佐伯氏に代わって藤原親実が就任して以降、親実の子孫が相伝していったが、鎌倉期には親実ら神主が在地性を持たなかったため、惣政所（そうまんどころ）が神主の現地代官的存在として政所を統括し、有力社家が政所の運営・機能に参与するという体制がとられていた（角重　一九八〇：三二～三六）。

その後、南北朝期の神主親直（ちかなお）が在地性を強め、厳島神主家は国人領主化への道を歩き始めた（秋山　一九九六：二～四）。もっとも、社家が神主の裁決を受けるには惣政所の取次を必要とする体制は、神主の国人領主化にもかかわらず続いていた。たとえば、文明三年（一四七一）に野坂彦三郎を左舞師とするにあたり、神主の袖判奉書と施行状が同日付で発給されている（「厳島野坂文書」、「野坂文書」）。文明十一年に三宅三法師を小行事職とする旨の神主袖判奉書も文明三年の奉書と同一様式であり、施行状は現存しないが、この頃までは神主―惣政所―社家という支配構造に大きな変化がなかったことをうかがわせる。一方、永正五年七月に発給された野坂才菊を舞師とする旨の神主袖判宛行状（「野坂文書」）には、「仰せにより執達くだんのごとし」という文言がみられず、神主が特定の社家に所職を宛行う際に直接文書を発給した初見とされる（松井 二〇〇八：八八～九三）。

　このような発給文書の変化は何を示しているのだろうか。

　国人領主化し始めたとされる親直期以降、厳島神主家は大内氏との結びつきを強め、応仁・文明の乱勃発当時の神主教親期には大内氏への依存を強めていた。ところが、文明三年に起こった東軍に荷担した大内道頓の乱を契機に教親に反対する勢力が顕在化したうえ、同年、幕府は山県郡の社領を吉川氏に宛行っている。そこで、教親は一時的に子の宗親に神主の地位を譲与し、宗親は幕府との関係改善を志向した（秋山 一九九六：一〇～一六）。「宗」は幕府政所執事伊勢貞宗の偏諱という可能性もある。ところが、宗親は明応二年を最後に神主としての活動がみられなくなる。この点については実家長屋家を継承するためとされ、代わりに宗親の弟興親が神主の地位についた。「興」は大内義興の偏諱である。興親期には大内氏への依存を強めており、宗親から興親への交代が長屋家の事情によるもののみでなかった可能性を示唆している。

　そうすると、発給文書の変化も大内氏への依存強化と無関係とは考え難い。とりわけ永正五年は、興親が大内義興に従って上洛軍に従軍した年である。応仁・文明の乱およびその後の幕府・大内氏との関係をめぐって神主家内部に生じた混乱は、大内氏への依存によって沈静化していた。しかし、大内氏領国へ下向した前将軍足利義尹の上洛計画に伴い、興親自身も上洛軍への従軍を命じられることが予想され、混乱の再燃を防ぐために神主による支配の強化が必要となった。発給文書の変化にはこのような背景があったと考えられ、神主による支配強化は大内氏の意向に従うものだったようだ。

大内氏に従属していた興親が死没すると後継者争いが起こったが、大内氏の影響力強化に不満を持つ層に支持された友田興藤が後継者の地位を得た結果、厳島神主家は再三大内氏との対立関係に至った。その後、天文十年に興藤が大内氏によって討伐されると、厳島神社は大内氏の直轄的支配下に置かれることとなった。

大内氏支配下の厳島神社

大内氏は興藤討伐後、杉隆真を後継神主に据えるとともに、厳島神社の神事・祭礼を分掌する社家三方（社家・供僧・内侍）に対して毎年一定の扶助額を給与することを約束したほか、料田の寄進を行うなど、厳島神社の神事・祭礼を往古の理想的な形に近づけるための神社興隆策を実施した（松井 二〇〇八：一三四〜一三六）。もっとも、天文十年の祭礼再興下知条々（「巻子本厳島文書」）における指示先には、政所雑掌、公文雑掌などがみられ、大内義隆は政所・惣公文を中心とする旧来の体制を否定していない。一方で、義隆から新たに寄進された神事・祭礼料田の収益は棚守房顕が独占的に管掌しようとした（松井 二〇〇八：一三七）。房顕は厳島神社における最上層祭祀者集団の六家衆（祝師、検校、横竹、大行事、修理行事、小行事）に次ぐ地位である棚守職（宝蔵の管理）にすぎなかったが、天文十年二月、徳寿内侍に代わって義隆の御師となったうえ、天文二十年には義隆の偏諱によって一時的に「隆久」を称しており、房顕の権限拡大は厳島神社の直接支配下に置こうとする義隆の意思を反映したものと考えられる。

さらに房顕は大内氏から社家三方へ支給される扶助銭の差配についても管掌しようとしたとされ、政治・経済両面において社家三方の代表に類した役割を担うようになった（松井 二〇〇八：一四四〜一四五）。もっとも、神主家の居城だった桜尾城の城督となった鷲頭興盛が佐西郡支配を統括しており、また、厳島神領衆は大内氏直属被官化していったため、房顕が神主の役割を担うようになったわけではない。房顕は対大内氏の社家側窓口だったが、大内氏側の対社家窓口である弘中正長や大願寺に対する窓口杉宗長の担った役割も大きい。厳島の町については大内氏直属奉行人である黒川隆尚・小原隆名による支配が行われていた（中司 二〇一三：八〜一〇）。

房顕の役割は、天文二十年のクーデタによって陶隆房（晴賢）が厳島神社を事実上支配するようになっても変化しなかった。その背景について考察する。

黒川隆尚の被官となっていた厳島町衆児玉与三右衛門尉・豊嶋内蔵助について、隆尚の死没（天文十六年）後クーデタまでの時期に、房顕は隆房の被官同様に処遇するようにという命令を受けており（「厳島野坂文書」）、陶氏による厳島町衆の被官化が進んでいた状況を示すものと思われている。そのほかにも陶氏がクーデタ以前から厳島町衆や社家との間に私的な関係を形成していたことをうかがわせる事例が散見され、厳島に関する公的権限を有さないにもかかわらず、陶氏の厳島への影響力が強かったことを示している（中司二〇一三：一一〜一二）。そのような陶氏の影響力の基盤の一つが房顕との関係だったと考えられる。房顕の「房」は陶興房の偏諱であり、義隆の御師となる以前から興房と師檀関係（師となる僧と檀家）を結んでいた。

クーデタによって隆房（晴賢）が大内氏の中枢を掌握すると、陶氏の厳島への影響力はさらに増し、同時に、陶氏と密接な関係を持つ房顕の地位も上昇したと思われる。「房顕覚書」には晴賢との関係に関する記述は多くないが、晴賢と疎遠だったためではなく、右記のように親密だったからこそ、毛利氏支配下においてまとめられた「房顕覚書」においては親密だったことを示す記述は避けたのだろう。

毛利氏支配下の厳島神社

天文二十四年の毛利方と陶方との決戦が厳島を戦場として展開された要因は、一〇八頁で指摘したように、陶氏の経済基盤の一つだった厳島を晴賢が確保しようとしたことにある。決戦以前に毛利方は対岸の桜尾城を奪い、さらに宮尾城に兵を駐屯させたが、その際に棚守房顕をはじめとする陶氏の影響下にあった社家らがどのように対応したのかを示す史料は確認できない。毛利方に対抗できる軍事力を有さないため抵抗することなく、結局、晴賢が敗死すると、そのまま毛利氏に従ったと思われる。

言い換えると、大内（陶）支配下において厳島の有力者にのし上がった房顕を取り込むことが、毛利氏にとっても厳島支配に有効だと考えたのだろう。もっとも、これ以前の房顕と毛利氏との関係が希薄だったわけではない。房顕は天文九年に元就と師檀関係を結んだとされ、天文十一年、元就に対して毎月の御供や船管弦、大鳥居復興資金の援助を依頼している（「棚守房顕手日記」）。その背景には、出雲遠征などに伴う大内氏財政の悪化によって復興資金すべてを支出することが難しくなったことがあったとされる。そこで、新たな援助者として房顕が期待したのが尼子勢を撃退して安芸国人に対する指導的地位を高めていた元就だった（岸田二〇一一：一四七）。元就は天文十九年、厳島神社・大願寺への寄進を行ったほか、天文十六年に再建された厳島神社大鳥居は、房顕や大願寺尊海の求めに応じて元就が大内義隆へ進言した結果実現したと思われている。大内（陶）氏支配下においても、房顕と毛利氏とは親密だった（松井二〇〇七：一四一～一四二、一五一～一五二）。

さらに、毛利氏が大内氏に代わる西中国地域の支配者であることの正統性を獲得するうえでも、厳島神社を庇護することが有効だった。すなわち、第一に大内氏の厳島神社庇護政策を継続することによって正統な継承者であると示し、第二に西中国地域の多くの国人領主層が信仰する厳島神社を統合の象徴として利用し、第三に厳島神社の庇護は厳島合戦における厳島大明神の加護への謝礼であるとすることによって毛利家が神に守られていることを際立たせるためである。

ゆえに、永禄四年の大鳥居建立、元亀二年の本殿再建などによって厳島神社の荘厳さを増すことは、毛利氏の威光を示すことにもつながった。とりわけ大鳥居建立は、永禄二年に大友義鎮に対して大内家の家督継承が認められたことを反映して、大内氏の継承者という地位を脱して、新たな権威を確立しようとする一手段だった可能性がある。本殿再建についても永禄十二年一月の和智兄弟殺害事件が端緒とされてきたが、直接的には和智兄弟殺害直後期に激化していった北部九州をめぐる大友氏との戦闘における戦勝祈願が契機になっているとの指摘もあり（大知二〇一一：二二～二三）、たんに信仰心に基づく庇護策ではなく、対外的に毛利氏の威光を示そうとしたのではないか。本殿再建の遷宮式に京都から吉田兼右を招いたことも、威光を領国内のみならず領国外へも示すための手段だったと思われる。

厳島神社の神事と摂末社

毛利氏は厳島神社神事の振興も支援した。たとえば、六月十七日夜の船管弦について、大内氏支配下においては社家の私的性格の強い格式の低いものにすぎなかったが、永禄四年頃には厳島神社を代表する祭礼の一つになっていたとされる（松井二〇〇七：一四三～一五〇）。また、定期的に行われる神事ではなかった御嶋廻は、元亀三年以降、年一回四月十五日に行われるようになった（大知二〇一〇：四四～四七）。これらの神事は毛利氏が新たに寄進した土地を財源として実施されている。

なかでも前者においては厳島の町衆を棚守所へ招いて酒宴が催されており、棚守を通じて毛利氏による厳島町支配を安定化させる機能を果たしていたと考えられる。

次に、月次連歌についてみていきたい。大内氏支配下においても厳島では万句連歌などが催されていたが、毛利氏支配下においては毎月二十五日に新たに建立された天神堂で月次連歌が催されるようになった。その財源は船管弦と同じ毛利氏寄進地で賄われ、神事としての性格を持っていた。また、毛利氏の評判が瀬戸内海各地へ広がることにも寄与したとされる（松井 二〇一四：五四～六〇）。厳島は毛利氏領国における商業・流通上の拠点の一つであり、領国外を商業・流通の拠点とする者の往来も多かった。厳島で月次連歌を催すことによって、毛利氏は文化度の高さを領国外へ示そうとした。そして文化度の高さは、毛利氏領国における経済活動の活性化にも寄与したと考えられる。

右記の神事振興にはいずれも房顕が深く関与しているが、厳島神社が毛利氏支配下に置かれると同時に、神社内における房顕の優越的地位が確立されたわけではない。天正四年には、一月の大聖院における座敷争論を契機として棚守房顕・元行父子と座主や厳島役人佐武美久との対立が深まるという事態に至っている。その際、毛利輝元は元行に対して房顕に認められていた社家奉行の地位・社家段銭差配権の継承を認める書状を発している（「厳島野坂文書」）。このような輝元の処遇によって、棚守を中心とした神社経営体制が固定化していったのである（松井 二〇〇八：一四九～一五三）。

厳島神社の摂末社のうち、江戸後期頃から「兼帯七社」と認識されていた速谷神社・大頭神社・天王社（廿日市市）、大瀧神社（大竹市）（以上A）、総社・角振社（府中町、B）、官幣社（広島市安佐南区、C）について、戦国期における厳島神社との関係をみると、AとCは摂末社という関係にあったが、Bは国衙が奉斎する神社で厳島神社の支配下にはなかったとされる。また、いずれの神社も南北朝期から戦国期にかけて在庁官人田所氏が初申祭の奉幣使を務めていたが、近世初頭から中期にかけて田所氏が厳島神社の客分の神職になったことから、Bも摂末社と位置づけられるようになったとされる（瀬戸 二〇一八：一〇、一七）。

2　備後一宮吉備津神社とその他の寺社

備後一宮 吉備津神社

備後国の一宮として広く認識されていたのは吉備津神社である。弘安十年（一二八七）に一遍が参詣した「一宮」（『一遍上人年譜略』）は吉備津神社を指すと考えられる。吉備津神社の存在は久安四年（一一四八）から確認され（『祇園社記』）、当時は鳥羽院を本家とする荘園だったと思われているが（『新市町史』通史編：三七八）、御調八幡宮を「備後国一宮」と記した史料（『西大寺文書』）も存在し、吉備津神社を一宮とする認識が定着していった時期を明確にすることは難しい。一方、建久三年（一一九二）に一条能保妻（源頼朝姉妹）の遺領としてその子女へ譲られた地の中に吉備津神社が含まれている（『吾妻鏡』）。一条能保妻領となる以前には平家の所領だったと記されており、備後吉備津神社が十二世紀後半頃までに相当の社領をもつ神社となっていたことをうかがわせる。

図５－１　吉備津神社（福山市新市町宮内）（福山コンベンション協会提供）

南北朝期の貞和二年（一三四六）には、瀬戸内海の漁民が備後吉備津神社の供菜人と号して尾道浄土寺の殺生禁断海域を侵しており（『浄土寺文書』）、漁民が生業権を確保するにおいて、一宮の供御人（供菜人）になることが有効だったこと示す一例とされる（榎原 二〇〇四：九一～九二）。漁民を供御人にすることの備後吉備津神社にとってのメリットを具体的に示す史料は確認できないが、社領からの年貢収入とは別に収益源を確保することによって、財源の多角化・拡充を図ることができたと考えられる。また、備後吉備津神社の門前には、上市・中市・町下、周辺部には古市、十日市、八日市といった地名が確認され、備後吉備津神社の門前やその周辺部に市庭を核とした町場や集落が形成されていた（一七八～一八〇頁参照）。漁民は流通にも関与していたと思われ、市庭における経済活動の上でも漁民を供御人とすることにメリットがあったと考えられる。

吉備津神社と宮氏・毛利氏

備後吉備津神社に近接する柏城を本拠とした宮下野守家は宮氏一族の惣領家とされる。下野守家の盛重が南北朝期に寄進を行った中興寺（「中興寺文書」）は本来、備後吉備津神社の別当寺だったとされる。盛重の子とされる師盛も文和四年（一三五五）、中興寺領注文を作成している（「中興寺文書」）。さらに永享十二年には、下野守家の宮元盛が中興寺に対して備後吉備津神社領を寄進している。宮氏の出自については、藤原氏、源氏、吉備氏のほか、品治郡を本拠とした古代豪族（品治氏）といったさまざまな由緒が残されているが、右記史料にみられる備後吉備津神社との関係から推測すると、古代豪族品治氏が吉備津神社の社務を掌り、宮氏を称したのではなかろうか。

戦国期における備後吉備津神社の状況を詳細に示す史料は多くないが、文明三年に備前国惣社家・社僧中が社務政所へ提出した注文（「備前吉備津神社文書」）によると、備前・備中吉備津神社の社家衆らが備後吉備津神社へ参宮する際には「備後宮内大供」を宿坊としたと記されており、この時点における宿坊の存在が判明する。年欠であるが、ほぼ同時期のものと思われる（『新市町史』通史編：四八〇）「備後一宮吉備津神社社役祭礼等聞書」（「備前吉備津神社大藤内家文書」）には、「有木殿」と呼ばれる上官衆のほか、神人衆六五人、役人一五〇人、社僧六二人と記されている。また、年中の祭礼は五十数回で、十月十六日から二十日までが大神楽、式楽舞の役人は二四人、太平楽・万歳楽・納曽利といった雅楽が舞われるなど、神社組織は大きく、祭礼も盛んな様子がみられる。惣諸役人頭は「ほうり」とされる。このうち、「有木殿」について、明応五年、宮政盛が有木民部丞に対して有木藤左衛門尉盛安跡を給恩として安堵し、神役・諸公事を沙汰するように命じている（「吉備津神社尾多賀家文書」）。また、明応八年には、中興寺に対する政盛安堵状も確認される（「中戸家文書」）。したがって、この時点においても、宮下野守家が備後吉備津神社を差配していたと考えられる。

その後、政盛は永正八年、宮民部丞忠宗の知行をその子小次郎に安堵して、神役・諸公事の沙汰を命じ（「吉備津神社尾多賀家文書」)、永正十四年には中興寺に対して制札を発給している(「中興寺文書」)。また、政盛の子と思われる新五郎親忠も永正九年に中興寺に対して制札を発給しているほか、永正八年の継承に関して、許可を京都から得てその判物を有木小次郎に送った旨を伝えている(「吉備津神社尾多賀家文書」)。

天文十年の宮下野守家の滅亡は、備後吉備津神社にどのような影響を及ぼしたのだろうか。惣国検地後の備後吉備津神社領(備後一宮領)は、年中御祭方一〇〇石、供僧社官勘允二〇〇石の計三〇〇石に加え、造営料として五六石余となっている。この石高は近隣の天王社六石を遙かに上回っているほか、かつて一宮と記されたこともあった御調八幡宮の二三四石余もかなり上回っており、宮下野守家滅亡を要因として社領を大きく削減されたとは考え難い。備後吉備津神社の地域社会に占める影響力を考慮すると、大内氏・毛利氏といった広域支配権力にとって、備後吉備津神社をある程度庇護することが地域支配安定化に寄与すると判断したことをうかがわせる。

また、惣国検地後の給人・給地一覧である「八箇国御時代分限帳」(山口県文書館「毛利家文庫」)には「備後一ノ宮大工」として四名、「備後一ノ宮鍛冶」として二名の給分が記されている。厳島神社の場合、大工や鍛冶は大願寺の統率下にあったため、分限帳に記されていない。したがって、遅くとも豊臣期中期頃には、備後吉備津神社専属の大工・鍛冶は毛利氏から給分を認められた直属的職人になっていたと考えられる。その結果、備後吉備津神社の造営・修築体制は安定化した。毛利氏は一宮を庇護することによって、地域社会における毛利氏の威光を高めようとしたのではないか。

図5-2　浄土寺(尾道市東久保町)(尾道観光協会提供)

その他の寺社と守護、毛利氏

文明十七年、尾道浄土寺は寺領櫃田村(三次市)の百姓に対して、将軍足利義尚から所務を浄土寺へ直接納めるようにという御教書およびそれに基づく守護山名政豊の命令を伝えたところ、各百姓が承諾したとして、今後、毛利氏やその他の国衆ら武家の代官職を認めないように命じ、各百姓も連署して浄土寺への直納を誓約している(「浄土寺文書」)。寺社領における権益拡張を図る国人領主層に対して、幕府や守護は寺社の権益保護者という役割を担っていた。

ところが、文明十六年に備後国守護山名政豊が、右記の櫃田村とともに公文職等の段銭以下の臨時課役を免除し、使者入部を停止していた上山村・草村について、永正九年には山内豊通(のちの直通)が浄土寺へ寄進している(「浄土寺文書」)。これらの村は浄土寺から地理的に離れており、浄土寺が権益を確保するためには、軍事力を背景に権益を獲得していた有力な国人と妥協せざるをえなかった状況を物語る。将軍や守護の権威に頼るのみでは解決につながらなかったのである。

国人領主期には権益をめぐって寺社と競合関係になることもあった毛利氏も、戦国大名化すると、広域的な地域の支配者として、在地への影響力を保つ寺社を保護して支配の安定化を図る必要が生じてくる。たとえば、廿日市の洞雲寺(どううんじ)は厳島神主家・大内氏から諸役免除を獲得していたが、元亀二年、元就・輝元は連署で「代々の証文」の通りに諸役を免除するとしている(「洞雲寺文書」)。もっとも、戦国大名毛利氏は「国」(広域的な地域)の支配者としての正当性を確立するために、「国家安全」の祈禱を行う寺社に対して一定の保護を与えたのであり、その意味では有力寺社といえども毛利氏の「国家」に包摂されたといえる(秋山 一九九八:二四九〜二五四)。

また、検地の実施によって、寺社領は削減されていった。惣国検地実施後の天正十九年、御調八幡宮領のうち修理免四四石余が収公(しゅうこう)(没収)される(「御調八幡宮文書」)など、武家給人と同様に、寺社領についても検出分は収公することを基本としたと思われる。さらに、兼重蔵田(かねしげくらた)検地においては武家給人領の検出分は収公しないことを基本としたが、寺社領については検出(けんしゅつ)分を収公されたと思われる。慶長五年五月、隆景遺領に関して「三原新寄進領」は没収するとされている(「辛未紀行所収文書」)。実際に、慶長五年四月、輝元は楽音寺(がくおんじ)(三原市)に対して寺領一〇〇石余を先例の通り寄進するとしたが、五月には定書(さだめがき)を発して、楽音寺に「護国利民」のために謹行するよう言い渡し、「諍論(じょうろん)」を企てた僧は改易するといった罰則を設けたほか、紫衣(しえ)や修理・人足などに関する細則を定めて、その規定を守るよう厳命している(「楽音寺文書」)。このように、豊臣期末においては寺社の自律性を制限して、国家（毛利氏領国）の一機関に位置づけようとしていたといえよう。

3　安芸・備後における建築物・文芸

厳島神社・極楽寺の戦国期建築物

戦国期の文化財のうち、近年の研究により明らかにされた点についてみていきたい。

厳島神社五重塔について、江戸期には、応永十四年（一四〇七）の創建、天文二年の九輪再興と認識されていた（『芸藩通志』）。このうち、九輪は露盤下覆鋳鉄板の南面に「天文二巳癸季三月十七日上野前司藤原興藤　前掃部頭藤原広就　大願寺道本」という銘があり、天文二年（一五三三）再興と断定できる。一方、五重塔自体の再建については近年の研究でも、天文初年説（A）と十五世紀前期説（B）とに分かれている。

まずA説では、五重塔初重（一階部分）の柱銘に記された寄進者から、五重塔自体の再建も藤原神主家支配期末の天文元～二年頃とする。かつて初重須弥壇に安置されていた釈迦三尊像（現在は大願寺所蔵）も同時期の制作と推定している（本多 二〇〇一b：六三～六五）。

他方でB説では、外壁小壁の「永正五年三月五日」と記された墨書銘、木鼻や海老虹梁・蓑束の形状、木鼻・海老虹梁の風食の程度から、応永十四年を含む十五世紀前期に建立されたとする。また、初重は柱を含めて軸部にほとんど後補材がないことから、天文二年前後に相輪と屋根が修復されるとともに、堂内の彩色を行い、釈迦三尊像を施入したと推定している（山口 二〇〇九：五八～六七）。B説ではA説との矛盾点も合理的に説明されており、厳島神社五重塔は十五世紀前期の建立と考えてよかろう。

廿日市市の極楽寺本堂については、改修工事に先立ち二〇〇一～〇二年に調査が実施され、現在の本堂の建立時期は享保四年（一七一九）であるが、前身建物の部材の一部を再利用して建築されたとの推定が示された（廿日市市建造物調査団 二〇〇二：一四）。一方で、前身建物は毛利元就によって永禄五年に再興されたとする従来説については否定的な見解が提示された。従来説の根拠とされてきた棟札写の形式に疑わしい点があること、「極楽寺本堂建立」と記した毛利秀元書状写が慶長三〜五年のものと考えられること、宍戸元次寄進の本堂露盤銘に「慶長四年」とあることが理由とされる（廿日市市建造物調査団 二〇〇二：一〜三）。とりわけ、秀元書状写については秀元処遇問題の展開や関ヶ原合戦を考慮すると、慶長四年のものであるとみられる。したがって、江戸期再興以前の本堂は慶長四年に建立されたと思われる。

以上の事例から、建築物の建立年代に関する記録類の記述には誤りが少なくないことが判明した。正確な年代を定めるためには建築史の視点からの分析が重要であることを指摘しておきたい。

次に能楽について、厳島神社を中心にみていきたい。

厳島神社と能楽

毛利氏支配下以前の厳島における能楽の実態を具体的に物語る史料は確認されていないが、棚守房顕に宛てた書状（「厳島野坂文書」）から、山陽道を往来する芸能者が厳島神社へ立ち寄って芸を奉納したことがうかがえる。毛利氏支配下になると、永禄十一年二月に観世大夫が厳島において能を奉納しているが、観世大夫はその前後の永禄十年十二月から十一年七月まで安芸国に滞在していた。吉田を訪れ輝元と対面した後、城下において能興行を催しており、観世大夫が対尼子氏戦勝の祝賀の一環として招かれたことをうかがわせる。天正十四年には宝生大夫重勝が吉田を訪れ、城下での能興行は実現しなかったが、厳島における法楽能が行われた（樹下 二〇一四：八七〜九七）。このように、毛利氏は上層武士階級の文化的素養の一つとされた能楽の興行を、上方役者を招いて催すことによって、文化面においても他の広域地域権力にひけをとらないことを示そうとした。

一方で、右記のような上方の能役者だけでなく、安芸国に在住する能役者もいた。永禄十一年の観世大夫の法楽能に参加した寅菊大夫は毛利家のお抱え役者だったとされる。そのほか、永禄四年に元就・隆元が小早川隆景の居城高山を訪問した際に能を披露した「厳島大夫」や佐東祇園社における神事能を勤めた「筆大夫」は厳島に活動の拠点、あるいは居住していたと考えられている。さらに、吉田宮崎八幡宮における放生会法楽能の際、能装束の借用を房顕へ依頼している（樹下 二〇一四：九五〜九六、九八〜一〇一）。これらの事例から、厳島の町は領国内と領国外を結ぶ拠点として栄えていたゆえに能役者の常駐を可能にしたと考えられ、領国内に専業の能役者が存在することは、毛利氏文化の高さを示すことにつながったと思われる。

毛利氏をめぐる文芸

厳島において月次連歌が催されていたことは一五四頁でみたが、毛利氏をはじめとする国人も連歌を嗜んでいた。たとえば、毛利氏においては正月十一日に連歌会が催されていたほか、元就・隆元の高山城訪問時や永禄五年の福屋隆兼討伐からの帰還祝勝時にも連歌会が催されている（『毛利家文書』）。また、連歌師宗碩は永正十三年に九州へ下向する途中、備後国鞆において連歌興行を行ったのち、野間氏や阿曽沼氏に招かれて連歌会を開いている（「月村抜句」）。

連歌を嗜む者は和歌や『源氏物語』を学ぶ必要があった。このため、毛利氏家中においても『源氏物語』は学ばなければならない古典の一つとされ、天正四年に吉田を訪れた九条稙通が清神社（安芸高田市）において『源氏物語』の講釈を行い、多くの人が集まったという。『源氏物語』については、諸本の校合を行ったうえで諸注集成を作成した毛利氏家臣大庭宗分（賢兼）が吉川広家に『源氏物語』を教授したとされ、大内文化の毛利氏への継承過程を示す事例といえよう（西本 二〇〇七：九八～一一五）。

とはいえ、戦国期の毛利氏領国における文芸の隆盛には限界があった。天文十五年に毛利家の家督を隆元へ譲った元就は「今は本当に和歌も連歌も必要ない世の中である」と記しており（『毛利家文書』）、永禄十年に元就に招かれた医師曲直瀬道三が元就らに宛てた意見書にも、連歌や舞について、武略の作戦・政治の休息時に行うのは構わないが、諸将の武芸と心得るのはよくないとされている（『毛利家文書』）。後者は諸将に蔓延していた驕奢を戒めるための元就の諮問に対する道三の意見であり、元就の考えに沿ったものだったと考えられる。このような元就の考えは彼の死没後においても一定の影響力を持ったと思われ、その結果、文芸への過度の傾斜は抑えられた。

絵画については、毛利隆元筆と伝わる「枇杷に鷹図」（第Ⅱ部中扉図版）や「白鷺図」の画風には雪舟画に学んだ跡がうかがえ、毛利氏と雪舟派との関係を推測させる事例とされるが（山本英男 一九九七：二〇二）、毛利輝元が雲谷等顔によって雪舟派の再興を図ったのは文禄二年だったことからも、戦国期毛利氏にとっては大内文化の復興の優先度が高いとはいえなかったことを物語る。

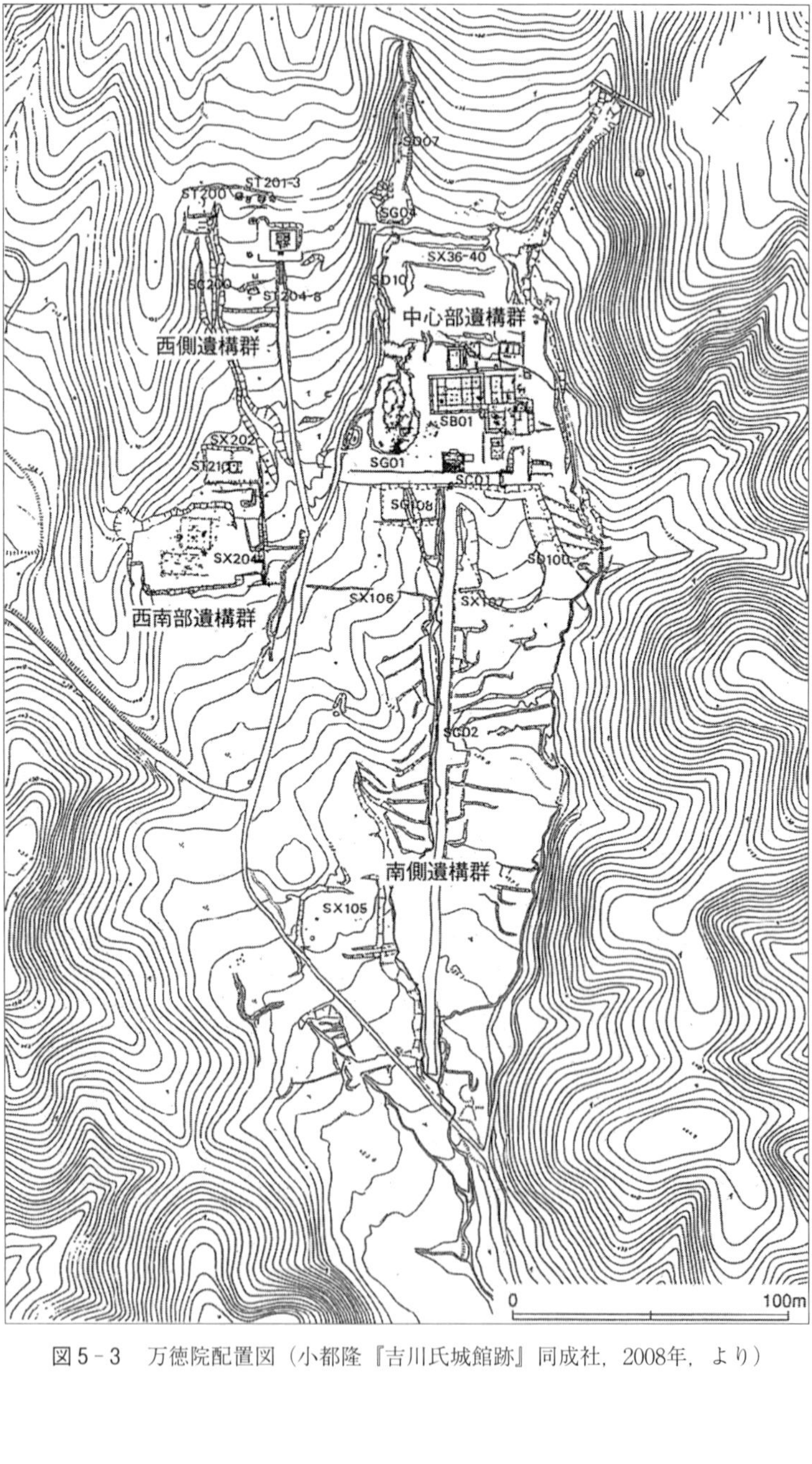

図５－３　万徳院配置図（小都隆『吉川氏城館跡』同成社，2008年，より）

以上、宗教・文芸ともに武家との関係を中心にみてきたが、特定の宗派にとらわれない寺院も建立された。たとえば、吉川元長が天正三年に自らの別邸として建立した万徳院（北広島町）が挙げられる。元長は戦争の続く日々の中で疑心暗鬼に苛まれる自分自身を大勢の神仏の加護によって救うために諸宗兼学の寺としたのであり（木村 二〇一八：一六～一七）、宗教との関係において、信仰心よりも実利を優先する姿勢がうかがえる。このような傾向は毛利氏の宗教政策に通底しており、厳島神社のような利用価値の高い寺社は保護され、利用価値の乏しい寺社は寺社領没収の対象となっていった。

❖　❖　❖

発掘調査から明らかになった万徳院の構造については、西側区域、西南部区域、南側区域には元長墓所やその他の墓所、塔頭寺院があったとされ、元長死没後の広家による改修時に主に整備されたと思われている（図5－3）。中心部区域には、石垣下から石段を上がり表門を通って境内に入ると、正面に本堂、西側に池庭、東側に庫裏、本堂の北側に霊屋、その東側に風呂屋があった。表門の東に通用門があり、通用門と庫裏の間には随行家臣の番所も建設された。なお、広家による改修時に霊屋の新築と庫裏の増築が行われたとされる（木村 二〇一八：一七～二三）。建築物の様式は京都禅宗寺院を直接的あるいは間接的に取り入れたと指摘されており（三浦 一九九五：四八～五八）、武家社会の伝統的な宗教意識に則っているようにもみえる。しかし、元長は心の中では禅宗の本尊である釈迦如来に加え、真言宗の本尊大日如来、浄土教諸宗の本尊阿弥陀如来の三仏を崇敬しているが、その他の神仏の加護も求めて万徳院を建立したとしている（木村 二〇一八：一六～一七）。

つまり元長は、伝統的な宗教意識から脱して宗教的価値観を相対化する＝中世的価値観を超克しようとしていたと思われる。それは元長の個人的な認識ではなく、毛利氏一族に共通した認識だったかもしれない。

第六章　複層的な地域経済と人々の暮らし

本章では、安芸・備後国における流通（とりわけ流通の拠点としての港）・交通、経済活動の主たる担い手である町人（商人・職人）、経済活動における交換媒体としての銭貨、領民の多数を占める農民層の生活の場である村落などを取り上げる。

第1節では、大名・国人層の流通支配（とりわけ関所の設置）や陰陽交通路について解明するとともに、流通の拠点として栄えた尾道・鞆（とも）など港湾都市の変遷をみていく。第2節では、町人の活動の場である町のうち、第1節で取り上げなかった厳島・吉備津神社門前町・廿日市を取り上げる。第3節では、大名権力の貨幣政策をみるほか、商人・農民以外のさまざまな民の実像に迫る。第4節では、戦国期における村落の変容、なかでも検地についてみていく。

1　東西・南北流通経済とともに栄えた安芸・備後

守護・毛利氏・国人層の流通支配

まず、山名氏守護期の流通支配について備後国を中心にみていきたい。『兵庫北関入船納帳（ひょうごきたせきいりふねのうちょう）』には備後国内の船籍地として、田島（たしま）・鞆・藁江（わらえ）（福山市）・尾道・三庄（みつのしょう）（尾道市）・三原（三原市）が記されている。これらの港のうち、尾道には「住吉（すみよし）丸」という備後国料船（こくりょうせん）、藁江にも国料船がみられる。藁江の船には「山名殿国料」と記されたものもあり、山名氏は領国内の生産物を直属船によって畿内方面へ輸送していたと考えられる。港を直轄支配していたとは考えられないが、戦国初期には海裏（うつと）庄（世羅町）・石成（いわなり）庄下村・神（か）

村庄（福山市）といった政治・経済・交通上の要衝に位置する守護領を引き続き掌握しており、これらの荘園と右記の物資積出港とを結ぶ交通路を重視していた状況がうかがえる（岸田 二〇〇一：五〇～五二）。

もっとも、文安四年（一四四七）、山名氏は免除を求めていた住吉丸の兵庫における関役について、興福寺造営のためとして支払いに応じており（以後は免除するという条件付き）（「建内記」）、荘園領主層の権益をすべて否定しようとしていたわけではない。また、山名氏は政豊まで安芸国守護職も保持していたが、安芸国の港における直属船の活動は確認できず、守護山名氏による安芸国の流通への影響力は大きくなかったと考えられる。

その後、天文二十一年に陶晴賢が厳島における能島村上氏による唐船駄別役銭徴収を禁止したことが知られる（「大願寺文書」）。一方で、陶氏は駄別役銭を免除された京や堺の商人に対して礼銭を要求しており、事実上の陶晴賢政権期には安芸国における流通支配を強化しようとしていた。

一方、大内氏従属下の毛利氏の流通支配について、(1)領内往来の商人から馬に積んだ荷に課す通行税を徴収、(2)天文十二年に伴（広島市安佐南区）に新たな関所を設置して厳島へ参詣する人から役銭を徴収、といった事例が確認され、関所における課税による財政収入増を目論んでいた。しかし、(1)については家中の井上氏も独自の徴収を行っており、領内の流通支配権が当主権力に一元化されていたわけではなかった。また、(2)について、同様の関所が石道（広島市佐伯区）などにも設置されたことに不満を持った厳島神社が大内氏に愁訴した結果、関所は停止された（秋山 一九九八：一九二）。つまり、大内氏支配下における流通支配の統括権は大内氏が握っており、国人領主層による支配権は限定的だったといえよう。

毛利氏支配下においては、(1)「八箇国御時代分限帳」に記載されている市目代（市において事務を管掌する代官）が、主要幹線機能の整備という交通政策上の目的を持っていたこと、(2)市には宿駅機能があり、市を経由地とした伝馬制という公用輸送手段が整備されていたこと、(3)伝馬のほか、飛脚や送りの機能は、毛利氏が町村から徴発した人夫によって担われていたこと、(4)渡賃を公定するなど渡船を掌握しようとしていたことが知られる（岸田 二〇〇一：五五～五八）。しかし、右記のような流通統制策は主として毛利家直轄領において確認され、有力な国人領内における流通への関与は困難だったと考えられる。

一方で、天正十四年の豊臣秀吉下向時の国人領における立関停止は一時的な措置と思われるが、天正末年になると、平賀氏領内の田万里市（たまり）（竹原市）の送り機能を毛利氏が掌握している状況がうかがえる（『平賀家文書』）。毛利氏が領国内の流通機能を統一的に掌握した段階に達していたとまではいえないが、天正末年頃には有力な国人領への介入も可能になっていた。さらに、文禄五年、領国内のすべての浦浜に地銭を賦課する、必要に応じて船を徴発するといった内容の定書を発布している（『萩藩閥閲録』）。この定書には、浦浜や船の悉皆調査を行うことも記されており、少なくとも海運については、大名権力の統一的支配下に置かれたといえよう。

山陽と山陰を結ぶ交通路

安芸・備後国における交通体系のうち、陸上交通路としては古代以来の山陽道が注目されてきた。県外であるが、山陽道と同様に山陰道も注目されてきたが、山陽と山陰を結ぶ交通路についてはほとんど注目されてこなかった。しかし、江戸期には石見国津和野藩における参勤交代路が津和野と廿日市を結ぶ津和野街道だったことが示すように、中世においても山陰地域西部と畿内を結ぶ交通路として、中国山地を越えて山陽側に出て山陽道あるいは瀬戸内海を経由して畿内に至るというルートが存在していた。

そこで、まず石見国西部と安芸国西部とを結ぶ戦国期の交通路についてみていきたい。軍勢移動や使者往来から判明する交通路として、益田・津和野から石見国吉賀（よしか）地域（島根県吉賀町）・周防国山代（やましろ）地域（山口県岩国市北部）を経て、安芸国山里（やまざと）地域（廿日市佐伯）から廿日市に至るルートを挙げることができる。永禄二年八月、神領衆だった糸賀（いとが）平左衛門尉が石見在陣衆への使者として派遣されている（『萩藩閥閲録』）。糸賀氏は武士階級でありながら、石見国との流通・経済活動に関わっていたため、現地に精通していることを見込まれて派遣されたと思われるが、この折にも右記のルートが利用されたと考えられる。右記ルートは軍事行動時に利用されただけではなかった。日常的な飛脚の往来が確認されるほか、益田氏や三隅氏は廿日市の町とのつながりを持っており、廿日市の町は石見の領主層にとって山陽・瀬戸内海方面との交通・通信の中継点として重要な地だった（秋山 一九九七：二一〜八）。

山陽と山陰を結ぶ交通路としては、備後国北部から出雲国西部あるいは石見国東部へ至るルートも存在する。来（き）

島三日市（島根県飯南町）など陰陽街道の要衝地に拠点を持つ森氏は、国人佐波氏の被官でありながら、商業・金融・交通・運輸業にも携わる土豪的商人だった。そのような機能を果たしていた森氏に対して、毛利氏は出雲遠征時に「宿」（宿所かつ兵粮補給・輸送基地）の整備を命じており、毛利氏が備後国北部から出雲国西部あるいは石見国東部へ至るルートも重要視していたことを示す（岸田 二〇〇一：一一〇～一一七）。もっとも、豊臣期になっても森氏と佐波氏との主従関係は維持されており、大名権力による重要な交通路の一元的管理は実現していなかった。

港湾都市尾道と守護権力

尾道は平安末期以降、大田庄の年貢を積み出す港として繁栄した。十三世紀後半になると、海運業や金融業によって富を蓄えた住人らの寄付行為によって、浄土寺や西国寺といった寺院において諸伽藍の修造・再建が進められており、尾道の町人の経済力の高さを物語る。また、港湾都市尾道は堂崎・土堂・御所崎という三つの自立的な集落の複合体で、十五世紀半ばには堂崎に七組、土堂に十三組、御所崎に十五組の船主・船頭が存在し、対外交流・交易の要港としても機能していた（市村 二〇一一：一七三～一七九）。

応仁度の遣明船には尾道の住吉丸も参加し、但馬・備中・備後・美作の赤銅が尾道において積み込まれている。他の物資の積み込みの大半が兵庫で行われていることから類推すると、尾道に赤銅を取り扱う特権商人がおり、赤銅を尾道に集積するルートが形成されていたと考えられている。また、尾道の特権商人は遣明船のような公貿易だけでなく、南九州の商人らを介した私貿易でも赤銅を外交に売り捌いていた可能性が指摘されている。さらに、明応度の遣明船の帰路において積荷が尾道において差し押さえられた事件（「黒岡帯刀氏旧蔵文書」）を通じて、琉球などからの輸入品の集散地として尾道は機能していたと思われている（松井 二〇〇五：一〇二～一〇五）。

港湾都市尾道を構成する三つの集落のうち、堂崎には守護山名氏の目代（あるいは尾道奉行）が居住して、守護請により収納した年貢の積み出しを担ったほか、国料船の運航にも携わっていたと考えられ、政治色の強い集落だった。一方、土堂・御所崎は商業的海運の中心地だったが、文安三年（一四四六）になると、国料船の船主と思われる五郎左衛門（居所は堂崎）が目代とされており、堂崎も含む港湾都市尾道において守護権力の影響力が低下して町人による自治に近づいていた状況がうかがえる（市村 二〇一一：一八四～一八六）。

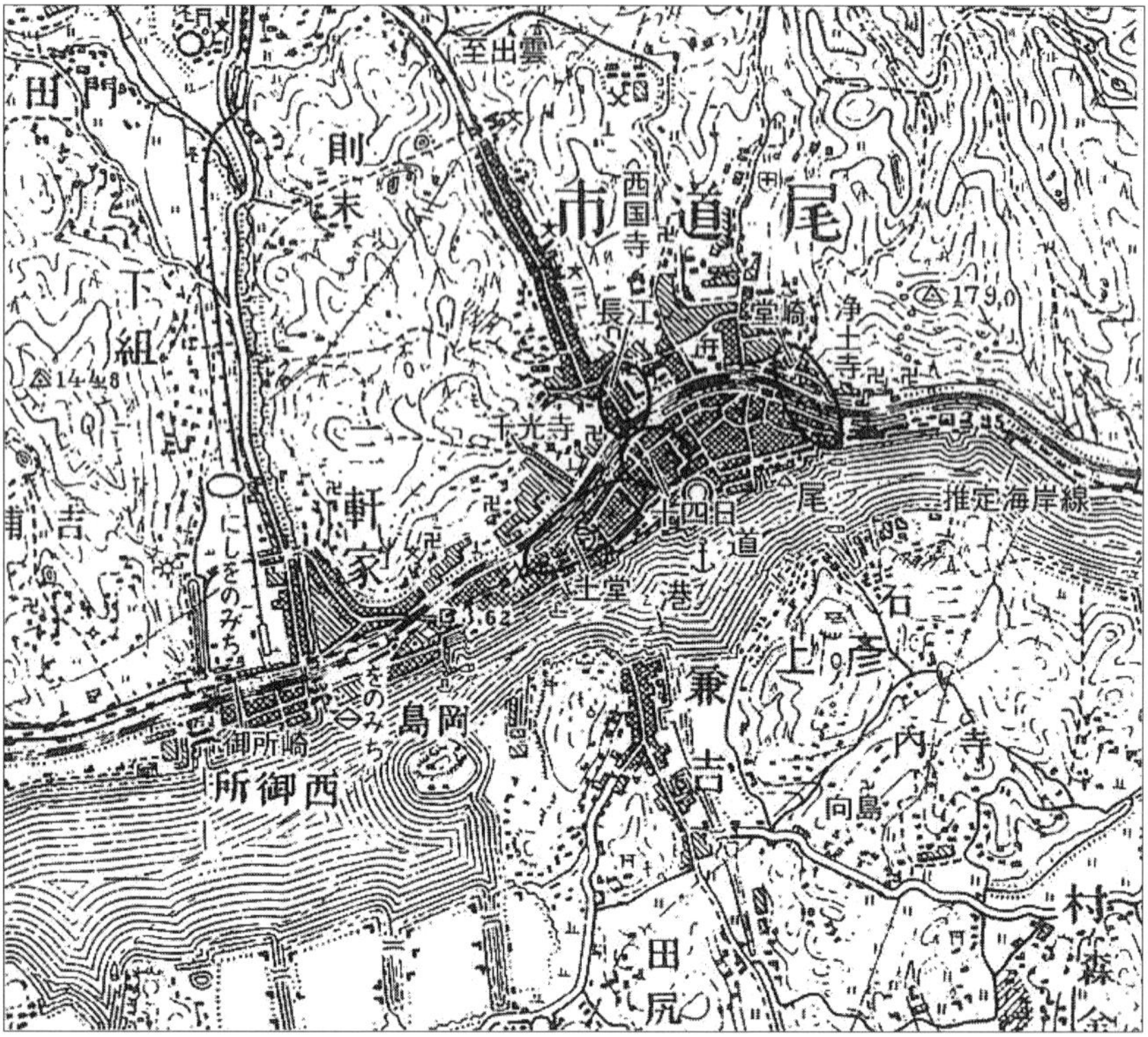

図6－1　尾道町地図（歴史学研究会編『シリーズ港町の世界史２　港町のトポグラフィ』青木書店，2006年，より）

戦国後期の尾道

ところが、大永六年には、尾道の町に隣接する木梨庄を本拠とする領主木梨陸恒・高恒（たかつね）が、同じく尾道の町に隣接する高洲庄を本拠とする領主高須中務大夫（元胤（もとたね））に対して、尾道・三原間の屋敷を引き渡すことを約している（『萩藩閥閲録』）。木梨氏や高須氏といった尾道の町周辺の領主層が町への進出を図っていたことをうかがわせるものであるが、毛利氏が備後国を制圧した後においても、木梨氏は尾道の町に対する強い影響力を有していた（松井 一九九七：七二〜七五）。

そのことを示すのが浄土寺梵鐘（ぼんしょう）鋳造事件である。この事件は、尾道浄土寺の梵鐘を鋳造するにあたり、浄土寺長老が尾道町内の鋳物師（いもじ）に鋳造させようとしたのに対して、木梨元恒が上原元将と連携して、宇津戸（世羅町）の鋳物師丹下氏を推して、尾道鋳物師による鋳造に強く反対したものである。丹下氏は守護山名氏から備後国の「惣大工職」に任じられ（「木下文郎氏所蔵文書」）、その後、上原氏によって「鋳師大工職」を安堵されていた（「真継文書」）。毛利氏も永禄四年に惣大工職を安堵しており（「木下文郎氏所蔵文書」）、この事件にあたって小早川隆景とともに調停を試みたものの、強制措置には踏み切れず、結局、尾道鋳物師による鋳造は実現しなかった。浄土寺の依頼によって廿日市鋳物師が鋳造した梵鐘を吊ることさえ、木梨氏らの抵抗によって実現しなかった。

そのほか、木梨氏は尾道の町衆渋谷与右衛門尉を町から追放しようとしていたことが知られる（「渋谷文書（渋谷辰男氏所蔵）」）。渋谷与右衛門尉と毛利氏との関係は遅くとも天正十年五月以前に遡り、毛利氏の御用商人的な存在で、毛利氏のために兵糧米・武器その他の物資の調達・輸送にもあたっていた（松井 一九九七：八七〜九九。及川 一九九六：一六〇〜一六七）。毛利氏は渋谷氏のような町衆との個別関係を通じて港湾都市尾道を掌握しようとしていたが、本質的には同格の存在だった木梨氏の抵抗によって、その掌握は容易に進まなかったのである。

文禄四年十一月の泉屋・笠岡屋への代官職の預け置き（「小川又三郎氏旧蔵文書」）によって、ようやく毛利氏は港湾都市尾道の直轄化を成し遂げた。もっとも、同時期に直轄化された港湾都市鞆の代官職が給人三上元安に預け置かれたことと比較すると、町衆による自治を重視した人選のようにもみえる。

「八箇国御時代分限帳」には、毛利氏から給分を支給された町衆として、泉屋・笠岡屋のほか、室屋・大から屋・甲山屋らが確認される。また、三名の尾道町肝煎が存在している。三名は久保町・十四日町・土堂町という尾道町中心部（中世前中期の土堂に該当する地域と思われる）の三つの町ごとに置かれた町の運営実務（屋敷銭の徴収など）を担う町役人層と思われ、その給分は泉屋・笠岡屋といった豪商層に比べると少ないが、屋号を持つ室屋・大から屋・甲山屋と同程度で、尾道町以外の公領の肝煎をかなり上回っている。一方で、泉屋と笠岡屋とを比較すると、毛利氏と密接な関係にあった泉屋が笠岡屋の二倍に近い給分を賜っている（松井 一九九七：八四〜八六）。

したがって、港湾都市尾道の町運営は町衆による自治を基本としていたものの、毛利氏は豪商の一方や町役人層の厚遇を通じて、町支配に影響力を行使し、最終的に豪商二家を公領代官に任命することによって、間接支配体制を構築したといえよう。

海賊と港

十五世紀半ば頃には、尾道のほか、鞆・田島（福山市）、院(因)島（尾道市）にも遣明船への転用可能な大型船が存在しており、備後国の港は東アジア地域における流通交易上の拠点としての機能も有していた。東アジア地域との交易は莫大な利益を生み出す。そのため、遣明船は厳重な警護を必要とした。永享六年（一四三四）一月、遣明船帰途における警護について、「四国海賊」と「備後海賊」に小豆島周辺へ赴くようにという命令が幕府から細川持之と山名時熙へ伝えられている（『満済准后日記』）。時熙は備後国守護であり、備後国海賊がある程度守護の統制下にあったことを示している。

これに先立つ正長元年（一四二八）、時熙は村上備中入道（吉資）に対して備後国多嶋(田島)地頭職を宛行っている（「因島村上文書」）。したがって、右記の「備後海賊」は因島村上氏を中心とする海賊衆を指すと考えられる。因島村上氏は同様に「村上」を称する能島・来島村上氏らと同族意識を持ち、瀬戸内海の島嶼部や沿岸部に拠点を置き、瀬戸内海における警護、水先案内を務め、警護料を徴収していたことで知られる。また、戦国大名の合戦に際して水軍として参戦したほか、平時には商業活動にも従事していた（山内 一九九七：一八〜二三）。

村上吉資は文安六年（一四四九）、因島中之庄村の領主として確認され、文明十五年（一四八三）には吉資の子吉充が私領に加えて「札浦」を、子と考えられる亀若に譲っている（「因島村上文書」）。その際、「御屋形様」への奉公を指示しており、この時点では守護山内氏の麾下にあったが、「札浦」という通行料を徴収する港を支配しており、海の領主といえる存在だった。戦国初期までは周防国遠崎・大畠（山口県柳井市）も拠点として、周防灘や伊予灘を中心とした海域も活動領域としていた（山内 二〇一六：一〇五〜一〇六）。

文明十三年の段階で因島村上氏が支配していた「札浦」を確定することは難しいが、天文十三年七月三日付で大内義隆が亀若の子と思われる新蔵人（尚吉）に対して発した、鞆浦において十八貫を与える旨の下文写（「因島村上文書」）が注目される。しかし、この時期の鞆においては、隣接する山田郷（福山市）を本拠とする領主渡辺氏が活動しており、義隆下文写は偽文書とみられる。もっとも、元亀三年には「鞆津主」として村上道祖丸の存在が確認される（「兼右卿記」）。道祖丸の父は右記の新蔵人の子村上亮康。亮康は永禄十一年のものと考えられる六月十三日付乃美宗勝書状では「鞆左太」と記されており（「乃美文書」）、これ以前に鞆を拠点としている。したがって右記の下文は、鞆における因島村上氏の権益獲得を正当化するために作成された可能性を指摘できる。

いずれにせよ、因島村上氏は守護山名氏、大内氏、毛利氏への軍事協力を通じて、本拠因島に加えて、田島・鞆といった備後国における主要な港の権益を獲得していった。そのほか、天文二十三年に隆景らとともに宇賀嶋を攻略したのち、その恩賞として村上又三郎（亮康の兄吉充）が向島（尾道市）を与えられている（「因島村上文書」）。向島とともに因島村上氏の支配下に置かれたと考えられる宇賀嶋は、大内氏（陶氏）に協力してきた宇賀嶋水軍の拠点だった（山内 二〇一一：一〇〇～一〇七）。

図6－2　鞆の浦（福山市鞆町鞆）（筆者撮影）

鞆の直轄化

因島村上氏は戦国大名毛利氏の麾下で、備後国内の瀬戸内海水運における中心的な地位を得ていた。ところが、惣国検地後、惣領家（吉充が継承）が因島や鷺（佐木）島（三原市）の給地を安堵されたのに対して、亮康は長門国大津郡へ給地替えされた。鞆には代官として三上元安が置かれ（「三上家文書」）、毛利氏の直轄都市となった。

戦国期の海賊衆は戦国大名に従属する存在ではなく、合戦ごとの契約によって参戦する傭兵的水軍にすぎなかった。その中では、因島村上氏は相対的に毛利氏への従属度が高かったため、本拠を安堵されたと考えられる。一方、亮康は天正十三年の小早川氏正月儀礼の座配にみられ（「鞆殿」）、隆景に近い存在だった。天正十五年の北部九州への入部によって、隆景の毛利氏領国運営への関与は低下していった。逆に、隆景ら御四人によって規制されていた輝元は自らへの権限の一元化、専制性の強化を図っていく。輝元専制体制の確立のためには財政基盤の強化が必要であり、鞆のような流通交易上の拠点都市の直轄化によって財政基盤を強化しようとしたのである。

同時期に直轄化された港湾都市尾道において町衆が公領代官とされたことと比較すると、鞆における町衆の相対的未発達が想定される。もっとも、永享十一年（一四三九）から嘉吉四年（一四四四）の間の大田庄の年貢輸送に携わった船（船籍地は尾道土堂）の中に、「ともの太郎衛門」「ともの太郎次郎」「ともの太郎三郎」が確認され、彼らの本来の本拠は鞆浦だったと思われる。また、大永六年時点で「鞆屋」を称する町人の屋敷が尾道周辺にある（『萩藩閥閲録』）。「八箇国御時代分限帳」においても三谷郡で八石余の給分を与えられた鞆町人河井（かわい）宮松の存在が確認される。河井家については、対織田戦争期に船留めが実施された際、伊予方面へ向った「河井源左衛門尉船」を鞆・塩飽（しわく）から東へ行かせないようにという指令が発せられており（『萩藩閥閲録』）、船を保有して上方との交易も行う商人だった。

慶長四年、輝元は三原衆（隆景遺臣）に命じて鞆番所の普請を行っている（「三上家文書」）。その際、代官三上元安に対して、「町中」へその時々の用事を申し付ける旨を伝えており、町人のコミュニティも形成されていた。しかし、尾道のように広範な町の自治を行ってきた形跡はなく、特定の町人を代官にした場合、町の統治が不安定化する恐れがあった。また、「鞆番所」という事実上の支城の構築は鞆の軍事的重要性を示しており、鞆においては武家給人を代官とする必要があったと思われる。

2　安芸・備後一宮門前町などで暮らした人々の生活

守護・毛利氏の商業統制

守護山名氏の場合、銅山経営者だったと思われる備後国沼隈郡新庄（しんじょう）（福山市）の長者実秀ときわめて親密な関係にあったことが確認され、実秀のような特権商人の掌握を通じて、商業統制を進めようとしていたと考えられる（岸田 二〇〇一：四九〜五二）。しかし、安芸・備後国が山名氏領国の周縁部にあったことも影響したのか、特定の町に山名氏の代官を常駐させて支配するという政策はみられなかった。

国人領主期の毛利氏の経済政策について、永正十年、坂郷（安芸高田市）の市場（上小路・下小路）において「市口」と呼ばれる税を徴収している（「井上文書」）。もっとも、毛利氏によるこれらの市場支配が、守護権力と同一の次元で対立・競合していたとは考えられず、国人領主による支配は守護権力による支配の内部に包摂されるものと評価されている（秋山 一九九八：一九二〜一九三）。

戦国大名毛利氏の商業統制については、周防・長門国において大内氏の政策を踏襲していたことが知られる（秋山 一九九八：二〇一〜二〇五）。広島築城以前の安芸・備後国における商業統制の状況を直接的に示す史料は確認できないが、厳島社領荘園の倉敷地として経済的に繁栄していた佐東太田川河口の堀立（広島市安佐南区）を名字の地とする堀立直正が、元就の直臣になって、のちに赤間関の鍋城番・赤間関代官として活動している。堀立氏は武士階級に属するが、船を所有する警固衆であり、広島湾頭で経済活動を行う商人でもあった（岸田 二〇一四：一六七〜一七九）。廿日市の糸賀氏や中丸氏も堀立氏と同様の商人的武士であり、このような存在を家臣化することを通じて、毛利氏は地域経済圏への影響力を高めていった。

また、輝元が側近二宮就辰に対して、村への夫役賦課の催促に加え、町についても村と同様であるとして屋敷銭を定めるように命じている（「譜録」）。商工業者などの町衆からの徴税を示すものであるが、商人は支配の対象となっただけではなく、領国支配を財政の面から支える存在でもあった。財政は富裕な商人らからの借米・借銭にかなり依存しており、「倉本」に任じられるなどによって特権を得た商人が、毛利氏の財政運用に関与したと考えられている。特権商人は「国家」財政にも利潤をもたらしたが、自らも多くの利潤を得て富裕化した。毛利氏と特権商人との共生関係によって領国経営が成り立っていたのである（秋山 一九九八：二〇六〜二一二）。

輝元が新たな居城として広島城を築造して城下町を整備したことは、商業統制としての意味も有していた。太田川デルタの干拓により港湾機能と直結した新都市を建設して流通拠点などの経済的機能をはじめとした毛利氏領国内の首都的機能を集積しようとしたのである。広島城下には多くの特権商人が集められる計画だったと考えられるが、広島城完成後間もない時期には商工業者の常住はなかなか進まなかった。

また、広島城下町の周辺部では、金山城（広島市安佐南区）、草津城（広島市西区）といった城館が直轄支城として立地していたほか、己斐（広島市西区）、牛田・尾永・馬木（広島市東区）、長束・中庄・東原（広島市安佐南区）、深川・久村・諸木・末光・岩ノ上（広島市安佐北区）といった直轄領に輝元出頭人や行政官僚を代官や奉行として置いている。この中でも草津はこれ以前から毛利氏の直轄的支配が進んでいた佐東地域からの兵粮の積み出し・運送の拠点として機能していた港だったこと（菊池 二〇〇〇：一〇六）から類推すると、右記のような支城・直轄領政策は、広島周辺部の流通機能を掌握して広島への物資供給基盤の確保を図ることを主な目的としたものと考えられ、これらの地域に散在していた商工業者を直接的に掌握して、徐々に広島城下へ集約することを狙っていた可能性を指摘できる。

前節でみた尾道・鞆などの都市の直轄化は広島への集約方針と矛盾するようにも思える。また、尾道においては有力町人泉屋・笠岡屋が公領代官に起用され、町の自治を容認したようにもみえる。地域経済圏を完全に否定して商工業者を広島に集約することは不可能であり、かつ領国全体の経済発展上も地域経済圏の拠点都市を存続させて、領国内の首都広島と有機的に連結させた方が有効だった。一方で、自治都市の存在は領国内の権限を輝元に一元化する方針とは矛盾する。しかし実際には、町の統治に関して詳細まで規定した法を定めたことにより（尾道に関する史料は残されていないが、同様にある程度の自治を認めていた石見銀山における事例から類推される）、自治権を制限して自治的な町を大名権力の統制下に置くことに成功したといえよう。

毛利期以前の厳島と町衆

厳島は瀬戸内海交通の拠点というだけでなく、町の発展に伴い東アジア地域における流通交易上の拠点としても機能した国際経済都市だった。

大内氏支配下においては、天文十年に島内の屋敷調査が行われている。また、鍛冶・檜皮師・番匠などの職人は大願寺の支配下に置かれた（「大願寺文書」）。この頃までには社家・供僧の屋敷群で構成される西町と、商工業者の屋敷群を中心に構成される有浦という二つの町場が形成されていたと考えられるが、「少路」名称のみられる西町と、同名称のみられない有浦とでは町並み形成に時間差があったと思われている（本多 二〇〇一a：三四七～三四八）。

もっとも、事実上陶氏の支配下にあった天文二十一年頃には島外の者による厳島への店舗開設の増加がうかがえ、有浦への商人らの定住化は徐々に進んでいた（本多 二〇〇八：二三）。実際に、毛利期に有力な町衆として活動している児玉与三右衛門尉は天文初年頃にはすでに有浦に居住している。その後、与三右衛門尉は大内氏支配下において厳島支配を担った黒川隆尚に被官化していたため、厳島合戦後、社殿付近の家屋敷や土蔵を撤去させられた。ところが、天正五年になると再び活動がみられるようになっている。与三右衛門尉と同様に黒川の被官となっていた豊嶋内蔵助や、厳島合戦後における人家撤去の対象となった児玉筑前守についても、永禄四年、「有浦衆」として確認され、毛利期においても有力町衆の地位に留まっている。そのほか、有浦を居所とする古野図書助も大内期・毛利期を通して活動している（本多 二〇〇一a：三五四～三五九、三六三～三六四）。

このような町衆の動向は何を意味するのか。天文十六年の厳島においては水夫銭の賦課対象とされた「地下惣中」と呼ばれるコミュニティの存在が確認される（「厳島野坂文書」）。毛利期になっても「惣中」の存在が確認され（「厳島野坂文書」）、永禄四年には「有浦惣中」がみられる（「大願寺文書」）。厳島、とりわけ商人の定住化が進んだ有浦においては、神主家支配期から町衆のコミュニティが形成されていたが、支配者が大内氏を経て毛利氏へと変遷してもコミュニティ内部の基本的組織構造は維持されていたと考えられる。その要因として、(1)厳島町衆は少なからぬ税を負担していたと考えられ、大名・領主財政を支える存在だったこと、(2)有力町衆は船舶を所有していたため、流通を通じて領国の経済活動を担う存在だったが、戦時下においては兵粮・武器・弾薬輸送も担い、軍事面での貢献も小さくなかったこと、(3)その結果、広域支配者にとって厳島コミュニティと良好な関係を保つ必要があり、コミュニティ内部の組織構造への介入に抑制的だったことが挙げられよう。

有浦だけでなく、西町においても町衆のコミュニティは形成されていた。永禄四年に「西老寄衆」として横山平兵衛・徳田新右衛門が確認される（「社堂所々棟札扣」）。そのほか、同時期に「南町」に所属する町衆も確認され、厳島の町は少なくとも三つのコミュニティに分かれて組織されていたと考えられる。

毛利氏の厳島町支配

一方で、厳島合戦の直後から文禄年間まで厳島において活動した佐武（さたけ）美久は毛利家の近習衆で、「役人」と呼称されている。佐武は在島して、その屋敷は西町と有浦の双方を見下ろせる塔の岡付近に置かれたとされる。役人の存在は毛利期以前からうかがえるが、毛利期になるとその権限が拡大していったと考えられ、その職務は毛利家当主や奉行人の指示に基づき、町衆への諸役の賦課や島内屋敷の取り扱い、流通経済の監督などで、長い間その屋地位にあった佐武は棚守や大願寺らと並ぶ厳島の実力者となり、相当の経済力も獲得していた（本多 二〇〇〇：九七〜一〇五）。もっとも、毛利氏からの指揮命令系統が「役人」である佐武のみに一元化されていたわけではない。天正十七年になっても、棚守や大願寺といった社家・供僧のほか、児玉兵部丞・児玉太郎左衛門尉といった町衆が役人「佐竹」とともに、輝元の命令を受けている（「厳島野坂文書」）。町衆児玉家の中には、町人でありながら毛利氏から給地を宛行われる、士商未分離の存在も少なくなかった。

その後、厳島「役人」の権限は佐武の親族に世襲されることなく、文禄四年頃に岩脇就延（いわわきなりのぶ）に引き継がれると、町に対する指揮命令系統は岩脇に一元化していった（本多 二〇〇一a：三六八）。岩脇も元就直臣の出身と思われており、その点では佐武と同様だった（本多 二〇〇〇：一〇五）。また、岩脇就任直後期に「厳島社頭掟」が発布されているが（「厳島野坂文書」）、厳島神社関係者だけでなく全島民を対象とした法令という点では、天正十一年に発布された「厳島中掟之事」（「厳島野坂文書」）が「社頭掟」に先行している（本多 二〇〇一a：三六九）。

しかし、「厳島中掟之事」と「厳島社頭掟」を比べてみると、宛先は前者が社家・供僧・給人、後者が大聖院・棚守・大願寺・岩脇・社家三方となっており、後者において岩脇も宛先に入っている点が注目される。また、条文をみると、後者には「役人」の職務が記されているが、前者は「役人」に関する記述はなく、逆に「社家三方と相談して」といった文言がみられる。

したがって、「厳島社頭掟」は伝統的に認められてきた「神域」としての厳島の特権を制限するとともに（本多 二〇〇〇：一〇六〜一〇七）、大名権力による町支配を強化することも意図して発布されたものと考えられる。そのためには、長く町衆と協働してきた佐武や彼の親族は「役人」に適さなかった。そこで、岩脇への交代が行われた

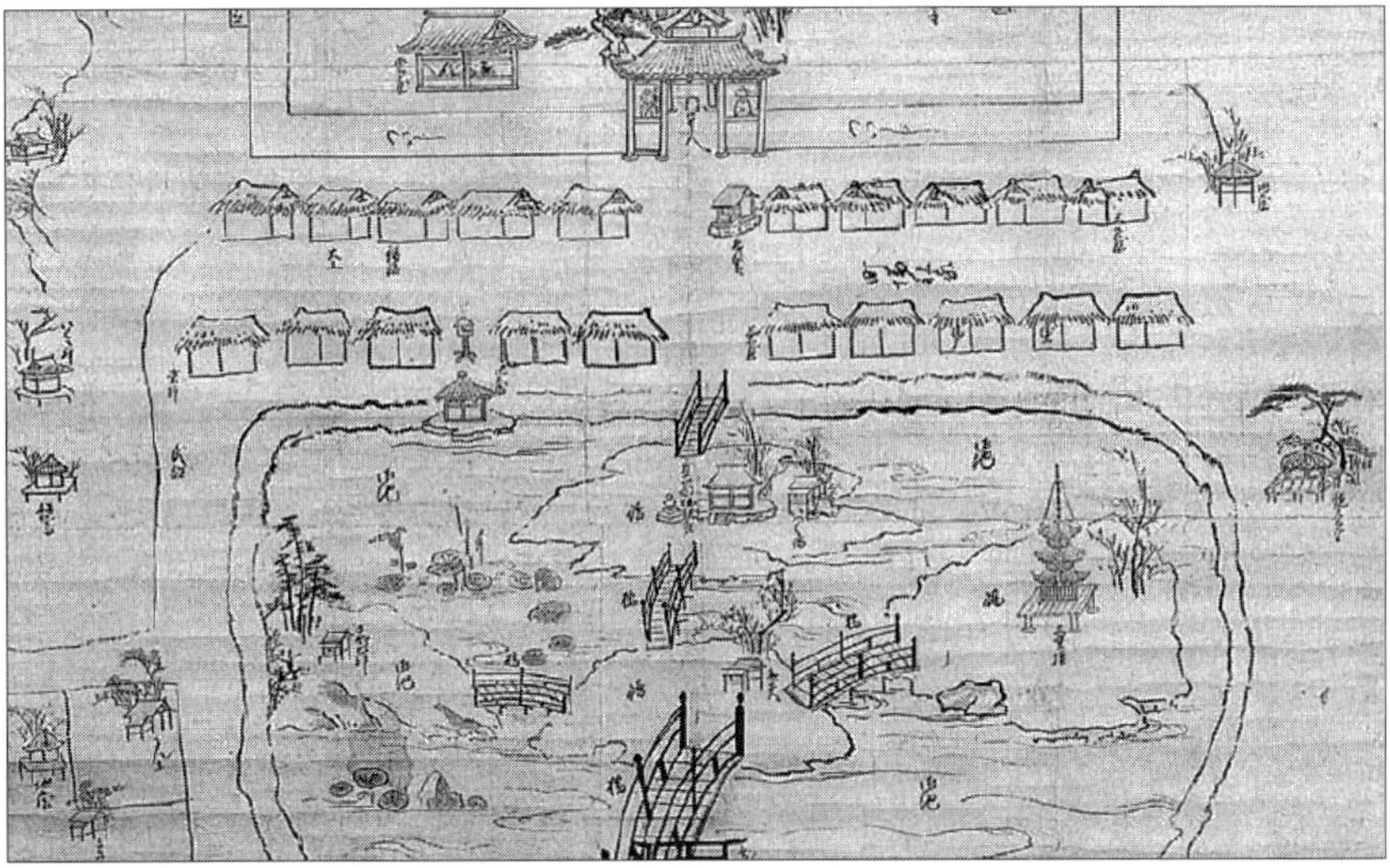

図6－3　「吉備津神社古図」（吉備津神社所蔵）に描かれた吉備津神社門前部分（福山市提供）

のではないか。豊臣期末の毛利氏は町の自律性を尊重する方針を転換し、町も大名権力の下に編成しようとしていたといえよう。

備後吉備津神社門前町

備後吉備津神社門前町の景観については、近世初頭に描かれたものの中世末期の様子を示すとされる境内図や地籍図を用いた復原が行われている（谷重 二〇〇二b：一〇五～一一〇）。

境内図には門前の「えびす」を挟んで南北五軒ずつ・二列計二十軒の茅葺き町屋建物が描かれている（図6－3）。南側は塗師・大工・鍛冶という書き込みがみられることから、神社に付属する職人層の居住区域、北側は播磨・衛士といった書き込みがみられることから、神社を管理する社人層の居住区域と思われている。小字では南側が中市、北側が上市に分かれており、職業によって区分された町が形成されていた可能性をうかがわせる。

地籍図をみると、南北に貫く直線道路がこの二列の間にあたり、町場は短冊形の細長い地割りとなっている（図6－4）。現在の地割りは細分化されているが、五軒ずつという描写が正確だとすると、一軒の間口は一〇メートル程度となる。直線道路の南端から東方向に延びる「スナイリ小路」という路地が、境内図における池辺の道にあたると思

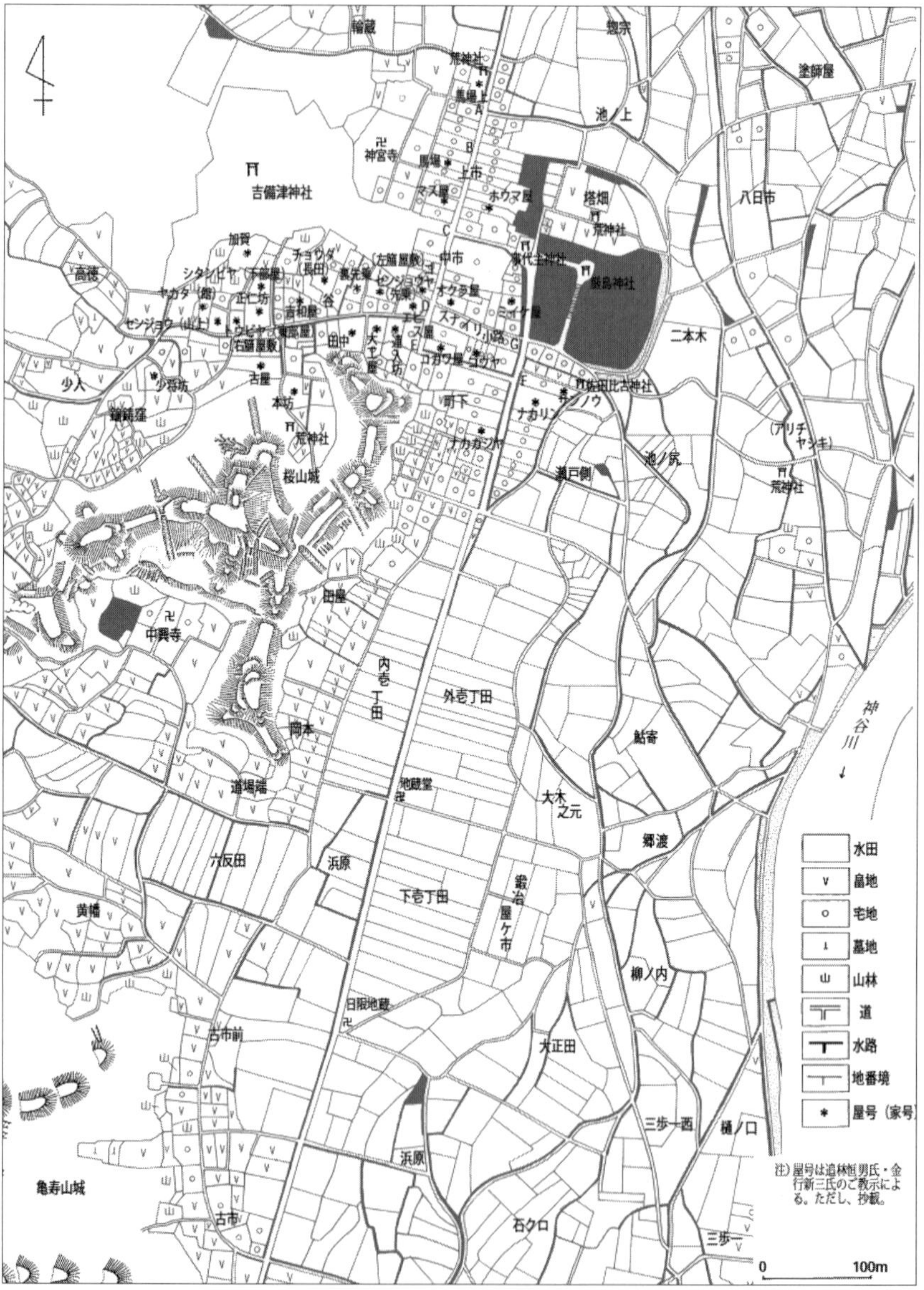

図６－４　「地籍図で見る吉備津神社周辺の景観」（福山市提供）

われる。しかし、「スナイリ小路」の両側において短冊形の地割りは顕著でない。境内図では道上に「民部」という書き込みがみられ、明応五年に宮政盛から給地を安堵された有木民部丞の屋敷地が存在した可能性を指摘できる。有木家は上官社家であるが、直線道路南端から西方向へ延びる道路沿いには、連入坊・本坊・正仁坊・左膳屋敷・右膳屋敷といった屋号を称する家があったとされる。近世の内陣社僧に将仁坊、供僧に連入坊・本坊の名がみられることから推測すると、中世末期時点においても中市南端から東西に広がる区域に神人衆・社僧のほか、供御人らが集住していたと考えられる。

また、十三世紀後半の景観を描いたと思われる「一遍上人絵伝」には、小字「町下」にあたる区域に建物の屋根の並びがみられる。さらに、その南へ向かって小字「古市」へ延びる道沿いには比較的規格性のある形態の畠地が連続している。この区域にも屋敷地があった可能性を示しているが、どのような層の居住区域だったか不明である。

さらに、御池を挟んで吉備津神社門前町と反対側（東側）の旧河道自然堤防上には、「八日市」「十日市（八日市の北方）」「塗師屋」「紺屋（八日市の北側）」といった小字がみられる。これらは中世の市庭および職人集住地域だったと考えられる。この区域の西には桜山城が立地しているため、武士階級の居住地だったとも考えられる。

以上の考察を踏まえると、吉備津神社を中心に都市が一体的に形成されていたわけではなく、門前町、武士階級の居住区域、中世市庭町がルーズに結びついた都市が形成されていたと思われる。先述した安芸一宮である厳島においては、⑴武士階級（神領衆）の居住区域は主に陸地側で、門前町と一体化していない、⑵当初は階級によって居住区域が区分されていたが（社家・供僧の屋敷群で構成される西町、商工業者の屋敷群を中心に構成される有浦）、経済的繁栄に伴い町衆の居住地域が拡大して、西町に町衆の居住が進んだうえ、南町も形成された、という特徴がみられた。東アジア地域における流通交易上の拠点としても機能した厳島が、経済都市としての性格を強めた一方で、吉備津神社門前町は中世的門前町の性格を維持したままで、徐々に衰退していったと考えられる。

図6－5　廿日市天満宮（桜尾城支城跡）
（廿日市市天神）（筆者撮影）

廿日市の町

安芸廿日市は厳島神主家の居城桜尾の城下として町並み形成されていったと考えられるが、後背地としての山里・山代地域を含む広域経済圏の中枢拠点だったことも発展の要因だった（岸田 二〇〇一：五八〜六三）。たとえば、山代地域の土豪中村氏は廿日市あるいは厳島に居住して商活動を行おうとしていた。また、神領衆だった糸賀氏は大永五年に友田興藤から「廿日市浮口改」を仰せ付けられ、港における物品税収納を担っているほか、天文十四年頃に新堤築造に私財を投入した様子がうかがえる。防芸引分時に毛利氏に荷担した際には、廿日市の居屋敷（間口十三間半）と厳島有浦の仮屋（間口四間）を安堵されている。糸賀氏は石見国人益田氏や吉見氏ともつながりを持っており、前節でみた安芸国西部と石見国西部とを結ぶ交通路を利用した経済活動にも関わっていた（秋山 一九九七：八〜九）。

中村氏や糸賀氏は武力を持つ一方で商人としての性格も有していた。このような兵商未分離状態は戦国期においては特異なものではなく、大名権力にとって商人的武士を支配体系に組み込むことは、地域経済圏を掌握して自らの経済基盤にすることや、流通路を確保・整備して兵員・物資輸送に資するという意味でも、きわめて重要だった。

また、戦国期の廿日市には「紙の座」や「塩の座」が存在していた。安芸国西部・周防国東部・石見国西部地域は紙の生産が盛んだったが、紙は畿内へ輸送して売却することによって大きな利益を得ることができた。その際の積出港が廿日市だったため、紙の売買・流通に携わる商人の同業者組合としての「座」が廿日市において成立していたと考えられる。逆に、瀬戸内海沿岸部で生産された塩を他地域へ海上輸送する際の拠点としてだけでなく、内陸部への流通拠点としても廿日市は絶好の位置にあったため、塩商人の同業者組合も成立していたのだろう（秋山 一九九七：九〜一〇）。久枝姓の鋳物師集団が廿日市を中心に活動していたことも確認され（妹尾 二〇〇二：一七〜一九）、厳島神社に関連する鋳物などを製作する職人の廿日市の町への居住が判明する。

戦国期における町の構造について、東町と西町に区分されていたが、町の中央を東西に貫く街道の両側に形成された町並みと、その北側に位置する「後小路（うしろしょうじ）」沿いの町並みがあった。東端は桜尾城西麓、西端は「洲賀（すが）」（廿日市市須賀）、南は海に面して港湾機能をもつ区間だったと思われる。東町・西町にはそれぞれ「役人」が置かれていた（『廿日市町史』通史編〔上〕：四二一〜四二三）。もっとも、この「役人」は厳島の役人とは異なり、武士階級ではなく町人の代表だろう。神領衆は自らの所領（居城）を有していた。大内期や毛利期初期の城主が城番にすぎず、元清（もときよ）城主期においても、元清が猿掛（あるいは中山）城主を兼ねていたため被官の城下集住は進まなかった。その結果、廿日市の町は桜尾城に隣接するものの、武士階級の居住はほとんどなかったと思われ（商人的性格を持つ武士の居住は想定される）、桜尾城主による町支配は城内に居住する当主・家臣団があたっていたが、毛利期になっても厳島と同様に町の自律性が尊重されていたと考えられる。豊臣期末に毛利秀元（元清の子）が正式に別家を創設した際、廿日市は引き続き秀元領とされたが、居城を山口へ移している。もっとも、別家創設後一年足らずで防長減封となったため、その一年余の間の桜尾城の取り扱いについては不明であるが、遅くとも防長減封後には廃城となり、江戸期の廿日市町は在町となった。

3　安芸・備後において活動したさまざまな民と貨幣

貨幣からみた経済政策

戦国期安芸・備後国における経済政策について、貨幣（銭貨・銀）に着目してみていきたい。

文明十七年（一四八五）、大内氏は撰銭令（えりぜにれい）を発した（「大内氏掟書」）。これ以降、同様の撰銭令を数度発しているが、いずれも特定の悪銭（あくせん）を排除する一方で、それ以外の銭について撰銭を禁じて等価値での使用を命じたものである。大内氏支配下の安芸国における撰銭令適用の事例を挙げる。天文十八年頃、厳島領山里の年貢納入について、刀禰（とね）（村役人層）からの愁訴を受けて、大内氏は厳島社家衆による銭の選別を禁じて、安芸国内における売買で一般的に使用されている銭（一般流通銭）であれば受け取るように命じている。大内氏をはじめとした領主階級は遠隔地交易や対外交易のために精銭（良質な銭貨）を必要としたが、村は一般流通銭で充足されていたため、そこに階級対立が生じ、大内氏は在地支配安定の観点から村との妥協点として撰銭令を発したと考えられる（本多 二〇〇六：二二三〜二二八）。

毛利支配下においては、精銭獲得が主要課題とされていたとは考えられず、精銭・悪銭混用率の設定事例も確認できない。大内期の段銭額・段別額などを固定基準額「古銭」として継承しつつ、銭貨価値の変化に応じた一定の換算値「和利」によって算出される「当料」を南京銭などの現行通用銭貨で納入することが慣例とされ、毛利氏の主たる経済政策は、「和利」の最終決定権限を握ることだったと指摘されている。南京銭は低品位の銭貨だったが、毛利氏領国内においては広範に流通し、段銭や地料銭の納入に用いられていたが、天正年間、とりわけ天正十六年以降には、「鍜」と呼ばれる高価値水準の銭貨の流通が増えている（本多 二〇〇六：八六〜九五、一二三〜一二四）。

毛利氏は「鍜」を御用商人渋谷氏に預け置いて運用させており（「渋谷文書（渋谷辰男氏所蔵）」）、公用銭貨的な役割も担っていたが、石見銀山の安定的支配に成功した毛利氏は、石見銀山で生産された銀を外交産品などの高価格商品の取引や軍事支援などに用いた。その結果、従来は精銭が担っていた対外交易用通貨や遠隔地取引用通貨としての機能も銀に吸収されていったが（本多 二〇〇六：一六二）、主に領国内で流通する南京銭や「鍜」といった貨幣も少額取引や段銭納入などの公用のために必要とされた。

このように、毛利氏領国においては多様な銭貨が異なる価値水準で流通する状況が続いていたが、全国的には銭貨に対する社会的信用は相対的に低下しており、銭貨を土地評価の価値尺度とすることは適当でなかった。そこで、高い商品価値を持ち、安定した交換媒体として普遍的な価値を持つ米が銭貨に代わる価値尺度として選択・採用されたのである（本多 二〇〇六：二二七）。

毛利氏領国においても米は重要な支払手段であり、大名財政を支える財源として重視されていたため（本多 二〇〇六：二〇〇～二〇一）、豊臣政権の政策に倣い、土地評価を銭貨額でなく米穀量で表示するという石高制を採用することになったが、惣国検地の畠分銭には「鍛」を基準銭として採用するといった独自性もみられ、独自の銭貨秩序も維持されていたと評価できよう。

守護・国人・毛利氏と職人

永享四年（一四三二）、備後国守護山名時熙は備後国宇津戸（世羅町）の鋳物師丹下氏を国中の「惣大工」に任じている。また天文十八年、大内氏は諸国鋳物師真継久直に領国内公事役の徴収を認め、安芸国においても東西条代官弘中隆兼から国人領主層に対してその旨が伝えられている（「真継文書」）。しかし、後者について、小早川氏は領内における鋳物師の不存在を理由に公事役負担を事実上拒否し、その庶家浦氏も負担をいったんは拒否（その後、惣国並であるとされ、やむなく承諾）するなど、国人領主領内の職人に対する大名権力による掌握は容易に進まなかった。弘平期の竹原小早川家の正月儀礼にも番匠・鍛冶・大工がみられ（「小早川家証文」）、国人層が領内の職人を掌握していた状況がうかがえる。一方で、大内氏による直轄的支配が進行した時期の厳島神社領においては、職人層の掌握も進行しており、廿日市の鉄大工・鉄屋への公事役賦課が実現している（岸田 二〇〇一：六四～六五）。

大名権力による職人層の掌握の限界性は、毛利氏が戦国大名化した後においても大きな変化はなかった。戦国大名化する以前の天文二十年、元就は深川工十郎兵衛を佐東（広島市安佐南区）の檜物師工頭に任じていたが、輝元が深川工家を工頭に再任した（「深川工家文書」）元亀二年、下麻原（安芸高田市）領の「すわ神田」を所有していた鍛冶について、輝元は祭礼を勤めなかったことを理由に召し放っている（「広島大学所蔵三上文書」）。下麻原・佐東はいずれも毛利氏の直轄的支配地域である。九州へ下向する豊臣秀吉の宿所を天正十五年に普請しようとした際、輝元は領内の番匠・鍛冶その他の諸細工を残らず徴発するように命じているが（『萩藩閥閲録』）、この領内とは輝元の指示を受け取った桂就宣らが神辺に在番していことから、景盛討伐後に直轄領とされた旧杉原氏領を指すと考えられる。

一方、天正十四年の山内隆通知行書立の本郷（山内氏の居城甲山城下）に「十八貫鍛冶屋持」と記されており（『山内家文書』）、右記と同時期に山内氏は直属職人を抱えている。また、広島城普請にあたり橋の普請を命じられた毛利元康は、杣人・番匠などの職人を調達することができず、当時の所領富田（島根県安来市）から呼び寄せている（「譜録」）。「八箇国御時代分限帳」には、安芸・備後国に給分を有する職人として番匠・大工・鍛冶・畳さしなどが確認され、給分を設定された地域は広範であるが、山内氏や毛利元康の事例に鑑みると、領国内の職人を輝元権力が統一的に掌握したとは考え難く、「八箇国御時代分限帳」に記載されたのは直属的な職人層に限定されていたと考えるべきだろう。

もっとも、「八箇国御時代分限帳」には、備後国三谷郡において二〇石超の石高を有する大工田原弥兵衛がみられる。この事例から、惣国検地後の毛利氏は田原のような富裕な職人を直属化しようとしていたと思われる。たとえば、安芸国だけでなく、周防・備後国においても活動していた廿日市の鋳物師は、慶長四年、極楽寺本堂露盤上の宝珠を鋳造している（藤下 二〇〇一：二五～二七）。廿日市は元就四男元清からその子秀元に相伝された一門領で直轄領ではないが、露盤は宍戸元次の寄進、寺領は輝元から直接的に安堵されたものだった。したがって、廿日市の鋳物師は元清・秀元支配下にあったというより、輝元権力に直属する職人だったと考えるべきであり、職人支配の進展を示す事例といえる。

地域経済圏の中心都市を直轄化することも、輝元権力による職人支配の進展につながったと考えられる。

広島湾周辺の海・川の民

第Ⅰ部でみたように、広島湾頭およびその周辺部（島嶼部）においては、大内氏の進出以降、厳島合戦における毛利氏の勝利まで、激しい戦闘が展開された。水上（沿岸）戦における軍事指揮官は白井、福井・山縣・福島（川内警固衆）、羽仁・小方（厳島神主家）、山本（呉衆）、多賀谷、能美といった武士階級だったと考えられるが、軍忠状などをみると、「水夫」という肩書きを付された名字の記されていない者の参戦が確認される。彼らは軍事指揮官と恒常的な主従関係を結んだ被官ではなく、海・川を生活の場とする民衆（海・川の民）だった（村上 二〇二〇：一三六～一三七）。

雇傭関係を基本通念としていた海・川の民を大名権力はどのようにして動員したのだろうか。厳島神社の大鳥居造営における動員をみていきたい。

厳島神社の大鳥居造営は大内氏支配期の天文十五～十六年、毛利氏支配期の永禄四年に行われている。このうち、前者における海・川の民への動員を直接的に示す史料は確認できないが、大内氏においては水夫への日別の粮米を支給する一方でそれ以上の船賃・水手賃の支払いを禁じていた（「大内氏掟書」）。しかし、動員に応じるにあたり船賃を要求する者があり、それに応じた家臣もいたとされており、大鳥居造営はさておき、合戦が目前に迫っているような非常時には、基本方針を曲げてでも動員するための見返りを与えたようだ。毛利氏支配期の大鳥居造営時には用材の搬出に海・川の民が動員された微証があるが（「厳島野坂文書」）、わずかばかりの食料給付にとどまったとされる（村上 二〇二〇：一四九）。

また、合戦時の動員においては水夫調達に難渋していた状況がうかがえる。たとえば、牛田（広島市東区）の浄土真宗寺院東林坊は仁保島城番を務めた際に、水夫への粮米支給のために借米している（『知新集』所収文書）。わずかな支給であれば、借米は必要ないだろう。

このような事例から推測すると、大鳥居造営のような公儀の夫役の場合、海・川の民も農民層と同様に役を負担する義務があったと考えられ、実際に海・川の民もそれに応じたが、軍事動員は夫役の一環ではなく、雇傭関係であるとみなされ、対価を支払う必要があったのではないか。農民層と海・川の民との相違点を示すものとして注目される。

4　毛利氏とともに変わりゆく村

戦国初期の荘園

次に代表的な荘園について、戦国期における変容をみていきたい。

備後国地毗庄は平成合併前の庄原市西部・高野町・比和町・口和町一帯。本所は蓮華王院（三十三間堂）。永享十二年（一四四〇）には、領家として千光寺（尾道市）、村上殿、石泉院殿、妙法院殿、伏見法安寺がみられる。千光寺などの寺院は金融業者としての側面を持っていたと考えられる。また、村上殿は年貢輸送も担っていた因島村上水軍を指す可能性がある。したがって、本来の領家職所有者に対して年貢を担保に貸金した金融業者、あるいは、年貢の輸送に従事した流通業者が、年貢を収取しうる立場を得ていたことを示す。彼らはその地域の地頭職を持つ山内氏を代官として年貢を徴収しようとしており、応仁・文明の乱以前には荘園制的収取体制が衰退しながらも維持されていた。

ところが、応仁・文明の乱勃発後になると、伊与本家分や伊与東分は収納されておらず、村上を領家とする河北のみ収納量は減少したものの収納が行われている。このような状況は荘園制支配の終焉をうかがわせるものといえよう（服部　一九九五：三九七～四〇〇）。

地毗庄における荘園制支配の終焉が百姓層にどのような影響を及ぼしたのかを明らかにすることは困難であるが、南北朝初期に破堤した大池の修復が行われなかった一方で、慶長以前に山内氏庶家田原家の主導によって田原溝が開鑿されて荒地・畠地が水田化したとされていることから推測すると（服部　一九九五：三七一～三七八）、戦国期には在地の領主層主導による勧農が行われていたかもしれない。

備後国大田庄（世羅町）においても寛正四年（一四六三）までは激減したとはいえ、本家高野山が一定の年貢を入手しつづけていたが、応仁・文明の乱以降の年貢収納に関する文書は確認できない。守護請に依存していたため、守護山名家の内紛（宗全・政豊と是豊、政豊・致豊と俊豊）や国人層の領域的支配の伸張によって、高野山による大田庄の支配は急激に崩壊したのである（永原　一九九九：一八九）。

戦国期大田庄の百姓層の生活実態を示す史料は確認できないが、大田庄に隣接する杭庄（三原市久井町）の杭稲荷神社御当座に関する史料から、戦国期における名の様子がうかがえる。昭和期まで確認できる名の名称の大部分は少なくとも慶長三年時点でも確認され、おそらく戦国期まで遡ると考えられる。東座（領家座）の御当座は庄の南部、西座（地頭座）の御当座は庄の北部に分布する。混在している地域もあり、両座を地域的に明確に線引きすることはできないが、下地中分に伴い祭祀組織が二分されたことを反映していると思われる。各御当名の耕地は一括性を有しており、その範囲は灌漑用水に基づき決められている。水受範囲を一つの御当名としており、当初の御当名はたんなる祭祀組織ではなく、水利共同体としての性格を有していたと考えられる。神事を行う斎場となる御当田を所有する者は「当本」と呼ばれ、御当名内で隔絶した地位を占めていた。名内に耕地を有する者は「寄当」と呼ばれ、「当本」を通じてのみ神へ連なることができたという（藤井昭　一九九九：一九九～二〇五頁）。

戦国期における郷村の変容

前項でみたような杭庄の状況がすべての荘園・郷村に当てはまる確証はないが、戦国期には百姓層によるある程度の共同体が形成されていた確率は高い。杭庄の場合、祭祀組織としての名は戦国期以降も存続しているが、経済的・軍事的集団としての名の変容過程は定かにできない。竹原小早川家領の四村（東野・西野・下野・新庄）には「大預」「小預」と呼ばれる村役人層が存在し、自律的な村落が成立していた（菊池　二〇〇六：五八～五九）。しかし、この四村についても、村内部の詳細な実態を明らかにできる史料には恵まれない。そこで、残存史料の豊富な安芸国山里地域（廿日市市佐伯町）をみていきたい（池　一九九五：一六〇～一六三。池　二〇一〇：三一〇～三一二。上田　一九九六：二〇～二一）。

戦国初期には村落共同体秩序を基礎とする権利保障体制が、村役人（刀禰）の下地進止権として形成されていた。有力百姓による土地集積が賃貸関係などを通じて進行した結果、土地をめぐる争論が頻発したが、当初はこの権利保障体制によって争論は解決されていた。ところが、有力百姓層間の争いが武力闘争にまで至るようになると、国人領主層と結びつくことによって勝利を得ようとする者が現われるようになる。有力百姓を被官化した国人領主層は土地を直接掌握し、荘園制的収取関係・名体制を解体していった。

山里地域においては、有力百姓層の主導により「山里諸郷」と呼ばれる郷村連合が形成されていた。「山里諸郷」とは、白砂・津田・友田・玖島の四ヶ郷を指し、年貢減免や撰銭免除といった共同闘争を展開していた。郷村は年貢などの収納単位であり、刀禰といった有力百姓層が下地進止権を掌握して有力百姓層の主導によって運営されていた。また、刀禰は「山里刀禰中」を構成して、領主に対する訴状の提出などにあたっており、村落の枠組みを超えた百姓連合が形成されていた。

毛利氏は天文二十三年の山里への進攻時に稲薙を行い、百姓層の生存基盤である農業生産を破壊するという殲滅作戦を敢行したが（山本浩樹 一九九一：三五）、合戦にあたってこのような農業生産の破壊行為が必ず行われたわけではない。郷村の基礎単位として前項でみた名（みょう）が存在し、各有力百姓の土地集積・経営単位となり、有力百姓一族が経済的・軍事的・祭祀（信仰）的集団として、名を拠点に割拠していた。そのような割拠状態につけ込み、国人領主層や戦国大名が郷村連合・郷村を分断するというケースもあった。

また、有力百姓がその拠点となる名の名主として、自らの所持集積した土地のみならず、一族の土地をもその名に編入して強化した経済力を背景に、一般百姓との貸借関係を通じてより広汎な土地集積を展開して、在地領主化する者も現れた（池 一九九五：一二三〜一二五）。在地領主層は名職（みょうしき）・作職（さくしき）・下作職（げさくしき）といった下級領有権を保持していたが、毛利氏はそのような下級領有権を知行宛行の対象として、知行制の中に確定させていった。その結果、国人などの上級領有権者の在地支配権は大幅に規制され、在地支配は下級領有権者に委ねられるケースもみられていく（池 一九九五：二一五〜二三七）。名単位で集積されていた剰余取得権は大名権力の知行制に編入されて、大名に被官化した在村給人に対して軍役等の反対給付として名・耕地単位で宛行われた。有力百姓の武力は大名軍事力に編入され、地域防衛力としての機能は低下していったのである（池 一九九五：一六三）。

惣国検地の実施

多くの戦国大名は家臣らの所領を貫高（かんだか）で把握し、それに基づき統一的な基準で軍役を賦課するという貫高制を採用したとされる。大内氏も安芸国において貫高制による領主層の掌握を図ろうとしていた。もっとも、厳島神領衆吉原氏について、永正十七年に大内氏に対して本領安堵を求めた際、本領の一部には貫高が設定されていなかったが、安堵した大内氏は未設定分にも貫高を付している。しかし、その貫高は検地や指出（さしだし）に基づくものではなく、公称的貫高に基づくものにすぎなかった。武田氏・厳島神主家滅亡から間もない時期に安芸佐東郡において検地を実施して貫高を設定した事例もみられるが、一般化できるものではない（外園 二〇〇三：一四八〜一四九）。

また、大内氏従属下の毛利氏においても、永正年間には郷村ごとの貫高設定を前提とする浮役（うきやく）賦課がみられる。

しかし、いずれにおいても検地等によって在地掌握度を高めて設定されたものではなかった。大内氏による国人領主層領における貫高に比べると、国人領主期の毛利氏領内における貫高の方が在地掌握度は相対的に高いと考えられるが、指出などによって掌握された貫高と所領の実態との間には一定の乖離があった（秋山　一九九八：八三～八八）。

戦国大名毛利氏領国において在地掌握度を高めようとする動きは元亀元年頃からみられるが、天正十年代に入っても十分な成果は得られていなかった（秋山　一九九八：一〇〇～一〇一）。天正十三年、備後国において検地が実施されているが（「渋谷文書（渋谷辰男氏所蔵）」「三吉文書」）、部分的なものにすぎなかった。つまり、戦国大名段階の毛利氏においては、知行宛行・諸役賦課の統一化政策として貫高制が実施されたが、独自の在地掌握を必須の前提として実施されるもの、収取内容・方式を規制するものではなく、実態の多様性を抽象化した基準値の設定を目的とするものだったとされる（池　一九九五：三一八）。

そのような状況下で、豊臣秀吉の命令に基づく天正十四年の九州出兵に際して課せられた軍役数を確実に満たすために、軍役賦課の基礎数値を確定する必要性が生じた。そこで同年、全家臣団から郷村単位の貫高を記載した「付立（つけたて）」を提出させるとともに、郷村からも坪付指出（つぼつけさしだし）などを徴収して知行高を調査したうえで、翌年から領国内全体で検地作業を実施した。いわゆる惣国（そうごく）検地である（秋山　一九九八：二一九～二二三）。

惣国検地の評価については、基準銭と基準枡を構成要素とする石高制という新たな統一基準によって、領国内所領の数量的把握が実現したという積極的な評価もあるが（本多　二〇〇六：二九三）、領国支配は複雑性を帯び、領主権の浸透度も地域によって強弱の差が見られるなど、大名領国の一本化を達成していない過渡的状況にあったという消極的な評価もある（利岡　一九八四：二九五）。少なくとも、各給人の地域統治実態を完全に把握することはできなかったと考えられる。

惣国検地期の村

次に、惣国検地期の村の実態についてみていく。

「八箇国御時代分限帳」には、安芸国において五九人、備後国において一三人の「散使（さんし）」が記載されている。「散使」とは、本来は荘園における年貢徴収等に従事する下級荘官を指す。史料上、肝煎・草使・刀禰・公文と呼ばれる者も類似した役割を担っていたが、散使も含め彼らの中には武士階級としての給地を与えられた者も少なくない。たとえば備後深津郡の貞助源七郎は、散使給約六石以外に備後品治郡において三二石の給地を与えられている。安芸高田郡西浦村（安芸高田市）の児玉越後守も、「西浦村散使」給以外に同郡に約四八石の給地を与えられている。

散使らは荘園制支配が終焉した後も、年貢徴収のほか、大名・領主の意向の各百姓への伝達、勧農などを行っており、権力の末端で村落統治を担う郷村役人としての性格を有していた。児玉越後守の場合、天正十八年に五町七反二七〇歩の田、一反一八〇歩の畠を所有している。彼は大土地所有農業経営者であり、所有田地の水源となる池のそばに居屋敷を有することによる水系掌握を通じて周辺の小百姓層を支配する小領主（在地領主）だった（松浦一九七二：八～一〇）。郷村役人層の中には、小作人により耕作を行う寄生地主的農業経営者ではなく、隷属農民を抱える家父長的大土地所有農業経営者で、国家身分上は武士に移行しつつも経済上は百姓であり続けようとした者も多かったと考えられる。

武力を保持したまま在村し村落統治を担うとともに、村落共同体の代表者・指導者として百姓層の権利を守る郷村役人層の存在は、輝元権力が志向する集権的封建制実現の障害になりうるものだった。また、有力百姓層が各百姓との個別的な関係に依拠していた中世的な村落支配体制では抜本的な変革は不可能だった。

一方で、絶え間ない戦争状態の中で村落の再生産を維持するために必要とされてきた有力百姓層の軍事的役割が、村落を戦場とする戦闘可能性の減少により低下すると、村落内の軍事的指導者だった有力百姓層、一般百姓層との支配―被支配関係が弛緩し、一般百姓層が有力百姓層から自立を図る動きも強まった。

兼重蔵田検地と村

右記のような状況を踏まえ、慶長二年末～三年半ばに惣国検地に次ぐ再検地の作業が実施された。打渡坪付に署判を加えている検地奉行のうち中心的な役割を担っていたと考えられる兼重元続と蔵田就貞の名をとって「兼重蔵田検地」と呼ばれている。

この検地について、村と関連する特徴に着目して惣国検地と比べてみると、次のような点で大きな相違が認められる。(ア)三〇〇歩＝一反（五間×六〇間）、三〇歩＝一畝、(イ)田・畑・屋敷を上・中・下など九段階あるいは六段階に等級区分し、等級ごとに斗代はほぼ一定である、(ウ)形式上、一地一作人の原則で名請人が登録されている、(エ)田は斗代、畠・屋敷は分銭で表示されている。このうち(ウ)の特徴は自作農の創出につながるものとして注目される。

検地作業終了後の慶長四年六月には、検地の結果を踏まえ給地総入れ替えを行うことが表明され、慶長四年末に給地総入れ替えに伴う規則が発布された。その規則の中には、給人に奉公する扶持人（被官）についてはすべて新たな給地に連れて行くことを義務づける一方で、百姓を新たな給地に連れて行くことは禁止するという条目がみられる。この規定によって、被官化していた有力百姓層は領主の給地替えに伴い、武士身分だろうとすれば在地から離脱する必要が生じるし、在地にとどまろうとすれば原則、国家身分上も百姓とされることになった。

輝元権力は給地総入れ替えによって、在地領主制の解体、従来の村落統治体制の変革も目論んだが、変革後の村落運営にまで直接的統治を及ぼすことは物理的に困難であり、朝鮮渡海に関する公役などの過重な役の賦課により疲弊した村落の回復を図るには村落の実情に最も精通した百姓層を活用する以外に方法はなかった。そこで、身分上の百姓のみによって構成される村落共同体が、自らの責任で年貢の徴収・収納に努める村請制の全面的な導入が計画された。言い換えると、村落共同体の自律的な運営権の獲得と引き換えに、百姓層は百姓身分への固定、土地への緊縛を受け入れたのである。

しかし、給地総入れ替えは関ヶ原合戦敗戦により未完に終わり、大名当主を頂点とする一元的な支配体制下にシステム的に組み込まれた村請制の全面導入も成し遂げられなかった。もっとも、関ヶ原合戦後の慶長五年十一月、福島領となった安芸国久島村（廿日市市佐伯町）における村請の実施を示す史料が確認され（「小田（おだ）文書」）、村請制は徐々に導入されていたと思われる。

❖　❖　❖

中世後期には、小商人に担われた地域経済圏が出現し、地域市場間の流通を担う局地的ルートも成立した。戦国大名は地域経済圏を自己の領国経営の中へ有機的に編成していこうとした（鈴木敦子 二〇〇〇：五二）。安芸・備後国においてはさまざまなレベルの地域経済圏が成立し、それらの経済圏は重層的・複合的に存在していた。尾道経済圏のような遠隔地流通と直接的に結びつくものもあったが、大田庄の堀越（ほりこし）物中のような小領主連合が掌握する遠隔地流通とは直接的に結びつかない経済圏もあった（村井 二〇一二：二一五〜二一六）。

右記の堀越物中のケースでは、毛利氏への家臣化に伴い、領内の市への毛利氏の介入・保証供与（制札の発給）がみられるが（村井 二〇一二：二二〇〜二二二）、有力な国人領においては毛利氏の関与は限定的だった。有力な国人領内の市の支配や営業権の保証・通行の安全保障を通じて、地域経済圏に影響を及ぼしており、有力な国人影響下の経済圏への戦国大名段階の毛利氏の関与は、利害衝突の調整といった受動的なものに限られていたのである（村井 二〇一二：二〇〇〜二〇一）。たとえば、天正七年時点で、阿曽沼氏は毛利氏の介入を受けない「領」の支配を行っていた（矢田 一九九八：八八）。

そのような限界を克服するために、毛利氏は主体的な領の再編に乗り出した。神辺を中心とする毛利元康領の設置は、有力な国人杉原氏による地域経済圏支配を否定し、一円的領域支配を成立させたものであり（村井 二〇一二：二二二）、廿日市の直轄化（毛利元清領の設置）や尾道・鞆の直轄化は遠隔地流通と直接的に結びつく経済圏を毛利氏が掌握しようとしたものだった。

広島城下町の建設は、港湾機能と直結した新都市を建設して流通拠点などの経済的機能をはじめとした毛利氏領国内の首都的機能を集積しようとしたもので、多くの特権商人が集められる計画だったと考えられるが、商工業者の常住はなかなか進まず、領国内の経済中枢機能が高次に集積する状況に達する以前に防長減封されてしまい、一元的な領国経済圏の編成は未完に終わった。

一方、戦国大名毛利氏の村支配は、大名権力による在地掌握の深化によって「百姓的」剰余取得権自体の存在が否定された結果、大名権力による一円的封建支配体制が構築され、村落は領主階級へと上昇転化した旧在地小領主を通じてその直接支配下に置かれていた。

　これに対して、豊臣期末の輝元専制体制下においては、兼重蔵田検地後の給地総入れ替えによって在地領主制を解体し、従来の村落統治体制を一気に変革しようとしていた。また、在地領主の伝統的な支配体系に依拠しない新たな統治体系として、大名当主を頂点とする一元的な支配体制下にシステム的に組み込まれた村請制の導入も同時に計画していた。村落共同体の実質的な運営権を後の庄屋をはじめとする村落上層に委任する計画だったが、これも防長減封により未完に終わった。

第七章　安芸・備後の主要城郭の構造

本章では、大名・国人層が戦国期に居城として用いた城郭を中心に、その遺構をみていくとともに、石垣に着目して豊臣期における整備の有無について考察する。取り上げる家は、毛利・吉川・宍戸・熊谷・武田・志和東天野・平賀・小早川・三吉・山内・山名（杉原）。くわえて、水軍の拠点俵崎城と謎の城郭相方城をみる。そのほか、中小規模の城郭も含む県内全体の城郭整備の状況や城館遺構についてもみていく。

1　安芸の主要城郭

郡山城

郡山城は安芸高田市吉田町吉田に位置する。山頂部本丸の標高は三九〇メートル、比高一九〇メートル。毛利輝元が豊臣期に広島城を築造するまで、毛利氏当主の居城だった。南北朝期の観応三年（一三五二）六月に毛利元春の立て籠もった「吉田城」（『吉川家文書』）が郡山城を指す可能性もあるが、断定できない。享徳二年（一四五三）に毛利煕元が譜代家臣粟屋縫殿に課した「城　誘　役」（『萩藩閥閲録』）についても、郡山城普請のみを指すとは断定できないが、この時期までに毛利氏当主の居所として吉田の地に城が築かれており（木村　一九九七：三八）、その居所は現在本城と呼ばれている箇所だったようだ（小都　二〇二〇：九五）。

戦国期になると、当主の居所として郡山城の存在が同時代史料に確認されるようになる。たとえば、(1)煕元の孫弘元が当主だった長享三年、兼時（坂）広正が吉川経基からの書状を弘元に披露するために郡山へ参上（『吉川家文書』）、(2)「要害」の番を務めたことを興元（弘元の子）が褒賞（『毛利家文書』）、(3)粟屋元貞の長年の「在城」に対して永正十五年に幸松丸（興元の子）が知行を宛行（『萩藩閥閲録』）、(4)幸松丸の死没後に家督を継承した元就が、大永三年八月、それ以前の居所多治比城から「郡山御登城」（『毛利家文書』）、などが挙げられる。

元就が毛利家家督を長男隆元へ譲った（天文十五年）頃から、隆元の居所を「本城」、元就の居所を「かさ」と記した史料がみられるようになる（『毛利家文書』）。したがって、隆元の家督継承を契機に、郡山城の城域を拡張する普請が行われたと考えられる。

隆元を「尾崎」と記した史料の初見は天文十八年九月である（秋山 二〇一三：二二）。隆元は当初「本城」に居住していたが（木村 二〇一三：一六）、「本城」は郡山城の南東支尾根に位置し、元就の居住する「かさ」と呼ばれる郡山城の山頂と遠すぎて、元就と談合するのに不便で、かつ家臣を二〜三人在城させることもできないほど手狭であるとして「粟掃井新丸」への移転を計画していることから（『毛利家文書』）、かつて「粟掃井新丸」と呼ばれる家臣粟屋掃部助・井上新左衛門尉が預かっていた郭を新たな隆元の居所として整備し、この郭が隆元の移転後、「尾崎（おざき）丸（まる）」と呼ばれるようになったと考えられる（吉田町歴史民俗資料館 二〇〇一：一五）。尾崎丸は「本城」と「かさ」のほぼ中間にあり、「かさ」との連絡において「本城」に比べ容易だった。

「粟掃井新丸」以外にも、「赤筑（赤川（あかがわ）筑前守）丸」（『萩藩閥閲録』）、「和信（和智信濃守）丸」（「譜録」）といった家臣が在番していた郭や、「桂左（桂就宣）所」（『毛利家文書』）といった奉行人の居所が同時代史料で確認される。桂だけでなく、年寄衆・奉行衆のほか近習も城内に居所を有していたと考えられる。また、在城役を務める家臣も多く、これらの家臣は、山頂部（「かさ」）を中心に放射状に延びる六本の尾根とそれらから延びる六本の支尾根を削平し堀切（ほりきり）などで区画した郭、あるいは尾根に挟まれた十二本の谷に設けられた郭にほぼ常駐していた。その郭の数は二七〇あったとされる（『広島県中世城館遺跡総合調査報告書　第2集』 一二〇）。妙就寺・満願寺などの寺院が立地する郭もあった。

山頂部には「御小座敷」といった部屋を備えた建物があったほか、「五間たまり所」の「番所」という番衆の詰所の存在が確認される（『毛利家文書』）。もっとも、瓦は本丸・二の丸とされる郭ではなく、三の丸・御蔵屋敷とさ

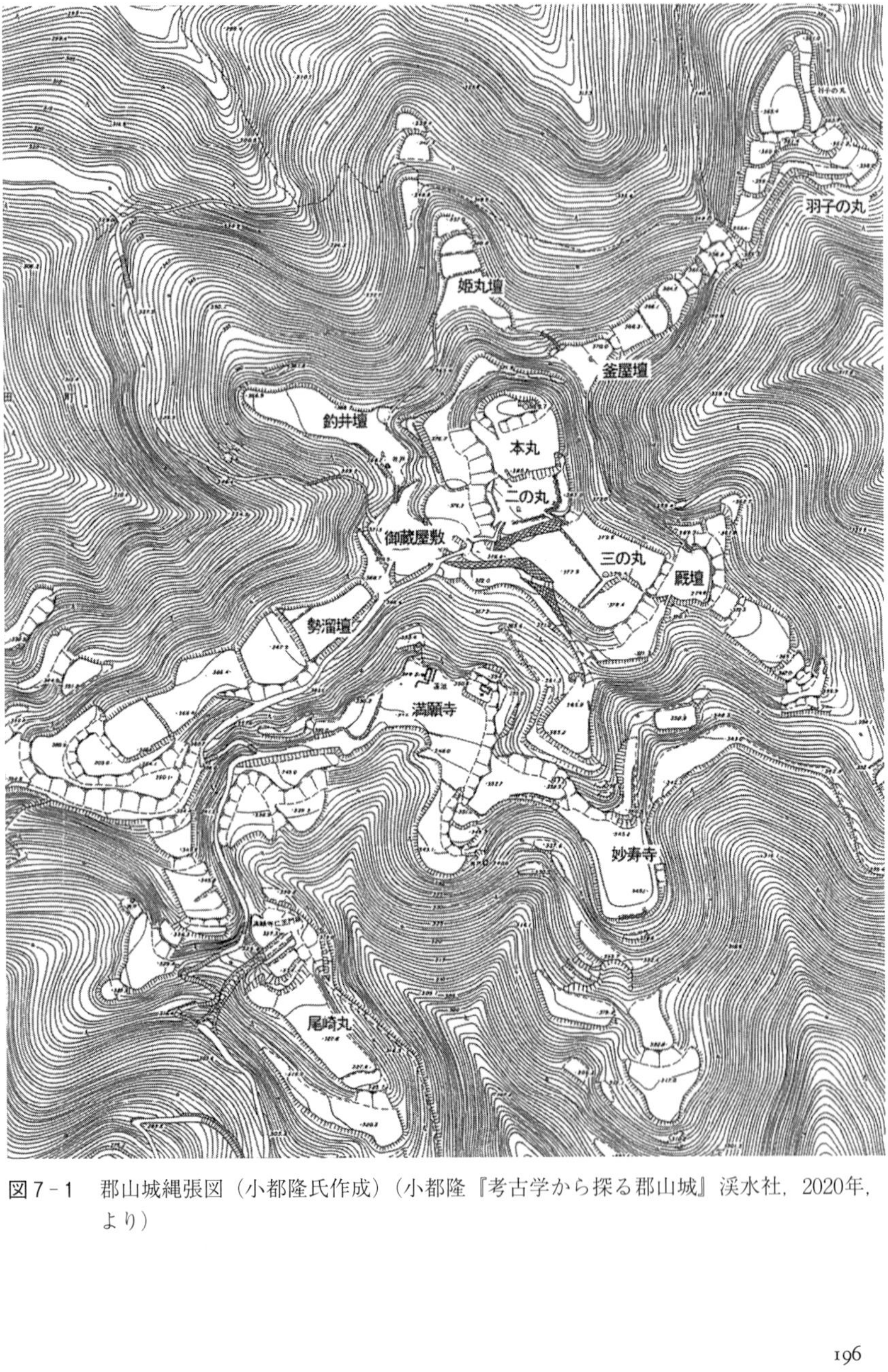

図7－1　郡山城縄張図（小都隆氏作成）（小都隆『考古学から探る郡山城』渓水社，2020年，より）

れる郭から採集されており、中枢部の郭に瓦葺き建物と板・杮葺き建物の別があり、建物による用途や機能による使い分けがあった可能性が指摘されている。また、二の丸・三の丸・御蔵屋敷には石垣が残存し、本丸西面にも石垣の痕跡と思われる列石が確認される。現在は破損が進んでいるが、高さ五メートルに達する箇所もあったと思われている（小都 二〇二〇：四七～五七、七七）。

このような石垣の整備時期について検討する。天正十二年、「会所」や「大門」の建設、堀浚えが行われており、豊臣期になっても郡山城に関する普請は続いていた。輝元が初上洛する直前の天正十六年六月にも郡山城修築や城下整備が計画されており（吉田町歴史民俗資料館 二〇〇一：三五）、広島城築城の直前まで輝元は引き続き郡山城を居城とする予定だった。一方で、本丸・二の丸間の切岸や山頂部の北・東側切岸には石垣の痕跡はみられず（小都 二〇二〇：四七～五五）、総石垣づくりという豊臣政権マニュアルに則った城づくりは実現していない。したがって、石垣の整備は織田・豊臣政権と対立・緊張状態にあった天正十年前後期と思われる。

山麓に位置する伝御里屋敷跡については、発掘調査が行われたが大型の館の存在は確認できず（小都 二〇二〇：八六）、元就の居館があったとする伝承の信憑性は高くない。城下の堀について、郡山合戦時には旧本城の麓に廻らされているのみだったが、天文二十年に興禅寺領を収公して堀を整備するなど、徐々に東西に拡張されていったとされる（木村 一九九四：四〇～四二）。堀の拡張が始まったのは陶隆房らのクーデタと同時期であり、大内氏の混乱への対処と考えられるが、毛利氏の自立性強化を示すものかもしれない。

また、山麓に居住していた家臣は「里衆」と呼ばれているが（『毛利家文書』）、発掘調査の結果、屋敷地は郡山西側の大通院谷にあった可能性が指摘されている（小都 二〇二〇：七九）。いずれにせよ、「里衆」の屋敷は堀の内側ではなく、外側に立地していたようだ（秋山 二〇〇一：七～八）。

家臣団の居所は郡山城周辺部にも散在していたと考えられるが、その数は八五にすぎず、屋敷地を有する者の出自も譜代・側近のみで吉田周辺以外の国人領主は屋敷を有していない。吉川元春や小早川隆景などの一門については宿所を有するが屋敷は有していない。さらに、屋敷の配置は吉田郡山城の麓に密集する形態ではなく、吉田盆地に散在しているほか、奉行衆は山上の郭内に屋敷を有しており、内山下の公用地化が進んでいない状況がうかがえる（秋山 一九九八：一七〇～一七七）。このような特徴は他の戦国城下町と大きな差異は認められず、大名当主の城下町に家臣団が集住するといういわゆる豊臣政権マニュアルに則った城下町は郡山城下町においては実現していなかった。

輝元が広島城へ入った後も郡山城には在番が置かれていたが（『萩藩閥閲録』）、毛利氏の防長減封時に廃城となった。

広島城

広島城は広島市中区に位置する。天守部の標高は一二メートル、比高は一〇メートル。天正十六年七月に初上洛した輝元の帰国直後、輝元の新たな居城として築造されることとなった。このため、豊臣政権の強い影響下において築城されたものとする見解も根強い。輝元が上洛時に見聞した大坂城（大阪市中央区）や聚楽第（じゅらくてい）（京都市上京区）に感化されて広島城を築城したことは事実だろう。しかし、「孝高（よしたか）ノ指麾（しき）ヲウケ」とする『陰徳太平記（いんとくたいへいき）』の記述の信憑性は低く、秀吉の軍師と言われる黒田（くろだ）孝高の指導によって築城されたとは考え難い。孝高の広島城築城関与を示す古文書を確認することはできず、孝高の活躍を描いた『黒田家譜』においてさえ、すでに城郭が概成した後に孝高は広島城を見たとされている。したがって、広島城が豊臣政権の指揮下で築城されたとする見解は否定される。

工事は天正十七年（一五八九）三月頃から始まり、天正十九年（一五九一）八月頃にほぼ完成した。築城当初の縄張り、あるいは当初の計画を示す絵図として、山口県文書館蔵「芸州広嶋城町割（まちわり）之図」（「毛利家文庫」。図7－2）が残されている。福島正則入部以降の縄張りなどを描いた絵図と比較すると、(1)現在の二の丸と呼ばれている部分が描写されていない、(2)本丸からの出入口が北側と西側にある、(3)外郭西面と外郭北東面が描写されていない、(4)外郭北面は描写されず、現在の京橋（きょうばし）川から分岐した自然流路が描写されている、(5)南面外堀が西半分のみに描写されている、(6)中堀が内堀、外堀ともつながらず直接、河川とつながっている、といった相違点がみられる。このうち(3)・(4)については、外郭西面・北東面・北面は福島期以降に完成したと考えられるため、正確な描写といえる。

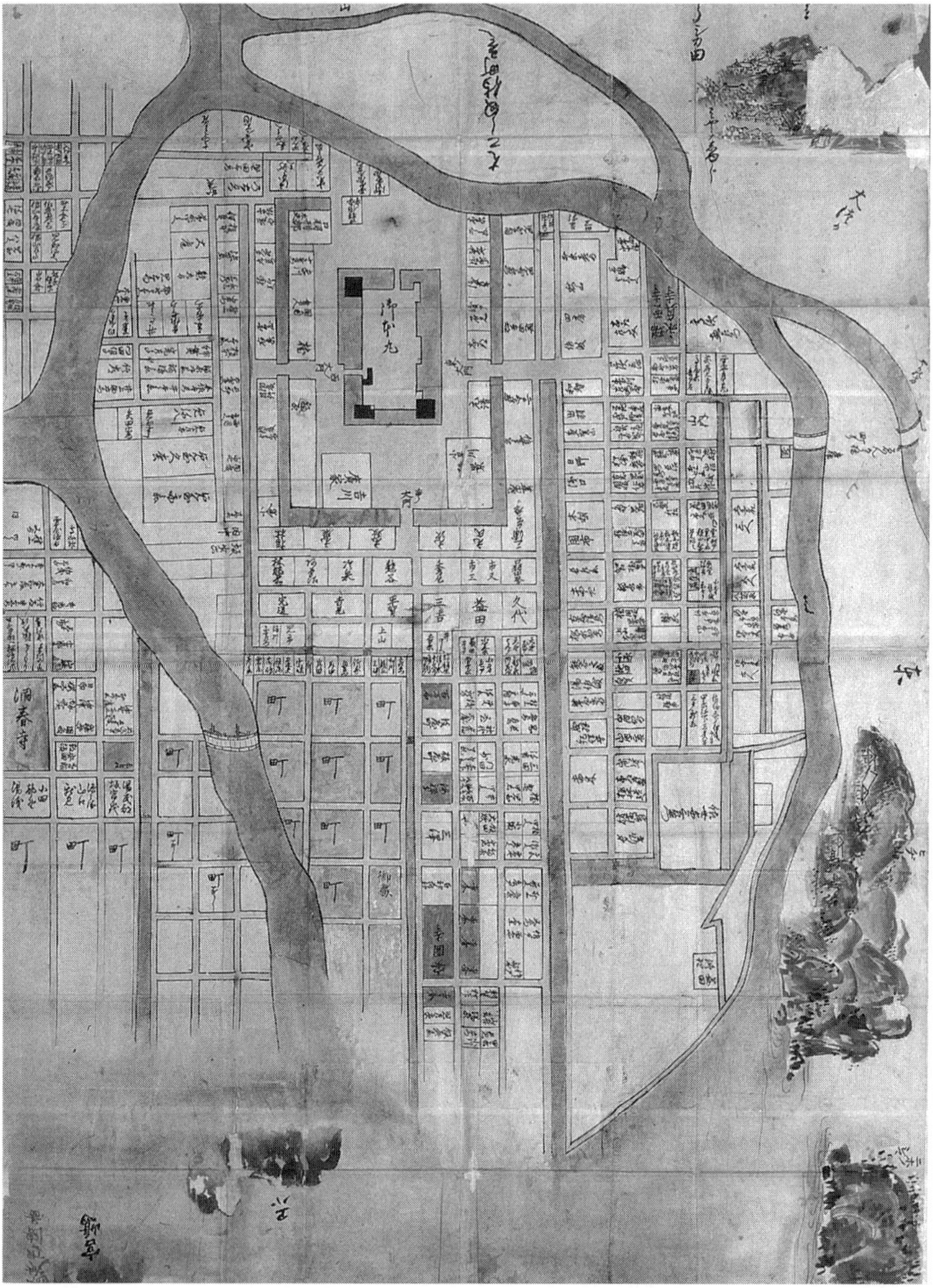

図７－２　「芸州広嶋城町割之図」（山口県文書館所蔵）

(5)についても発掘調査の結果と矛盾しない。そうすると、二の丸を描写していない点についても正確な描写かもしれない。

築城当初（あるいは当初計画）の広島城が二の丸のない方形状だったとすると、次のような仮説が成り立つ。方形居館は室町将軍の居館「花の御所」や守護所のほか、足利義昭の二条城や豊臣秀吉の聚楽第の系譜に連なるものであり、伝統的支配における権威の象徴だった。上洛した輝元は領国支配権を公的に認められており、その象徴として広島城を建設し、領国内の首都的機能を集積した広島城下町を整備しようとした。

また、築城当初から広島城には、安土城や大坂城に匹敵する規模の天守が存在したと考えられる。豪壮雄大な天守は軍事政権における力の象徴である。したがって広島城築城は、国人領主連合のリーダーとしての毛利家の性格を否定し、領国内の統括的支配者としての毛利家に変容したことを国人領主層や領民に印象付けようとしたものだったといえよう。

さらに、広島城下町において、吉田に屋敷地を有しなかった有力な国人を含む主要な家臣団の屋敷地を、毛利氏当主の居住する本丸を中心にして同心円的に配置したことにより、毛利家当主を頂点とする家臣団秩序が形成されるとともに、当主の家臣団に対する絶対的権威を誇示し、その秩序を可視化した。ここに広島城下町建設の大きな意義があった。

もっとも、太田川デルタの干拓により港湾機能と直結した新都市を建設し、そこに流通拠点などの経済的機能をはじめとした首都的機能を集積しようという狙いについては、武士階級・商工業者ともに常住はなかなか進まず、領国内の政治・経済・軍事中枢機能が高次に集積する状況に達する以前に防長減封により広島を去ることになったため、未完に終わった。

日山城

日山城は北広島町新庄・中山・舞綱に位置する。標高七〇五メートル、比高三〇〇～四〇〇メートル。吉川氏の居城である。吉川氏は駿河国入江庄（静岡市清水区）を名字の地とする入江氏の一族で、経義が源頼朝に仕えて、入江庄のうち吉川の地を賜ったことから、吉川を名字にしたとされる。承久の乱の戦功によって、経義の孫経光が安芸国大朝本庄（北広島町）の地頭に任じられ、経光の子経高が西遷したという（錦織 一九八三：二六）。その後、南北朝期に、経高の子経茂を祖とする石見吉川家の当主経兼（経茂の子）の子経見が惣領家を継承した。経見が築城して本拠にしたとされるのが小倉山城（北広島町新庄）である（木村 二〇〇〇：三～八）。小倉山城の比高は八〇メートル。日山城と小倉山城を比較すると、日山城の方が比高は遙かに高く、城域も広い。

日山城の築城時期は天文十四年頃。吉川興経によるものと考えられる（木村 二〇〇〇：八～一二）。大内義隆が富田城攻撃に難渋している最中に興経は大内氏から離反したため、退却した義隆から所領を没収して毛利元就に与えるという処分を受けた。この処分に即時の実効性はなかったが、毛利氏をはじめとした大内方の攻撃を浴びる恐れがあり、より防御に優れた地に居城を移す必要に迫られていたため、日山城を築城したと考えられる。

その後、元就次男元春の吉川家への入嗣が決まり、天文十九年一月頃、元春は日山城へ入城した。以降、元春三男広家が天正十九年三月、秀吉の決定によって富田城を居城にすることとなったため、吉川氏居城としての機能を終えることとなった。

遺構のうち、山上の郭群は東西に延びる尾根上を長さ七〇〇メートルにわたり造成したもので、三〇〇×一〇〇メートルの範囲を一体的・構造的に配置した内郭群と、東西の支尾根に沿ってそれぞれ一〇〇～三〇〇メートルの範囲に広がる外郭群に分かれる。内郭群は、頂上の尾根上に本丸・中の丸からなる中枢の郭群、頂上部から鞍部を挟んだ南側の尾根上には二の丸郭群（長さ約一〇〇メートル）があり、それらに挟まれた鞍部には本丸・二の丸をつなぐ花道と呼ばれる土塁状の通路（幅五メートル、長さ約五〇メートル）と、大広間の段、大門の原と呼ばれる空間がある。外郭群として、本丸の北に三の丸郭群、南に出丸、大門の原から北東側の尾根に姫路岸郭群、東側の中山口に続く登城道沿いに中城郭群、南側の斜面には独立した郭の向中城や成室寺跡（木村 二〇一〇：六八～七三）がある（小都 二〇〇八：四六～四七）。

主要な郭の特徴について、本丸郭群は六〇×三〇メートル、面積約一七〇〇メートルの広大な郭で、西側最高所の高まりとそれを取り巻く平坦面、枡形状の小郭からなる（図7－3）。平坦面の区画には石垣があり、礎石もみら

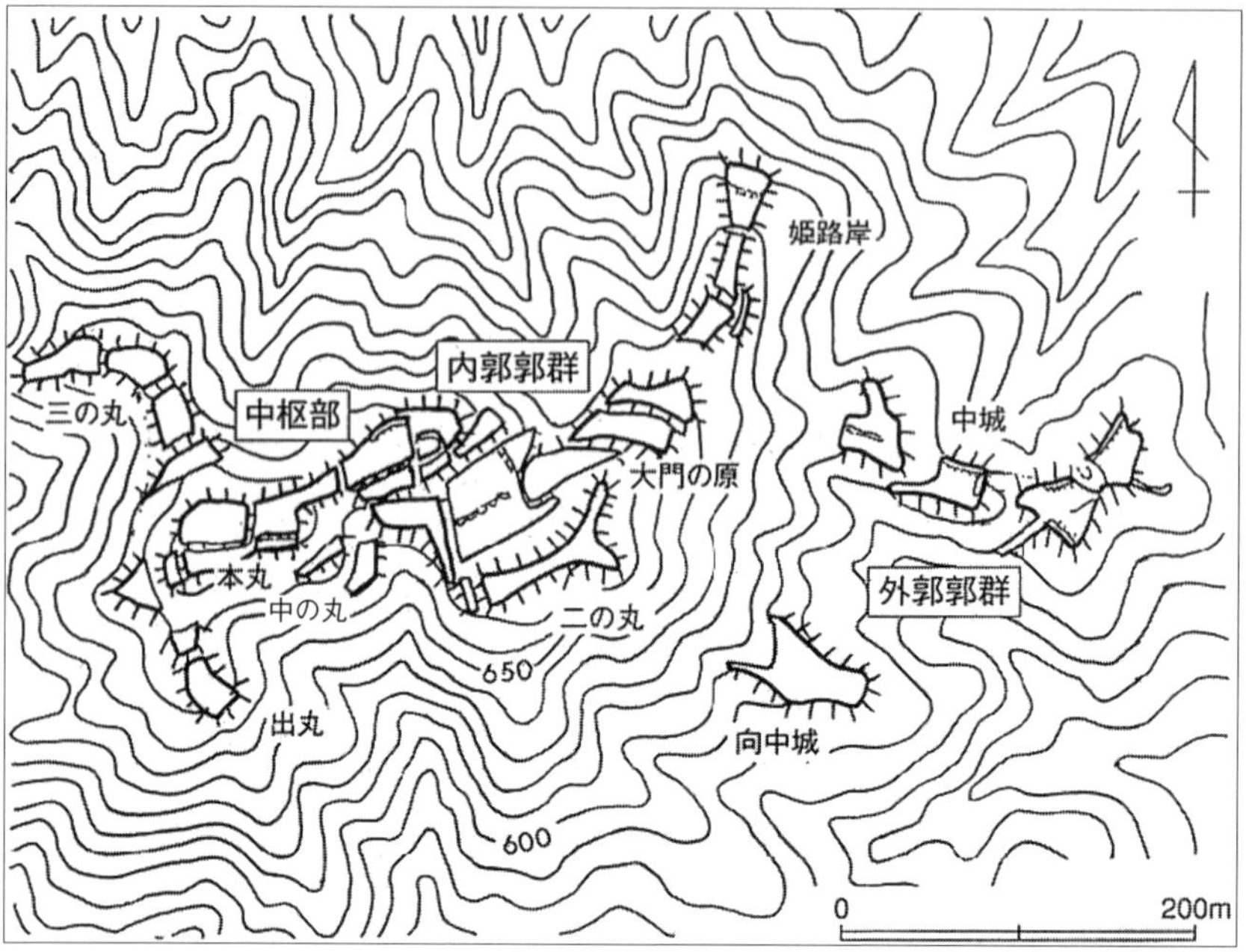

図7－3　日山城縄張図（小都隆氏作成）（小都隆『吉川氏城館跡』に加筆）

れる。

本丸郭群と比高差約一〇メートルの中の丸群のうち、中の丸は北側を土塁、南側を石垣で画し、内部も石塁（せきるい）や段で区分している。公的な施設空間だったと思われている。二の丸郭群の北側には一部土塁がみられる。二の丸の切岸は大門の原から約二〇メートルの高さである。大広間の段は五〇×四〇メートル、約二〇〇〇平方メートルの広さで、内部は中央を石垣による段で二分し、花道へ通路が延びる。この段は建物に伴う区画と考えられる。南側は通路状、東側は枡形となっている。大門の原は五〇×一五メートルで、郭の東側には門が想定され、内郭群の虎口（こぐち）郭と考えられる。大門の原の北隅には一升水と呼ばれる水場がある。

三の丸郭群は五段の郭群で、長さ約一〇〇メートル、本丸との比高差は約三〇メートルで、屋敷地があったと考えられる。出丸は本丸との比高差一〇メートルで南は切り立っている。姫路岸郭群は長さ八〇メートルで、七段の郭からなる。中城郭群は、中城と呼ばれる郭を中心に米蔵段、中城口など連続した数段の郭からなる。米蔵段は正面と両側を土塁で画し、その先端の中城口と呼ばれる郭の北側は石塁で画されている。米蔵段へ上る通路は石垣で補強されている。中城は約八〇〇平方メートルの広さで、東側に岩盤を削り残し大石を積んだ築山、北側に石塁がある。しかし、石塁は完結しておらず、築山も未完成であることから、中城郭群は未完成のままで工事が中断したと考えられている（小都 二〇〇八：四七〜五四）。広家が富田城を居城にしたことに伴うものと考えられる（木村 二〇一八：一五）。

五龍城

五龍城は安芸高田市甲田町上甲立に位置する。標高三一〇メートル、比高一三〇メートル。宍戸氏の居城である。宍戸氏は、鎌倉期初頭の有力御家人八田知家の四男家政が常陸国笠間郡宍戸庄（茨城県笠間市）を領して、宍戸を名字としたことに始まる。『萩藩閥閲録』に収載されている系譜などによると、鎌倉期の宍戸氏は安芸国における所領を獲得していたものの、当主はいずれも常陸国に常住していたとされる。また、鎌倉幕府滅亡時の当主安芸守朝家のときに、足利高氏（尊氏）の六波羅攻めに参加した功績によって、安芸国甲立庄（安芸高田市）を賜り、建武元年（一三三四）、上甲立菊山の麓に柳が城を築いて移住したという。

しかし、南北朝期初頭の宍戸氏当主は宍戸安芸四郎朝里である。朝里は南北朝期には北朝方として東国で活動しており、安芸国における活動を示す史料は確認できない。一方で、朝里は文和三年（一三五四）に安芸守を称している。したがって、朝家は実在しておらず、宍戸氏が早い時期に安芸国へ西遷していたことにするために、朝里に相当する人物として系譜上創作された人物だろう。もっとも、暦応五年（一三四二）、「地頭完(宍)戸孫次郎」が甲立郷をめぐって幕府の使節と対立しており、宍戸氏当主は西遷していないが、南北朝期に北朝方として活動したことによって獲得した甲立郷支配のために宍戸氏の一族が安芸国へ下向していたと考えられる。

その後、常陸宍戸氏は永享十年（一四三八）の永享の乱において鎌倉公方足利持氏に荷担して没落した。一方、明徳元年（一三九〇）、造賀保（東広島市）をめぐる厳島神主家と小早川宗平（沼田新庄家）との争いについて宍戸駿河守が遵行を命じられており、安芸国へ下向した家が将軍に直属する幕府奉公衆として処遇されている。この駿河守系宍戸家が安芸宍戸氏の惣領で、五龍城を居城としていた。

さらに系譜では、応仁・文明の乱後、安芸守興家が暗愚だったため、五龍城に立ち寄った常陸宍戸氏出身の元家を家臣が擁立し、文明十年、興家は城を明け渡して元家が安芸宍戸氏を継承したという。

しかし実際には明応七年、応仁・文明の乱に際して西軍に荷担した駿河守系宍戸家の宮内少輔が東軍方の攻撃によって五龍城を落とされ、その後、宮内少輔の父筑後守の籠もっていた岩屋城も陥落して、駿河守系宍戸家は滅亡。東軍に荷担していた安芸守系宍戸家（庶家）の左衛門尉が駿河守系宍戸家の所領を獲得して、五龍城主となったのである（四五頁）。以降、左衛門尉の子元源、隆家（元源の孫）、元次（隆家の孫、元次の父元秀が家督を継承していたか不明）が城主となった。

遺構は尾根筋上およびその山腹部分の約七〇〇×一五〇メートルに広がり、尾根を遮断する堀切と土塁によって三つの郭群に分けられる。中央部郭群には本丸・二の丸・三の丸などの郭名が伝わる。西側の堀切に面した本丸西側には削り残した高さ約五メートルの土塁があり、堀底からの高さは約一六メートルである。西側の郭群のうち、御笠丸とされる郭の西側にも高さ約三メートルの土塁があり、その外側は土橋を持つ堀切と竪堀を設けている（『広島県中世城館遺跡総合調査報告書　第2集』一六六）。

中心部に石垣が多用されており、当主や家族の居所として戦国末期まで使用されたと思われてきたが（安芸高田市歴史民俗博物館 二〇一八：二六）、惣国検地以後の宍戸氏の給地は安芸国よりも備中国の方が多く（安芸国約七〇〇〇石、備中国約一万石弱）、備中国における宍戸氏の拠点城郭である鬼身城（岡山県総社市）にも高石垣だったと思われる遺構がみられる。また、五龍城周辺の高田郡における給地は三〇〇〇石、鬼身城周辺の下道郡における給地は五〇〇〇石で、鬼身城周辺の方が多く、第二次朝鮮渡海以降における有力な備中国人の多くは宍戸元次を組頭とする組に編成されている。したがって、惣国検地後の元次の主たる居城が五龍城ではなく、鬼身城だった可能性も否定できない。いずれにせよ、石垣遺構から考えると、五龍城の改修は豊臣期になっても行われていただろうが、防長減封に伴い、廃城となった。

高松城

高松城は広島市安佐北区に位置する。標高三三九メートル、比高二八〇メートル。

熊谷直時が承久の乱後に三入庄の地頭職に補任され、暦応三年（一三四〇）、直経（直時の曾孫）が使節として安芸国へ派遣されたことを契機に、三入庄へ本拠を移したと考えられる。『熊谷家文書』の系図によると、当初の居城は塩ヶ坪城（伊勢ヶ坪城）、信直のときに高松へ移ったとされる。移転の時期については、信直代の天文五年を下限とするとされるが、移転以前にも高松山に規模・性格の異なる城郭が存在していた可能性を否定できない（篠原 二〇〇〇：五〇〜五一）。

伊勢ヶ坪城は比高三六メートルで、南西に延びる尾根に沿った四つの郭と北側の一つの郭といった簡単な構造であるが、高松城は二二の郭によって構成されている。

高松城の遺構について、最高所の郭を中心に四方に延びる尾根上の山頂郭群として、北と西には一つずつ腰郭があり、東には長方形の大きな郭がある。この一帯には石が散乱しているため、石垣が築かれていた可能性があるとされる。堀切状の郭を挟んだピークの尾根上にも三つの郭が階段状に並んでいる。山頂部の南下の腰郭には石組井戸があり、その南の尾根上に七つの郭がある。南端部は石垣を備えた馬蹄型の帯郭となっており、その南下に堀切がある（『広島県中世城館遺跡総合調査報告書　第1集』四五）。

また、山麓部には熊谷氏の居館があったとされる土居屋敷跡の遺構として、巨石を使用した石垣が南北方向に約三〇メートル残っているが、本来は六〇メートル四方だったと思われている。屋敷の西と南には堀跡と思われる土地区画があり、北側にも堀が巡っていたと思われる（『広島県中世城館遺跡総合調査報告書　第1集』四六）。

高松城の比高は日山城と同程度であるが、郭の造成範囲は限定的で、石垣に用いられている石の加工の程度も麓の居館に比べて野面積みに近い。したがって、毛利氏に従属した後、高松城はほとんど改修されることなく、麓の居館の改修が中心だったと思われ、熊谷氏当主の居館は防長減封時まで使用されたと考えられる。一方、薩摩島津義久の弟家久が上京した際の記録（「中書家久公御上京日記」）によると、天正三年時点で「高松の城」が存在しており、居館背後の高松城も居館と一体的に防長減封時まで存続していたと思われる。

金山城

金山城は広島市安佐南区に位置し、現在の武田山山頂を中心とする尾根上を城域とする。標高四一〇メートル、比高三七〇メートル。

武田信宗が安芸国守護職に補任された元徳三年（一三三一）頃に築城されたとの見解もあるが、信宗が安芸国に常住していたとは考え難い。一方で、武田泰継は弘安十年（一二八七）〜正応二年（一二八九）頃に「在国司」「佐東本郷地頭」と記されており、武田氏一族の中にはこの頃までに安芸国に常住する者があったと考えられる。佐東本郷の正確な位置は不明であるが、武田山麓一帯を指すようだ。鎌倉末期には武田山周辺に武田氏一族の居所があったかもしれない。

建武政権下で武田氏は安芸国守護職を失ったが、信宗の子信武が南北朝分裂時に足利尊氏に荷担して、建武三年（一三三六）、安芸国守護職に補任され、その後、安芸国においても南朝方と戦っている。もっとも、信武は安芸国には常住していない。一方、信武の次男氏信は安芸国を主たる活動の場としており、これ以降、氏信系武田氏の居所は武田山周辺に置かれたと思われる。南北朝内乱期における防御という観点からすると、山麓の居館だけでなく、山頂部もある程度の整備が行われていた確率が高い。康正三年には武田山東側中腹あたりと思われる（河村二〇一〇：八三）「十王堂」で合戦が展開されており、遅くともこれ以前には山頂部まで城郭化していた。

金山城は天文十年まで安芸武田氏当主の居城として機能したが、安芸武田氏滅亡後には大内氏の城督が置かれ、大内氏の安芸国支配における一拠点として機能した（一〇〇頁）。天文二十年のクーデタ時には毛利勢によって占拠されたが（一〇〇頁）、その後も大内氏の支配が続き、天文二十三年の防芸引分時に毛利勢が攻略して以降、毛利氏の直轄城郭となった。「中書家久公御上京日記」によると、天正三年時点で「金山」城が存在している。広島築城後も在番が置かれ、普請も行われたとされており（「内藤家文書」）、毛利氏の防長減封時に廃城になったと考えられる。

遺構について、最高所の「御守岩台」と呼ばれる郭を中心とする山頂郭群には、「御館」「見張台」と呼ばれる郭や「犬通し」という堀切などがある（図7－4）。「御守岩台」の中央付近には巨岩が集中し、建物を構築するため

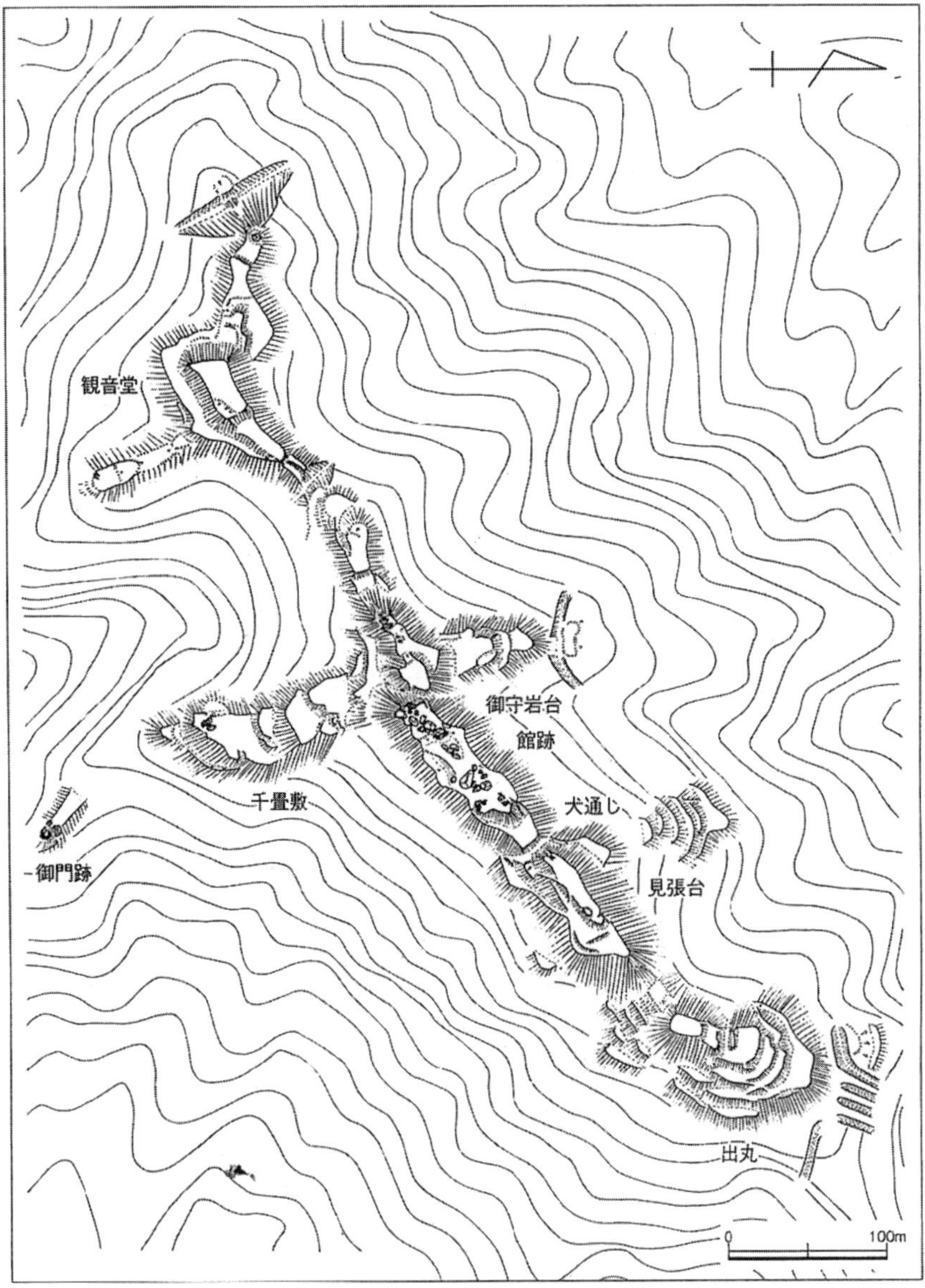

図7－4　金山城縄張図（吉野健志氏作成）（小都隆編『安芸の城館』ハーベスト出版，2020年，より）

のものと考えられる加工痕や、「鶯の手水鉢」と呼ばれる人工的な窪みをもつ岩もある。「御守岩台」の西一八〇メートル地点の郭を中心とする郭群には、東に一つ、西に三つの郭、南下には「観音堂」「上高間」と呼ばれる郭があるほか、「下高間」「馬場」「見張櫓」と呼ばれる所もある。「御守岩台」から南に延びる尾根上の郭群には、階段状の三つの小郭と「千畳敷」と呼ばれる郭がある。そこから降った標高三三〇メートル地点に自然石をベースに巨石を配した枡形状の「御門跡」がある。さらに南へ下ると「馬返しの壇」と呼ばれる削平地を中心に七つの削平地がある。山頂郭群の東には堀切を隔てて「出丸」と呼ばれる郭があり、そこから東に五つの小郭が階段状に並んでいる（『広島県中世城館遺跡総合調査報告書　第1集』七〇）。このように、金山城には多くの郭があり城域も広いが、郡山城や五龍城のような加工石を積み上げた石垣はみられず、毛利氏直轄城郭期の修築は限定的だったと考えられる。

米山城・生城山城　米山城は東広島市志和町志和東に位置する。標高二七三メートル、比高二〇メートル。志和東天野家の居城である。

東国御家人天野政景が承久の乱の戦功によって獲得した志芳（志和）庄地頭職について、のちに東村・西村に分割され、東家が東村、堀（保利）家が西村（志和堀）を継承したと考えられる。米山城の築城時期は不明であるが、志和東天野家の居城だったことを明記したものとして、大永六年に天野興定に対して「米山要害」への「在城」を許した大内義興の書状（「右田毛利家文書」）が挙げられる（六九頁参照）。尼子氏に荷担していたため大内方の攻撃を受けた興定は、大永五年、「当要害」を明け渡して帰服することを大内氏へ申し出ており（「右田毛利家文書」）、この「要害」も米山城を指す。

米山城の遺構について、山頂部の長円形の郭（三七×二七メートル）には南へ下る通路沿いに枡形状の窪みがみられる。山頂部の郭（1郭）の東側に比高差六メートルの郭（2郭）があるが、山頂部郭との間は土塁によって遮られている。丘陵部の北端は2郭との比高差八メートルの小郭があり、その北に堀切がある（『広島県中世城館遺跡総合調査報告書　第2集』五八）。このような比高も低く縄張りも簡単な構造だったことが、大内方に攻撃された際に激しく抵抗することなく帰服した一要因だったと考えられる。

興定の後、その子隆綱を経て家督を継承した元定が永禄十二年に死没すると、元就の七男千虎丸（せんとらまる）が家督を継承することとなり、翌年二月二十八日に実名元政を称した千虎丸が「御入城」した（「右田毛利家文書」）城も米山城であり、天正三年時点においても米山城は存在している（「中書家久公御上京日記」）。

その後、元政は米山城から生城山（おおぎやま）城へ移転したとされる。位置は東広島市志和町志和東で、標高四八五メートル、比高二六〇メートル。最高所（1郭）から東へ延びる尾根上に五つの郭があり、1郭から2郭への虎口は自然の巨石を利用した枡形となっている。2郭と3郭の間にも巨石があり、7郭の東には堀切が設けられており、堀切の東にも土塁を持つ8郭がある。1郭の南側には長大な帯郭があり、その南に支尾根が延びるが遺構は確認できない。山頂部から北に派生する三つの支尾根には二～三段の郭がある。1郭の西下の巨石には直径二〇センチ、深さ二〇センチ程度の柱穴と思われる二つの穴が約三メートル間隔に並んであり、櫓などの建物が建てられていたと推察されている。その西にも郭があるが、さらに西に延びる尾根上に郭はない（『広島県中世城館遺跡総合調査報告書　第2集』四六）。

遺構がみられない尾根があるなど、城域を最大限に広げる意図が感じられない点について、元政領周辺に戦闘が差し迫っていない天正三年以降に築城されたことが影響していると考えられる。また、大規模な石垣が築造されていた形跡もない。

惣国検地以後の元政の給地をみると、安芸国約四〇〇〇石、石見国一万石超で、郡別では石見国邑智（おおち）郡六六〇〇石が最大である。石見国人小笠原氏の居城とされる丸山（まるやま）城は邑智郡川本（かわもと）町に位置しているが、惣国検地後の川本は元政の給地となっている。丸山城は石垣を多用しているが、その高さは低く、本丸には殿舎（でんしゃ）建物の遺構が確認される（島根県川本町教育委員会　一九九七：二八）。このような特徴からみると、比較的遅い時期まで毛利氏に抵抗したのちに服属した小笠原氏の城郭とは考え難く、元政期に修築されたと思われる。生城山城と丸山城とを比較すると、丸山城の方が毛利一門の居城に相応しい規模・技術を備えており、惣国検地以後、元政の主たる居城が丸山城だった可能性を指摘できる。いずれにせよ、生城山城の廃城は防長減封時と考えられる。

頭崎城

頭崎城は東広島市高屋町貞重と同市河内町戸野にまたがる頭崎山に位置する。標高五〇四メートル、比高二〇〇メートル。平賀氏の居城である。

平賀氏は東国御家人で弘安元年（一二七八）以前に高屋保を領有しており、居城を御薗宇城（東広島市高屋町高屋堀）に置いたとされるが、鎌倉期に当主が安芸国を主たる居所としていた確証はない。南北朝期になると、平賀兼宗が北朝方として安芸国において戦功をたてており、この頃までには安芸国を主たる居所にしていた。その後、「平賀氏系譜」によると、文亀三年（一五〇三）に白山城（東広島市高屋町白市）を築城して、居城を移したとされる。さらに大永三年に新たに築城されたと伝わるのが頭崎城である。

天文五年に弘保・興貞父子の対立が激化した際、興貞は頭崎城に拠ったことが同時代史料で確認され、大内方の攻撃に対して天文十年まで抵抗を続けている（八八頁）。もっとも、後に勃発した防芸引分後の毛利方による攻撃の際、長期間の抵抗はみられないため（一〇一頁）、興貞の抵抗も尼子氏の間接的支援によって成り立っていた面もあると考えられるが、縄張りをみると、長期間の抵抗が可能な頑強な構造である。

山頂の「甲の丸」と呼ばれる主郭を中心に、あらゆる支尾根に郭を延ばすとともに、東西に長く延びる丘陵上にも広範囲に小規模な郭を連ね、全体では東西約九〇〇メートル、南北約六〇〇メートルの大規模な城域となっている。主郭の虎口は、南、北西、東の三カ所に開き、それぞれ前面に小郭を置いて外枡形状の空間を造っている。そのうち、南側の正面にあたる虎口は、周囲を石垣で固めている。主郭の背後は長大な「西の丸」を挟んで堀切群となっており、東西に長く延びる丘陵から城域を切り離すために、長い堀切と畝状竪堀群を組み合わせている（吉野二〇二〇：一八六）。

このような構造は防長減封に伴う廃城時のものであり、天文十年時点のものではないが、隅石が弧を描くような石垣の積み方は豊臣期にみられる算木積み以前のものであり（吉野二〇二〇：一八六）、豊臣期に大規模な改修は行われなかったと思われる。

高山城・新高山城

高山城は三原市高坂町・同市本郷町本郷・同船木に位置する。標高一九〇メートル、比高一八〇メートル。沼田小早川家の居城である。新高山城は三原市本郷町本郷・同船木に位置する。標高一九六メートル、比高一八〇メートル。小早川隆景の居城である。

源頼朝の挙兵に当初から参画した土肥実平の子小早川遠平が安芸国沼田庄（三原市）の地頭職に補任され、その養子景平から長男茂平が沼田本庄を継承（沼田新庄は茂平弟季平が継承）、さらに茂平三男雅平が沼田本庄を継承した一方で、四男政景が都宇竹原庄（竹原市）を継承して、沼田家と竹原家が分立した。鎌倉期の沼田小早川家は在京御家人で安芸国には常住していなかったが、南北朝期になると、建武五年（一三三八）、南朝方の小早川清忠・頼平が籠もった「妻高山の城」を北朝方が攻めている（「忽那文書」）。「妻高山の城」は高山城のことで、これ以前に築城されていた。沼田小早川家は北朝方であり、この戦闘時点では高山城主ではなかったが、文和四年の妻高山城をめぐる戦闘においては沼田小早川家の居城となっており、建武五年時点では清忠・頼平が一時的に占拠したものと思われる。

応仁・文明の乱の際に西軍方によって攻撃された「高山城」（「小早川家証文」）もこの城で、隆景が天文二十年に沼田小早川家を継承して入城したのもこの城である。一方で、永禄四年に毛利元就・隆元が訪問した城は「雄高山」と記されており（『小早川家文書』）、新高山城を指す。新高山城は「仏通禅寺住持記」によると、天文二十一年六月に普請を開始し、その月のうちに隆景が入城したとされるが、隆景の妻高山入城から約八カ月後のことであり、現実的に新高山城が機能し始めるのはもう少し後のことと考えられる。

高山城は、山頂の東西に延びる二つの並行した尾根上およびその間の鞍部を中心に郭が造成されている（図7-5）。北側尾根の郭群は比較的規模が大きい。方形を意識した造りのものが多く、小規模な石垣もみられる。南側尾根の郭群には石垣はなく、地形の制約を受けた造りとなっている。南東下に延びる尾根筋上に堀切、南東端の郭に土塁がみられるほか、城域内に七カ所の井戸跡がある（『広島県中世城館遺跡総合調査報告書　第3集』四四）。城域が北側尾根に拡張、あるいは北側尾根郭群は改修されたと推察されている（尾崎　二〇二〇a：二三二〜二三三）。

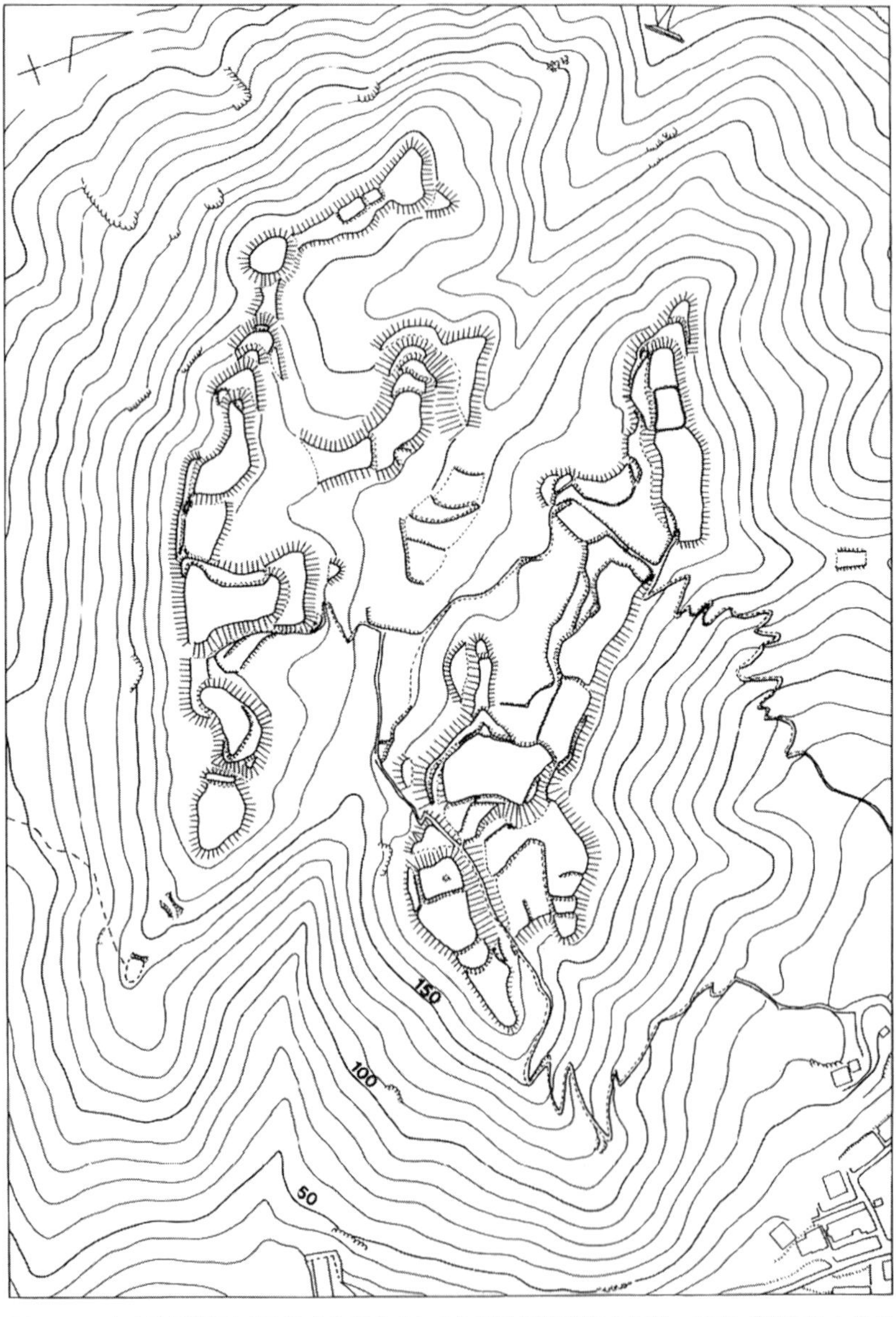

図7-5　高山城縄張図（尾崎光伸氏作成）（広島県教育委員会編集・発行『広島県中世城館遺跡総合調査報告書』第4集，1996年，より）

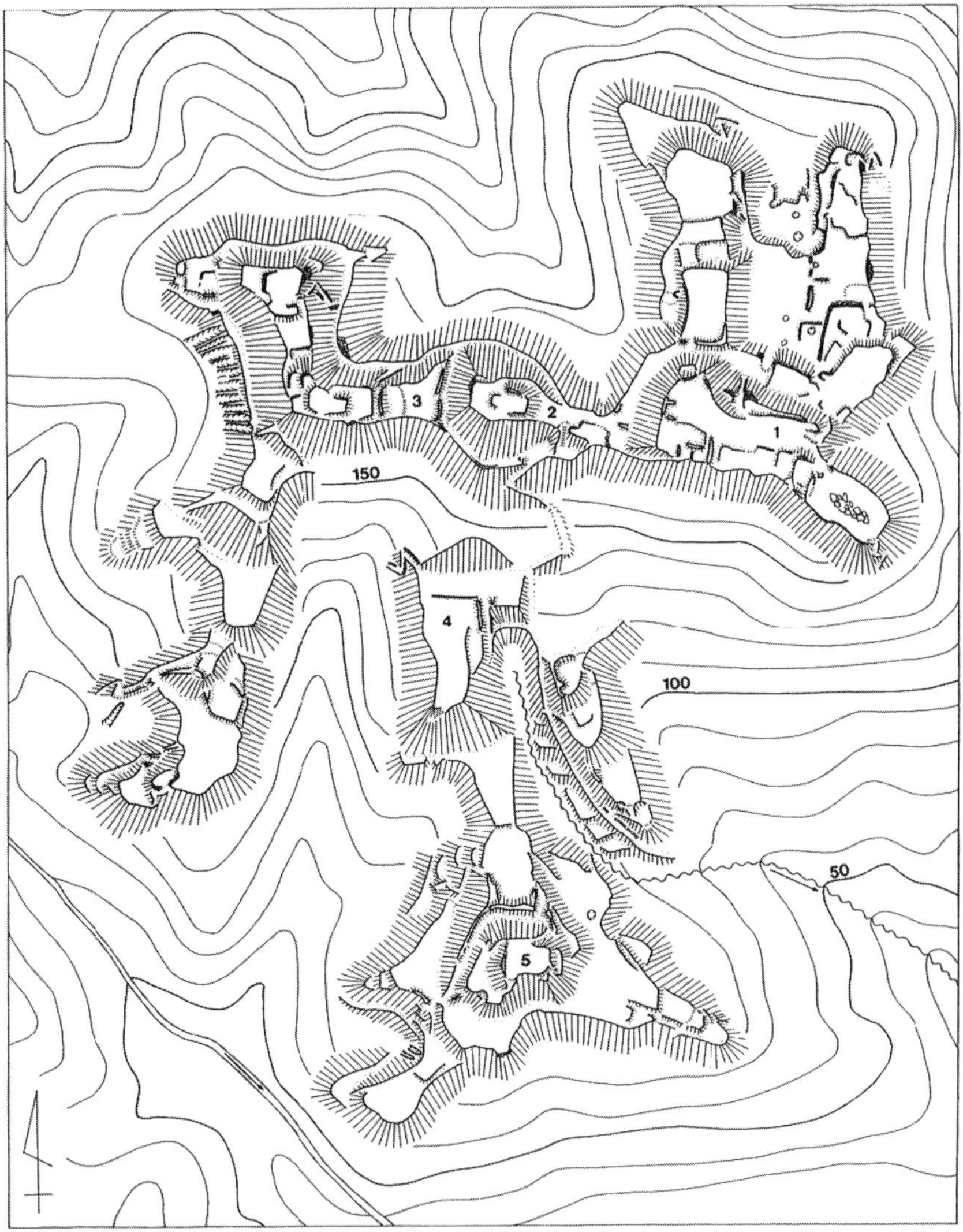

図7－6　新高山城縄張図（尾崎光伸氏作成）（広島県教育委員会編集・発行『広島県中世城館遺跡総合調査報告書』第3集，1995年，より）

次に新高山城の遺構をみると、1郭には北と南西隅に虎口があり、南西の虎口には土塁囲みの枡形が確認できる（図7-6）。この郭の西・北辺には石垣が用いられている。1郭の北下の郭には石垣・石塁・井戸がある。2郭は南側に石段があり、そこから西の郭群に向かうルートと、南下に向かい匡真寺（きょうしんじ）へ続くルートに分かれる。3郭の東端は土塁と2郭の切岸によって堀切状になっている。西端にも土塁がある。3郭から西に進むと北へ延びる尾根と南へ延びる尾根に郭が並び、そこには石垣がみられるほか、西下には畝状空堀群がある。4郭の南には西辺に土塁を有する郭群がある。5郭の北下には横堀状の堀底道が通っている。4郭の東にある尾根筋には登城路と、登城路に面する側に土塁を設けた郭群がある（『広島県中世城館遺跡総合調査報告書　第3集』一一六～一一七。尾崎 二〇二〇b：二三六～二四〇）。元就父子訪問時には、能舞台、会所、高間、裏座敷といった施設のほか、井上春忠（はるただ）・桂景信（かげのぶ）の「私宅」（屋敷）も城内にあった。

天正十年一月に三原築城が始まったとされ、同時代史料においても天正十一年末にほぼ工事が終了して、翌年一月までに家臣女房衆も移住することとされていることから（「譜録」）、隆景の居城もこの頃に三原へ移ったと考えられる。

俵崎城

俵崎（たわらざき）城は、三原市瀬戸田（せとだ）町鹿田原（しかたばら）に位置する。標高・比高ともに三〇メートル。一九九七年に発掘調査が行われたため、広島県内における海賊の城の縄張りを復原できるものとして貴重な遺構である（図7-7）。

最頂部の1郭は南北約四〇メートル、東西約二〇メートルで、西端に土塁、土塁上に柵列が設けられ、西端土塁北側の屈曲部には見張り所的な礎石建物があったとされる。南方は堀切によって後方尾根と切断されている。1郭の八メートル北下に2郭、2郭の東方に土塁上遺構を隔てて3郭があり、3郭の南下に石組井戸が残されている。1郭の一四メートル西下には4郭があった（現在は消滅）。発掘調査により、4郭の西端には幅三メートル、高さ〇・三メートルの土塁、南側に二条の竪堀が設けられていたことが判明した。出土遺物から思われる築城時期について、本格的に城として使用されたのは十六世紀前半、終末期は十六世紀後半とされる（広島県埋蔵文化財センター

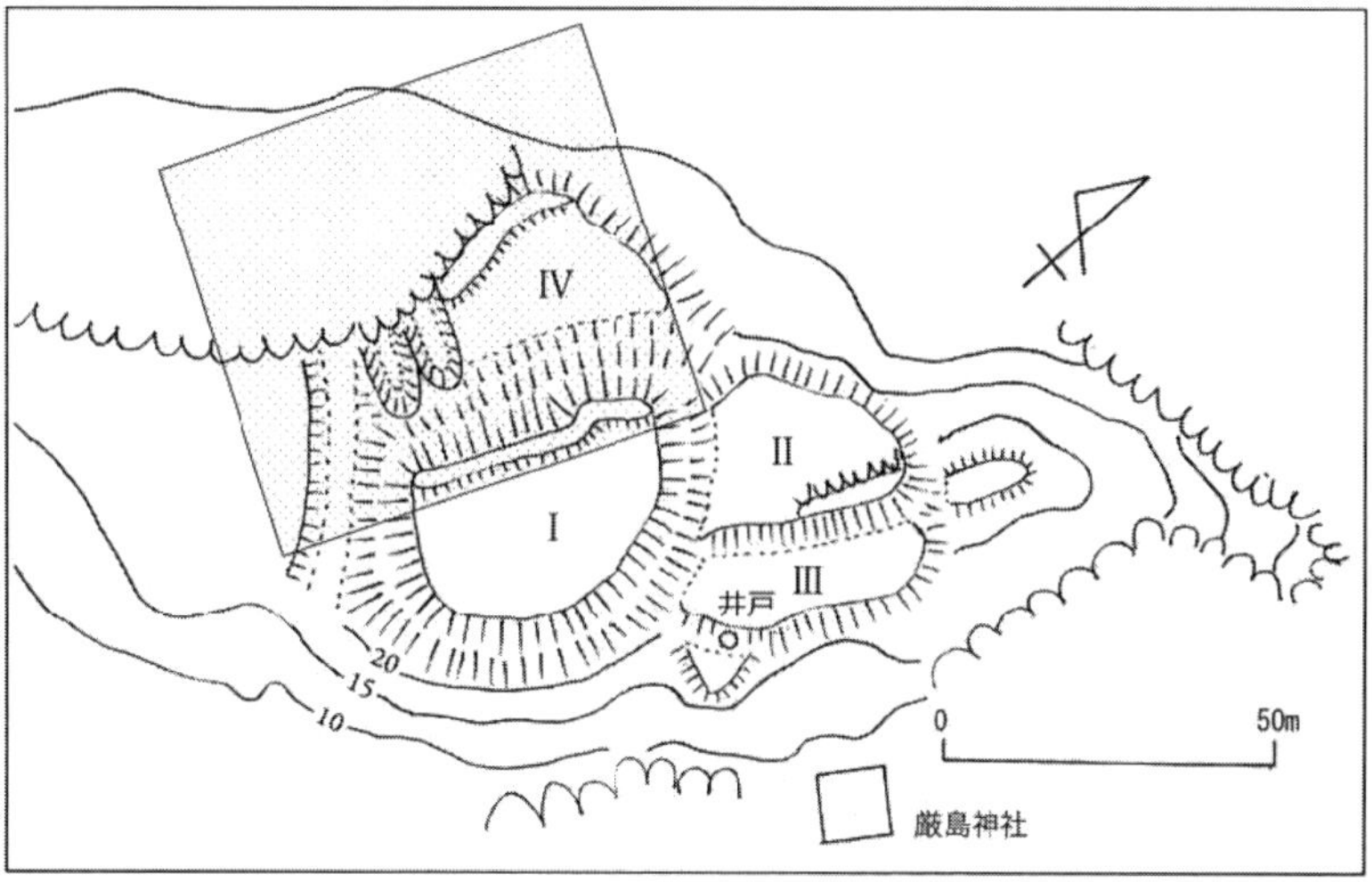

図７－７　俵崎城縄張図（山内譲氏作成）（山内譲『中世の港と海賊』法政大学出版局，2011年，より）

一九九八：六六～六七。山内 二〇一一：二二〇～二二四）。

城主は沼田小早川家庶家の生口(いくち)氏。瀬戸田港を拠点として交易にも携わる海洋領主で、十五世紀後半頃までは惣領家の指揮下で行動していたが、隆景の入嗣後は家中に確認できなくなり、独立した領主として大内氏に従属したと考えられる。このため、防芸引分後も当分の間、毛利氏には従属していなかったが、三原を拠点とする商人岩城屋(いわきや)（尾道泉屋の前身の可能性がある）を通じた隆景の調略（「松本快蔵氏旧蔵文書」）によって、親毛利派が島を掌握したと考えられる（山内 二〇一一：二二七～二三一）。

天正四年の木津川河口における海戦においても、隆景直属水軍とは別個の水軍を率いて参戦していたが、隆景の北部九州入部に伴い、給地は筑前国へ移され（「仏通寺文書」）、この時期に城郭としての機能を失ったと思われる。

2　備後の主要城郭

比叡尾山城・比熊山城

比叡尾山(ひえびやま)城は三次市畠敷町に位置する。標高四一〇メートル、比高二二〇メートル。三吉(みよし)氏の居城である。

三吉氏の出自については、「城主三吉家系譜之写」によ

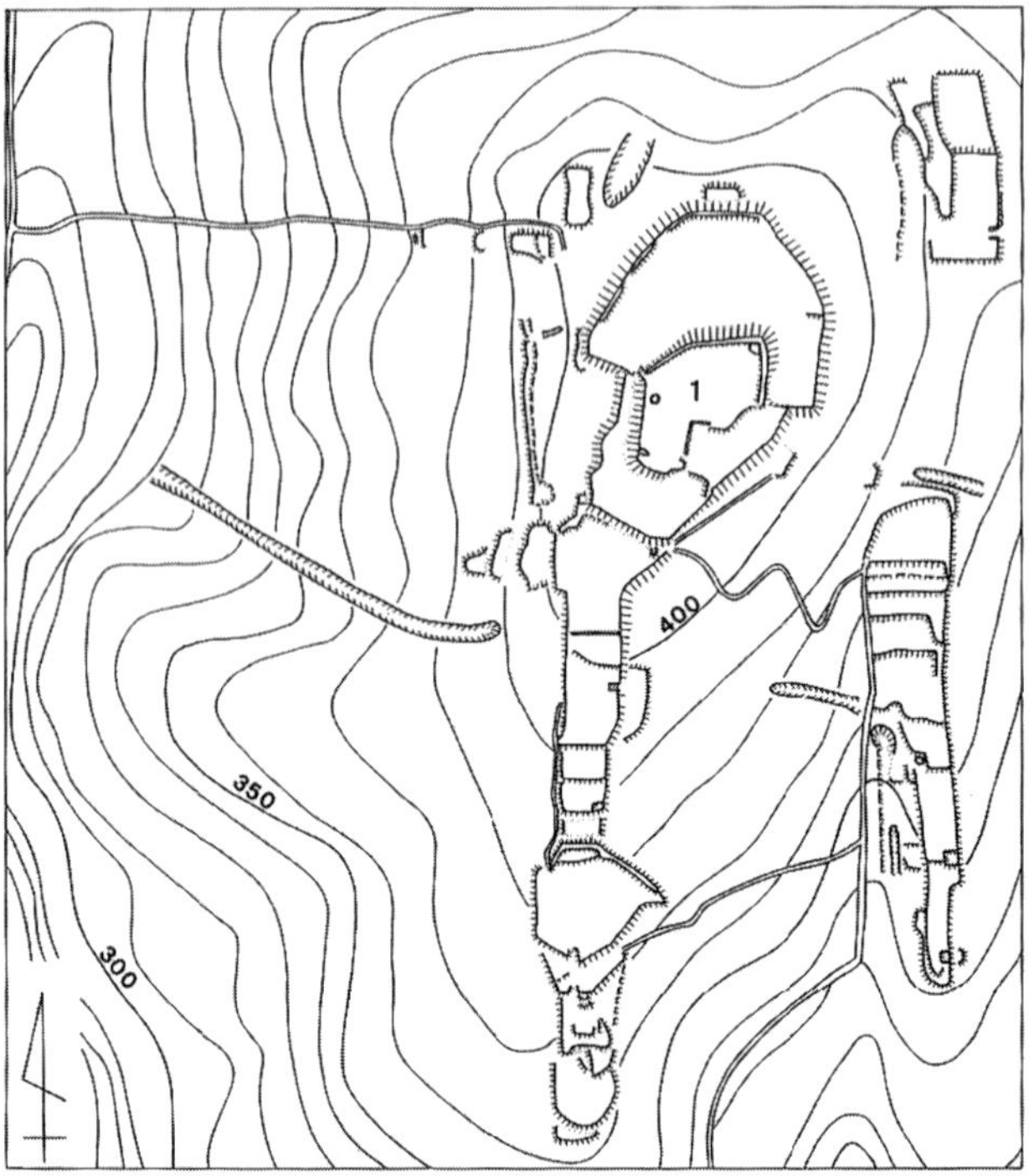

図7－8　比叡尾山城縄張図（新祖龍太郎氏作成）（広島県教育委員会編集・発行『広島県中世城館遺跡総合調査報告書』第3集，より）

ると、藤原行成の四男兼範が安房国から下向して、比叡尾山を居所にしたとされる。一方、「三吉鼓家系図」によると、佐々木秀義の子秀綱が建久三年（一一九二）に三次の地頭職に補任され、比叡尾山を居所にしたとされる。しかし、兼範・秀綱ともに実在が確認できず、いずれの出自も信憑性は低い。おそらく在地の豪族層を出自にすると思われ、南北朝期から三次郡域における有力な国人として同時代史料にみられるが、比叡尾山城の築城時期は不明である。天文十二年頃、出雲国杵築の御師坪内氏が「比叡美」を訪れており（「坪内家文書」）、この時点における三吉氏当主の居所が比叡尾山に置かれていたことをうかがわせる。

比叡尾山城には、頂上部および斜面を造成した約五〇の郭があり、五つの郭群に分けることができる（図7－8）。本丸は七〇×四〇メートルで、二段に構築され門跡も残っている。北・東側には高さ一～二メートルの土塁が設けられ、屈折部には物見台と思われる一段高い平坦面がある。石垣もみられる。南に一段下がった二の丸は、西側で本丸下を回って本丸北下に設けられた最大の面積を有する郭に続いている。二の丸の南下約七メートルには三の丸があり、東側に南麓からの大手道が入り込み、三の丸からの見通しを防備するための土塁が設けられている。その位置からの通路が本丸東側斜面下を北東に延び、途中の小郭を経て本丸北東の鞍部の郭群に至る。小郭には石垣の半地下式穴蔵がみられる。三の丸から南方には十数段の郭が段階的に続き、途中には石垣、堀切、竪堀、土塁が配置されている。東側には谷を隔てて南北に十数段の郭群がある。本丸西側には搦手口を防備するための郭群、堀切、土塁がみられる（『三次市史』Ⅱ：二五六～二五七）。

次に紹介する比熊山（ひぐまやま）城は三次市三吉町に位置する。北から西城（さいじょう）川、東から馬洗（ばせん）川が南流する江（ごう）の川と合流する平野部に臨む丘陵上に位置する。三吉氏の新たな居城として天正十九年に築城されたと伝わるが、確証はない。標高三三一メートル、比高一七〇メートル。

千畳敷と呼ばれる本丸は、約一〇〇×五〇メートルで、東端には高さ三メートル、幅五メートル、長さ三〇メートルの天守台的な規模をもつ郭がある。西側隅には一〇メートル四方、高さ一メートルの段がある。本丸西側には、土塁で仕切られたほぼ同一の高さで、面積も本丸に匹敵する郭が続く。土塁で仕切られた虎口部は南・西側の腰郭に開いている。北側に延びる尾根にもL字状の土塁で区画された郭からさらに東西方向へ延びる尾根に十数段の郭が構築されている。西限は二条の堀切と一〇条の畝状竪堀群で防備されている。本丸南下には三段の腰郭が構築されている。両側を坂土塁で固めており、枡形と考えられるため、大手道に続いていたと推察されている。本丸から東方に延びる尾根には三段の郭から狭い鞍部を経て南北に広がる郭群に至る（『三次市史』Ⅱ：二五八～二五九）。

三吉氏と同様に居城を移転したとされる志和東天野家の米山城に比べ、比叡尾山城の規模や防備施設、石垣などには優れた技術がみられ、比叡尾山城が天正年代まで存続していたとする伝承に不自然な点はない。一方で、他の有力な安芸・備後国人で惣国検地以降に居城を移転した者はなく（一門化した吉川氏、小早川氏、宍戸氏や志和東天野家を除く）、天正十九年の比熊山城築城という伝承には疑問が残る。比熊山城の遺構には、削平面の広さや天主台的な高まりなど近世城郭に近づく側面がみられる一方で、畝状竪堀郡といった戦闘に特化した防御施設があり、また普請途中で中止した形跡もみられ（北側郭群）、天正十九年以前に築城されたものの、輝元専制体制下になると、防御性を強化する改修は控えられ、領主権威を示す改修のみ行われたかもしれない。

甲山城

甲山城は庄原市本郷町に位置する。標高三八四メートル、比高一二〇メートル。山内氏の居城である。

山内氏は東国御家人で、承久の乱以前に地毗庄地頭職に補任され、十四世紀初め頃に地毗庄へ移住したと伝わる。当初は蔀山城（庄原市高野町）を居城としていたが、元亨年間に甲山城へ移転したとされ、元亨四年（一三二四）の山内時通への譲状においても甲山（高山）周辺が山内氏の本拠となっていることがうかがえる（『山内家文書』）。

甲山城の城域は山全体に広がる大規模なもので、中心部の郭群のうち、1郭の中央には櫓台状の高まりがみられる。2郭の北東隅にも櫓台状の高まりがあり、艮神社が立地していたという（現在は山南麓）。3郭は2郭の2メートル南下にあり、北西端に土塁がある。2・3郭の周囲にも土塁の痕跡がみられる。4郭は2郭の北東下にあり、北東隅に櫓台状の高まりがある。その下には二重の堀切と土塁がある。これらの郭群の外側の尾根上にも郭群があり、北側に広がる郭は規模が大きい。東と南に広がる郭群は山裾まで延びているが、南側のものは加工度が低い。

規模の大きさや櫓状建物の存在といった特徴は、山内氏が有力な国人だったことを反映したものと考えられる。一方で、郡山城と比較すると、全山を城郭化している点などでは共通するが、石垣や枡形虎口の使用は認められず、瓦葺き建物の存在も確認されていないが、石垣が確認できない点で大きな差異がある（谷本 二〇〇〇：六三～六四）。このような差異は、毛利氏に従属した後、甲山城の大規模な改修が行われなかったことをうかがわせる。もっとも、山内氏の主たる居所は関ヶ原合戦時まで甲山城周辺だったと思われ、防長減封時に廃城になったと考えられる。

神辺城

神辺城は福山市神辺町川南に位置する。標高一三三メートル、比高一一五メートル。

かつての通説では、隠岐を脱出して船上山（鳥取県琴浦町）に拠った後醍醐天皇のもとへ馳せ参じた出雲国の豪族朝山氏のうち、南北朝分立後に北朝方として活動して備後国守護職に補任された次郎左衛門尉が、神辺に守護所を置いて築城したとされていた。しかし、近年の研究では、応永の乱以降、少なくとも永享年間までの山名氏による備後国支配の拠点は国府城（府中市）だったとされている（九二頁）。一方で、嘉吉三年（一四四三）に山名近江入道丈休が神辺城を築いたとする記録もある。丈休とは備後国守護代犬橋近江守満泰を指すとされ、永享九年（一四三七）の山名持熙（宗全の兄）の挙兵失敗後に守護所（あるいは守護代所）を国府から神辺へ移した可能性が指摘されている（谷重 二〇一八：三三）。

いずれにせよ、大永七～八年頃に神辺は山名氏による備後国支配の一拠点となっており、神辺城の築城もそれ以前に遡る。大永七～八年当時の城主は山名理興。理興が大内氏から離反したため、神辺城は天文十六年から大内方の軍勢の攻撃を受け、天文十八年に陥落した。その後、大内氏の城代が置かれたが、防芸引分後には、毛利氏に従った杉原豊後守、豊後守の死没後は杉原盛重が城主となった。ところが、天正十二年、盛重の子景盛が毛利輝元に討伐され、神辺城は毛利氏直轄城郭となった。さらに、惣国検地後、元就八男元康が入城し、毛利氏の防長減封まで元康の居城だった。また、毛利氏に代わって安芸・備後国に入部した福島正則は、領内の支城の一つとして神辺城を残した。支城主は福島丹波とされる。その後、元和元年（一六一五）、一国一城令によって廃城になったと考えられる。

神辺城の遺構について、山頂部、北尾根、北東尾根の三つの郭群からなる（図7-9）。山頂郭群は最高所から西および北に延びる尾根上に郭を階段状に配置し、西端に畝状空堀群がある。最高所の主郭とその北下の郭では発掘調査が行われ、礎石建物跡六、溝四、石垣二、石組一が確認された。北郭群は六段の郭からなり、中ほどの郭の両端には土塁のような高まりがみられる。北東郭群は二段の郭と畝状空堀群からなる（『広島県中世城館遺跡総合調査報告書　第3集』一八四）。

神辺城と同様に、江戸期より以前に築城され、福島期には支城として機能し、一国一城令によって廃城になったと考えられる五品嶽城（庄原市）と比較すると、現存する石垣遺構は少ない。もっとも、福島期に存在したことが確実であるにもかかわらず、石垣遺構が少ないという矛盾は、福山築城時に石材を転用したと推定すると解消される。一方、神辺城の複数の櫓を福山築城時に移設したとの伝承もあり、そのため、元和元年以降も神辺城は存置されていたとの説もある。この点について、発掘調査や同時代史料から明らかにすることはできないが、廃城処置後

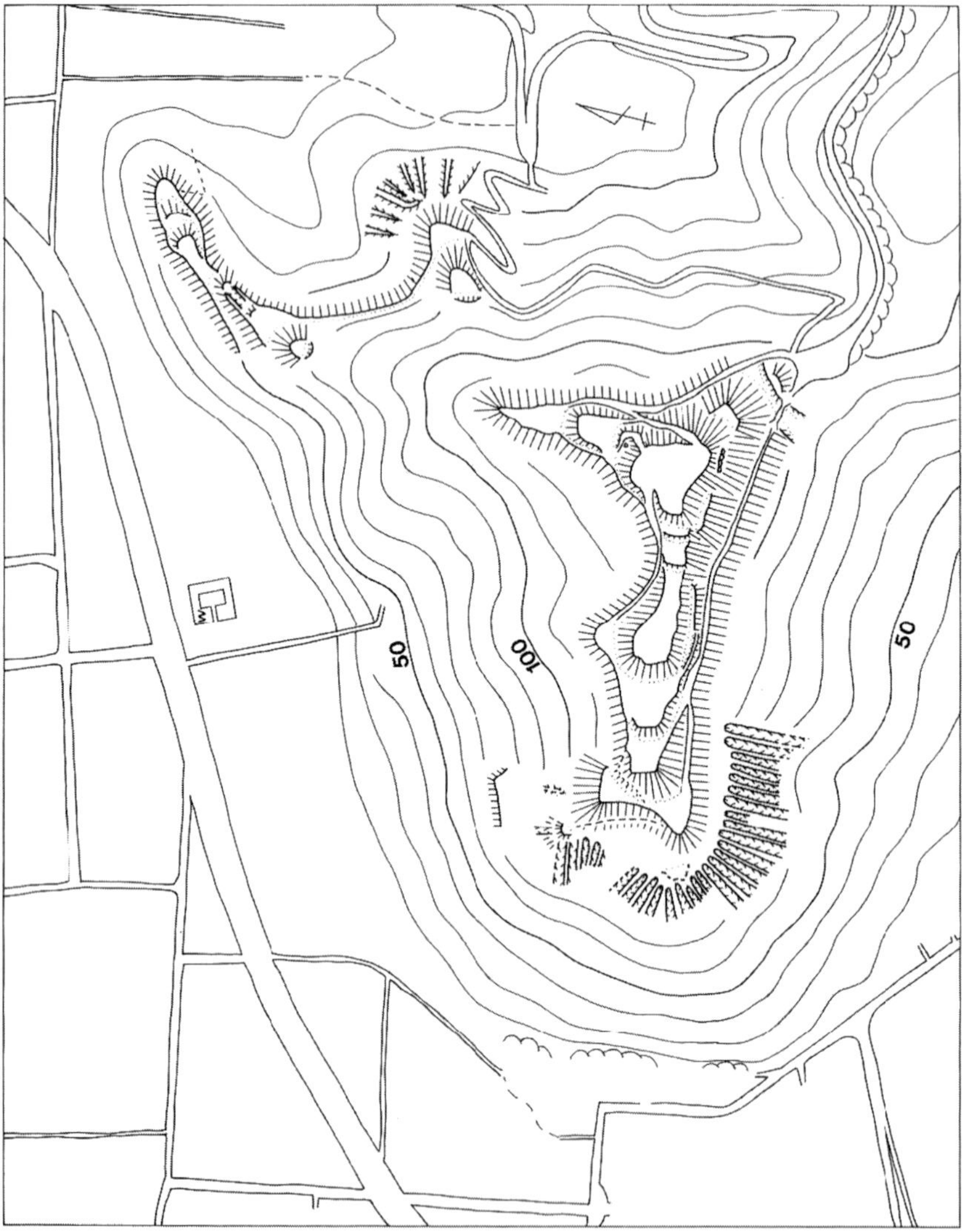

図7－9　神辺城縄張図（表邦男氏・木村信幸氏作成）（広島県教育委員会編集・発行『広島県中世城館遺跡総合調査報告書』第3集，より）

も石材だけでなく櫓などの部材が残されていたかもしれない。

相方城

相方城は、福山市新市町相方、府中市中須町に位置する。標高一九一メートル、比高一七〇メートル。

宮氏一族で下野守家や上野介家が滅亡したのちも、大内氏や毛利氏に従うことによって有力な国人として存続した有地氏の居城と伝わるが、相方城が有地氏の居城だったことを明記した同時代史料は確認できない。

一方で、遺構をみると、一国人の城郭とは考え難い点が見受けられる。主郭となる山頂部は、標高一九一メートルを頂部とする東側郭群と、幅約三メートルの空堀を挟んで標高一八八メートルを頂部とする西側郭群からなる。これらの郭群は高さ約二～五メートルの打込接の総石垣で築かれている。東西頂部の二つの郭の面積は三〇〇～七〇〇平方メートルと広く、瓦も出土していることから、礎石建物があったと考えられる。東側郭群の西端には、二つの連続した門を直角に折曲げた枡形門状の郭があり、そこから南側の面を東に向かって屏風状に横矢邪が六カ所設置されている。北側は比高一八〇メートルの断崖で、一部石垣は残存するが崩落が激しい。西側郭群は主郭の周囲に石垣が残存しているが、そこから西に続く郭には石垣は使用されていない。西側の城域は尾根鞍部にある幅一〇メートルの空堀で区切られている。山頂部から東に派生する尾根上の郭群では、十六世紀後半の遺物も出土している（『新市町史』通史編：四四二～四四三）。

主郭群の石垣のうち、東側の石垣は自然石を少し加工したのみで竪石を使用し隅が丸みをおびているという特徴から、天正末期から文禄にかけての築造、西側の石垣は割石を使用していることやクサビの間隔などから、慶長五年頃に築造中止となり、廃城になったと指摘されている（『新市町史』通史編：四四三）。

惣国検地後の有地氏は出雲国を給地としており、右記のような特徴をもつ石垣は有地氏の築造とは考えられない。「八箇国御時代分限帳」によると、多くの中間衆が相方城に近接する品治郡に給地を与えられていることから、惣国検地後、毛利氏の直轄城郭として整備された可能性が指摘されている（岸田 二〇一一：三六八～三七六）。

◈　◈　◈

以上、安芸・備後国の主要城郭として、比較的大規模な軍事施設としての城郭をみてきたが、戦国期においては多数の中小規模の城郭が存在した。広島県中世城館遺跡総合調査で確認された遺跡数は一三一五カ所。その立地状況の区分は、丘陵先端部・段丘上などの平野部に突き出した小高い尾根上（A）五五％、丘陵頂部を中心に築かれたもの（B）三〇％、独立丘陵上（C）九％、丘陵裾部（D）三％、平野部（E）三％となっている。また、郭の範囲を基準とした規模をみると、Aは四〇～五〇平方メートルが最も多く、Bでは三〇～八〇平方メートルが全体の約五〇％を占め、二〇〇平方メートル以上も一三％を占める。Cは六〇～七〇平方メートルが最も多いが、一二〇平方メートル以上も多い。DやEは八〇平方メートルを超えるものは少ない（尾崎 一九九六：三〇四～三〇八）。もっとも、これらの城館・城郭のすべてが戦国期に存続していたわけではない。しかし、発掘調査によって存続時期がほぼ特定できるものをみると、おおよその城館・城郭は戦国期にも使用されている（小都 一九九六：三四八）。

備後国における中規模以下の領主の城館については、本拠の城館は中型（長辺が二〇〇メートル未満あるいは二〇〇メートル以上でも郭が不連続）以下、あるいは本拠城が不明確、本拠城付近に多数の同規模かそれ以上の城郭がある。このような特徴は一円的領域支配が形成されてなかったことを示すとされる（村井 二〇二三：一二一～一二三）。

軍事施設というよりも居住空間あるいは政治的空間としての性格の濃い城館も存在した。文献史料において「固屋（こや）」と記されていることもある。「固屋」は郡山城、神辺城、多賀山氏の居城蔀山城、江田氏の居城旗返城にみられるほか、山県郡の寺原和田（わだ）固屋もその事例である。山腹の低丘陵上、山裾の微高地、城下の平地など、山上の郭とは相対的に低い城の外縁部に築かれている。もっとも、堀や切岸などの防御施設によって外部と隔絶されており、軍事機能がまったくないわけではない（木村 二〇〇四：八一三～八一四、八二〇）。また、「固屋」の果たした機能はそれぞれで異なっていたと考えられる。たとえば、郡山城の「固屋」は「里」とも称され、元就期以降は近習衆の居住空間としても機能していた（秋山 一九九八：一七〇～一七五）。

「固屋」が存在したと思われる場所の多くは改変が進んでおり、「固屋」の詳細な構造を明らかにすることは難しいが、吉川元春の居住空間として建設された吉川元春館跡については発掘調査が行われ、その構造が明らかになった（図7－10）。この館は天正十一年九月から十二月頃の元春から元長への家督譲渡に伴い建設されたものである。

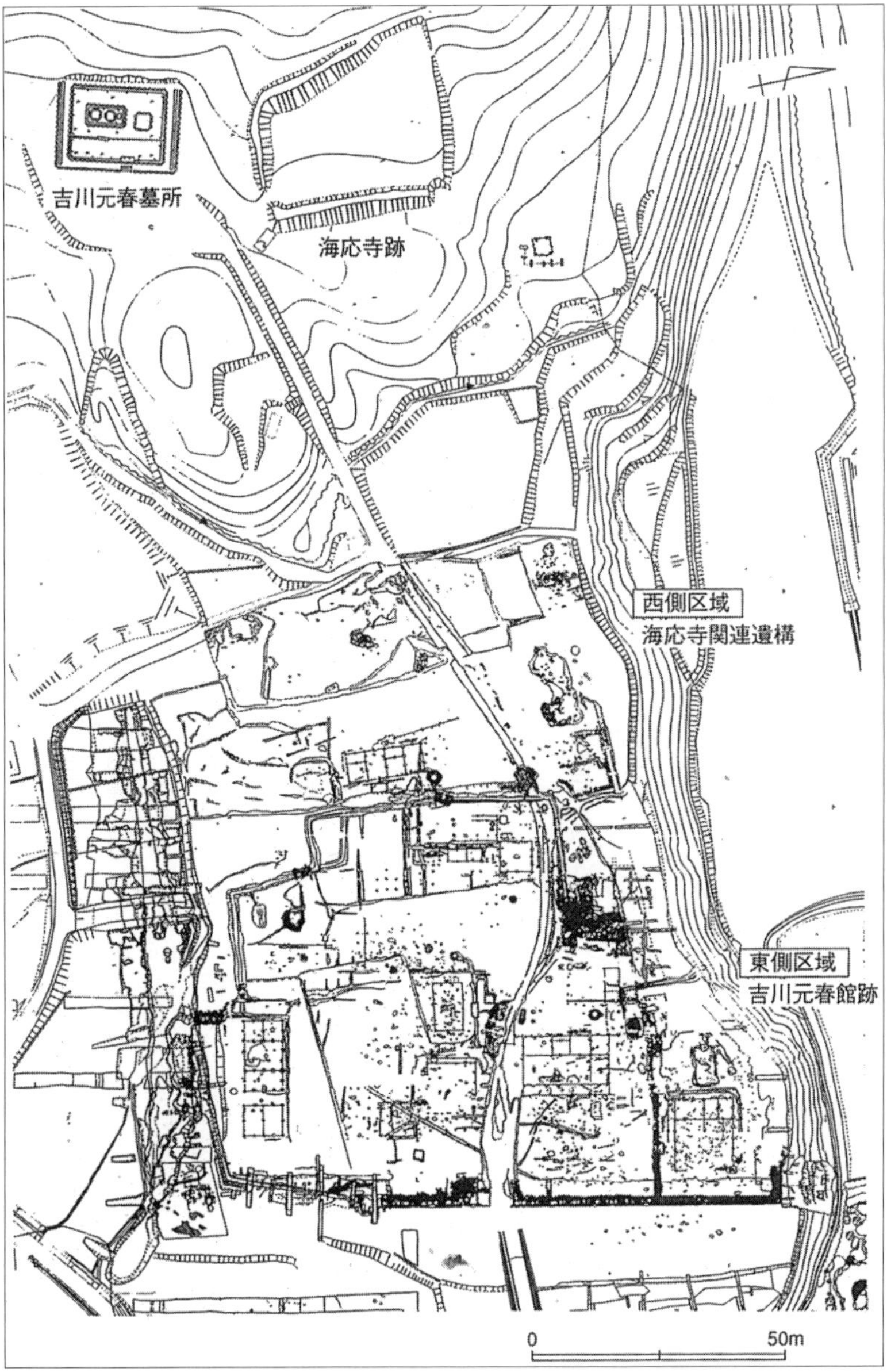

図7－10　吉川元春館跡と海応寺関連遺構（小都隆『吉川氏城館跡』より）

元春・元長の死没後、広家が妻（宇喜多秀家姉）を迎えるための殿舎を建設したが、広家が居城を富田に移すと、館の跡地に元春の菩提寺海応寺が建立された。館は機能を終え、解体されて用材等は寺などに再利用されたと考えられる。構造について、東側の石垣から約八〇メートル西側になる高さ約一・五メートルの段差によって東西に二分され、東側区域は元春夫妻の居住した館の関連遺跡、西側区域は海応寺関連遺跡となっている。東側区域の南北に延びる石垣の切れ目に位置する表門から西へ館内部に入ると、正面に南北約六〇メートル、東西約二〇メートルの広場があり、その奥に北から主殿、遠侍、広場の南に番所、さらに南に台所と付属屋が建っていた。番所の東側には通用門が南に開いている。広場の北側は築地塀によって区画され、その北は広場より〇・五メートル高い敷地で、書院造の大規模建物が建っていた（広家妻の居所と思われる）。遠侍の西には常御殿（元春夫妻の居所）、主殿の西には庭園があった（遺構は消滅しているが庭に面して会所があったと思われる）。さらに西側に風呂屋・便所があった（木村 二〇一八：二六～三一）。

元春館東側の石垣は万徳院・松本屋敷・伝吉川氏家臣屋敷など周辺の石垣の特徴と共通性があり、領内を拠点とした同一の職人集団（「石つき之もの共」）によって造られたと思われており（木村 二〇一八：三一～三三）、広島城をはじめとした豊臣期における高石垣築造技術の素地がすでにあったことを示している。元春館の建物には京都の武家居館の影響もみられ、在地の伝統的な技術と畿内の先進的な技術が融合して築造されたのが広島城だったといえよう。

参考文献

引用史料

『出雲尼子史料集』 尼子家古記録、岩屋寺快円日記、大舘常興日記、証如上人日記、竹矢家文書、野村家文書

『新市町史』資料編Ⅱ 一遍上人年譜略、永享以来御番帳、大舘常興日記、祇園社記、吉備津神社尾多賀家文書、康正二年造内裏段銭幷国役引付、常徳院殿様江州御動座当在陣衆着到、中興寺文書、殿中伺候人数記録、洞松寺文書、中戸家文書、備前吉備津神社文書、備前吉備津神社大藤内家文書、平川家文書、文安年中御番帳、渡辺先祖覚書

『新熊本市史』史料編二 乃美文書

『戦国遺文』大内氏編 青柳種信関係資料、今仁家文書、白井家文書、譜録、毛利家文庫遠用物

『中世法制史料集』三 大内氏掟書

『豊臣秀吉文書集』一 溝江文書

『大日本古文書 家わけ第十一 小早川家文書』 小早川家証文、浦家文書

『大日本史料』八－一（大乗院日記目録、宗賢卿記）、九－四（後法成寺尚通公記、和長卿記）十－四（玉川文書）

『広島県史』古代中世資料編Ⅰ（証如上人日記、中書家久公御上京日記）、Ⅱ（厳島野坂家文書）、Ⅲ（浅野忠允氏旧蔵厳島文書、巻子本厳島文書、辛未紀行所収文書、大願寺文書、野坂文書、房顕覚書）、Ⅳ（石井文書、因島村上文書、小川又三郎氏旧蔵文書、小田文書、楽音寺文書、木下文郎氏所蔵文書、渋谷文書（渋谷辰男氏所蔵）、浄土寺文書、洞雲寺文書、広島大学所蔵三上文書、松本快蔵氏旧蔵文書、御調八幡宮文書、三吉文書、山野井文書、横山文書）Ⅴ（井上文書、石清水八幡宮文書、『大内氏実録土代』所収文書、忽那文書、黒岡帯刀氏旧蔵文書、『芸備郡中士筋者書出』所収文書、小寺文書、白井文書、士林証文、贈村山家返章、田坂文書、『知新集』所収文書、『福山史料』所収文書、譜録、真継文書、右田毛利譜録、壬生家文書）

『広島大学文学部紀要』四九特輯号一 内藤家文書

『三次市史』Ⅱ　坪内家文書
『山口県史』史料編中世2（粟屋家文書、二宮家文書、深川工家文書、御郷家文書、冷泉家文書）、中世3（井原家文書、熊谷家文書、宍戸家文書、多賀谷家文書、田総家文書、楢崎家文書、波多野家文書、船越家文書、三上家文書、右田毛利家文書、湯浅家文書）
『大和古文書聚英』西大寺文書

その他著作

安芸高田市歴史民俗博物館図録『安芸宍戸氏——毛利一族、四本目の矢』（安芸高田市歴史民俗博物館、二〇一八年）
秋山伸隆「南北朝・室町期における厳島神主家の動向」（『史学研究』二一四、一九九六年）
秋山伸隆「室町・戦国期における安芸・石見交通」（『史学研究』二一八、一九九七年）
秋山伸隆『戦国大名毛利氏の研究』（吉川弘文館、一九九八年）
秋山伸隆「新史料から郡山城の構造を探る」（吉田町歴史民俗資料館図録『記録にみる郡山城内の実像——新史料から郡山城内の構造を探る』吉田町歴史民俗資料館、二〇〇一年）
秋山伸隆「毛利隆元の家督相続をめぐって」（安芸高田市歴史民俗博物館図録『毛利隆元——名将の子の生涯と死をめぐって』安芸高田市歴史民俗博物館、二〇一三年）
秋山伸隆「厳島合戦再考」（県立広島大学宮島学センター『宮島学』渓水社、二〇一四年）
秋山伸隆「毛利興元とその時代」（安芸高田市歴史民俗博物館図録『毛利興元』安芸高田市歴史民俗博物館、二〇一六年）
秋山伸隆「戦国期の宍戸氏と毛利氏」（安芸高田市歴史民俗博物館図録『安芸宍戸氏——毛利一族、四本目の矢』安芸高田市歴史民俗博物館、二〇一八年）
秋山伸隆「高橋氏の滅亡時期をめぐって」（安芸高田市歴史民俗博物館図録『芸石国人高橋一族の興亡』安芸高田市歴史民俗博物館、二〇二〇年）
秋山伸隆・表邦男「厳島合戦前夜の山里合戦と「山里要害」」（『廿日市の文化』二四、二〇一一年）
朝尾直弘『将軍権力の創出』（岩波書店、一九九四年）
浅野友輔「戦国期大名・国衆間の対京都交渉の展開——大内氏・毛利氏の官途獲得周旋」（『人民の歴史学』二一八、二〇一八

年）
飯分徹「応永の安芸国人一揆の再検討」（『史観』一七〇、二〇一四年）
池享『大名領国制の研究』（校倉書房、一九九五年）
池享『戦国期の地域社会と権力』（吉川弘文館、二〇一〇年）
市川裕士『室町幕府の地方支配と地域権力』（戎光祥出版、二〇一七年）
市川裕士「室町・戦国初期における安芸国人毛利氏と室町幕府・守護」（『日本史研究』七一二、二〇二一年）
市村高男「中世瀬戸内の港町と船主・問のネットワーク」（川岡勉・古賀信幸編『西国における生産と流通』清文堂出版、二〇一一年）
伊藤大貴「十五世紀後半における備後守護山名氏の段銭収取と国人」（志賀節子・三枝暁子編『日本中世の課税制度――段銭の成立と展開』（勉誠出版、二〇二三年）
今岡典和「戦国期の地域権力と官途――毛利氏を素材として」（上横手雅敬監修『古代・中世の政治と文化』思文閣出版、一九九四年）
今谷明「〈史料紹介〉『東山殿時代大名外様附』について」（『史林』六三‐六、一九八〇年）
植田崇文「備後国の渋川氏について」（『国史談話会雑誌』四四、二〇〇三年）
植田崇文「備後国の国人領主渋川氏とその周辺について」（『芸備地方史研究』二六三、二〇〇八年）
上田祐子「戦国大名と村落社会――周防国山代地域の地侍を中心として」（『山口県史研究』四、一九九六年）
榎原雅治「三つの吉備津宮をめぐる諸問題」（一宮研究会編『中世一宮制の歴史的展開』上、岩田書院、二〇〇四年）
及川亘「中・近世移行期の都市商人と町」（勝俣鎮夫編『中世人の生活世界』山川出版社、一九九六年）
大知徳子「毛利輝元書状と御嶋廻」（『宮島学センター年報』一、二〇一〇年）
大知徳子「吉川元春書状と厳島神社の元亀二年遷宮」（『宮島学センター年報』二、二〇一一年）
小川信『山名宗全と細川勝元』（吉川弘文館、二〇一三年）
岡村吉彦執筆『鳥取県史ブックレット4　尼子氏と戦国時代の鳥取』（鳥取県、二〇一〇年）
尾崎光伸「地表面観察による調査の成果」（広島県教育委員会『広島県中世城館遺跡総合調査報告書　第4集』（広島県教育委員会、一九九六年）

尾崎光伸「高山城跡」（小都隆編『安芸の城館』ハーベスト出版、二〇二〇年ａ）
尾崎光伸「新高山城跡」（小都隆編『安芸の城館』ハーベスト出版、二〇二〇年ｂ）
小都隆「発掘調査の成果」（広島県教育委員会『広島県中世城館遺跡総合調査報告書　第４集』（広島県教育委員会、一九九六年）
小都隆『吉川氏城館跡――中世安芸の城と館』（同成社、二〇〇八年）
小都隆『考古学から探る郡山城――城館が語る安芸の中世』（渓水社、二〇二〇年）
片岡秀樹「文明・明応期の但馬の争乱について――山名政豊父子と垣屋氏」（市川裕士編『山陰山名氏』戎光祥出版、二〇一八年）
加藤益幹「戦国大名毛利氏の奉行人制について」（藤木久志編『毛利氏の研究』吉川弘文館、一九八四年）
角重始「鎌倉・南北朝期厳島社支配の特質」（『史学研究』一四七、一九八〇年）
鴨川達夫「戦国大名毛利氏の国衆支配」（石井進編『都と鄙の中世史』吉川弘文館、一九九二年）
川岡勉『室町幕府と守護権力』（吉川弘文館、二〇〇二年）
川岡勉『中世の地域権力と西国社会』（清文堂出版、二〇〇六年）
川岡勉「大内氏の芸備支配に関する史料と毛利氏」（『資料学の方法を探る』一五、二〇一六年ａ）
川岡勉「毛利氏の覇権確立と家格上昇」（『年報中世史研究』四一、二〇一六年ｂ）
川岡勉「中世後期備後における守護支配と国衆」（『愛媛大学教育学部紀要』六五、二〇一八年）
川岡勉「守護の権力編成と国人・被官人――大内氏分国を中心に」（川岡勉編『中世後期の守護と文書システム』思文閣出版、二〇二二年）
河村昭一『安芸武田氏』（戎光祥出版、二〇一〇年）
菊池浩幸「戦国大名毛利氏と兵粮――戦国大名領国の財政構造の特質」（『一橋論叢』一二三―六、二〇〇〇年）
菊池浩幸「戦国期「家中」の歴史的性格――毛利氏を事例に」（『歴史学研究』七四八、二〇〇一年ａ）
菊池浩幸「戦国期領主層の歴史的位置」（『戦国史研究　別冊　戦国大名再考』二〇〇一年ｂ）
菊池浩幸「国人領主のイエと地域社会」（『歴史評論』六七四、二〇〇六年）
岸田裕之『大名領国の構成的展開』（吉川弘文館、一九八三年）

岸田裕之『大名領国の経済構造』（岩波書店、二〇〇一年）
岸田裕之『大名領国の政治と意識』（吉川弘文館、二〇一一年）
岸田裕之『毛利元就──武威天下無双、下民憐愍の文徳は未だ』（ミネルヴァ書房、二〇一四年）
岸田裕之「大内義興の死と備芸石の動乱──享禄二年の安芸松尾城の高橋氏攻めと毛利元就」（『内海文化研究紀要』五〇、二〇二二年）
木下和司「備後杉原氏の祖、平光平について──公家近習武士から幕府奉行人への転身」（『芸備地方史研究』二三四、二〇〇三年）
木下和司「備後杉原氏と南北朝の動乱」（『芸備地方史研究』二四二、二〇〇四年）
木下和司「大永七年九月の備後国衆和談と山名理興（上）」（『芸備地方史研究』二七四、二〇一一年a）
木下和司「大永七年九月の備後国衆和談と山名理興（下）」（『芸備地方史研究』二七五・二七六、二〇一一年b）
木下和司「備後国衆・杉原盛重の立場──毛利氏との主従関係を中心として」（『芸備地方史研究』二八一、二〇一二年）
木下和司「杉原下総守家と高須杉原氏について」（『備陽史探訪』一七〇、二〇一三年a）
木下和司「山名是豊の備後守護補任時期を廻って」（『備陽史探訪』一七四、二〇一三年b）
木下和司「備後宮氏とその庶子家（下野守家、上野介家を整理する）」（『備陽史探訪』一七七、二〇一四年）
樹下文隆「中世の厳島と能楽──能役者の厳島訪問と島内の能座について」（県立広島大学宮島学センター『宮島学』渓水社、二〇一四年）
木村信幸「中世史料から見た郡山城下の堀・里・三日市について」（『史跡毛利氏城跡・郡山城跡・御里屋敷推定地試掘調査概要』広島県教育委員会、一九九四年）
木村信幸「実像の郡山合戦」（『戦乱中国の覇者　毛利の城と戦略』成美堂出版、一九九六年）
木村信幸「郡山城と城下町吉田」（岸田裕之監修『中国の盟主・毛利元就』日本放送出版協会、一九九七年）
木村信幸「判物から見た吉川元春の家督譲り」（『芸備地方史研究』二一四、一九九九年a）
木村信幸「国人領主吉川氏の権力編成──惣領・隠居・同名を中心にして」（『史学研究』二二五、一九九九年b）
木村信幸「安芸国人吉川氏の本拠城──小倉山城と日山城」（『芸備地方史研究』二二一、二〇〇〇年）
木村信幸「固屋──その史料と城郭遺構」（河瀬正利先生退官記念事業会編『考古論集』河瀬正利先生退官記念事業会、二〇〇

四年）
木村信幸「備後国多賀山氏の基本的性格」（『芸備地方史研究』二四八、二〇〇五年）
木村信幸「安芸国日山城内の浄必寺について」（『史学研究』二六七、二〇一〇年）
木村信幸「郡山城の居所から見た毛利隆元の位置」（安芸高田市歴史民俗博物館図録『毛利隆元――名将の子の生涯と死をめぐって』安芸高田市歴史民俗博物館、二〇一三年）
木村信幸「十六世紀後半における安芸国吉川氏の土木事業」（鹿毛敏夫編『戦国大名の土木事業――中世日本の「インフラ」整備』戎光祥出版、二〇一八年）
木村信幸「永正末年から天文年間前半頃までの吉川氏と大内氏」（『戦国遺文　大内氏編』月報三、二〇一九年）
木村信幸「吉川興経の引退と毛利元春の家督相続」（『広島県立歴史博物館研究紀要』二四、二〇二二年）
設楽薫「室町幕府評定衆摂津之親の日記「長禄四年記」の研究」（『東京大学史料編纂所研究紀要』三、一九九三年）
篠原達也「熊谷氏の高松城跡――遺構の概観と史料の再検討について」（『芸備地方史研究』二二一、二〇〇〇年）
柴原直樹「毛利氏の備後国進出と国人領主」（村井良介編『安芸毛利氏』岩田書院、二〇一五年）
柴原直樹「守護山名氏の備後国支配と国人領主連合――国衆和智氏の歴史的役割」（市川裕士編『山陰山名氏』戎光祥出版、二〇一八年）
島根県川本町教育委員会『石見・小笠原氏城郭　丸山城跡』（一九九七年）
末柄豊「細川政元と修験道――司箭院興仙を中心に」（『遙かなる中世』一二、一九九二年）
鈴木敦子『日本中世社会の流通構造』（校倉書房、二〇〇〇年）
鈴木康之「草戸千軒町遺跡と備後渡辺氏」（『草戸千軒町遺跡調査研究報告一一　備後渡辺氏に関する基礎研究』広島県立博物館、二〇一三年）
妹尾周三「安芸・備後の鋳物師㈡――廿日市の久枝氏について」（『芸備地方史研究』二二九、二〇〇二年）
瀬戸一樹「厳島神社兼帯七社の成立――在庁官人田所氏と厳島神社の関係を手掛かりとして」（『芸備地方史研究』三一一、二〇一八年）
田口義之「備後渋川氏の盛衰」（『山城志』一二、一九九四年）
田口義之「八尾山城と杉原惣領家」（『山城志』一三、一九九六年）

多田真弓「戦国末期讃岐国元吉城をめぐる動向」（『内海文化研究紀要』三二、二〇〇四年）
谷口雄太『中世足利氏の血統と権威』（吉川弘文館、二〇一九年）
谷重豊季「品治郡下安井村所在の柏城について――集落も視野に入れた観察」（『芸備地方史研究』二三三、二〇〇二年ａ）
谷重豊季「中世の地方における市庭・市町集落の様相――備後国芦田郡・品治郡を事例に」（『金沢大学文学部地理学報告』一〇、二〇〇二年ｂ）
谷重豊季「山名刑部少輔持熙――備後版「永享の乱」、悲運の将」（『芸備地方史研究』三〇〇、二〇一六年）
谷重豊季「山名刑部少輔、備後国国府城で挙兵す！――永享九年の事件をレポート」（市川裕士編『山陰山名氏』戎光祥出版、二〇一八年）
谷本寛「山内首藤氏の甲山城について」（『芸備地方史研究』二二一、二〇〇〇年）
利岡俊昭「天正末期毛利氏の領国支配の進展と家臣団の構成――「八箇国御時代分限帳」の分析を中心にして」（藤木久志編『毛利氏の研究』吉川弘文館、一九八四年）
中司健一「毛利氏「御四人」の役割とその意義」（『史学研究』二四五、二〇〇四年）
中司健一「大内義隆の安芸国支配」（『芸備地方史研究』二八七、二〇一三年）
永原慶二「大田庄」（網野善彦ほか編『講座日本荘園史9　中国地方の荘園』（吉川弘文館、一九九九年）
錦織勤「鎌倉期の吉川氏に関する基礎的考察」（『鳥取大学教育学部研究報告』人文・社会科学三四、一九八三年）
西本寮子「毛利氏一族の文芸活動――和歌・連歌・物語」（岸田裕之編『毛利元就と地域社会』（中国新聞社、二〇〇七年）
野下俊樹「応仁・文明の乱における大内政弘の政治的役割――西幕府・地域権力間の意思伝達を通して」（『九州史学』一八五、二〇二〇年）
長谷川博史「安芸国衆保利氏と毛利氏」（『内海文化研究紀要』二五、一九九六年）
長谷川博史「中世の港町鞆の浦を探る」（『鞆の浦の歴史　福山市鞆町の伝統的町並に関する調査研究報告書Ⅰ』福山市教育委員会、一九九九年）
長谷川博史「大永七年備後国和智郷細沢山合戦と陣城遺構」（『芸備地方史研究』二三〇、二〇〇二年）
長谷川博史「出雲尼子氏と芸備地域」（『芸備地方史研究』三〇五・三〇六、二〇一七年）
長谷川博史『大内氏の興亡と西日本社会』（吉川弘文館、二〇二〇年）

廿日市市建造物調査団『広島県指定重要文化財極楽寺本堂調査報告書』（二〇〇二年）
服部英雄『景観にさぐる中世――変貌する村の姿と荘園史研究』（新人物往来社、一九九五年）
馬部隆弘「戦国期毛利氏の領国支配における「検使」の役割」（『ヒストリア』一九二、二〇〇四年）
播磨定男「白井水軍の動向――「安芸白井家文書」を中心に」（『徳山大学論叢』四九、一九九八年）
広島県教育委員会『広島県中世城館遺跡総合調査報告書　第1～4集』（広島県教育委員会、一九九三～九六年）
広島県埋蔵文化財調査センター『俵崎城跡』（一九九八年）
藤井崇『大内義興――西国の「覇者」の誕生』（戎光祥出版、二〇一四年）
藤井崇『大内義隆――類葉武徳の家を称し、大名の器に載る』（ミネルヴァ書房、二〇一九年）
藤井昭「杭庄」（網野善彦ほか編『講座日本荘園史9　中国地方の荘園』吉川弘文館、一九九九年）
藤下憲明「安芸国廿日市鋳物師の一考察――近世初頭の鋳造活動を中心として」（『芸備地方史研究』二二五、二〇〇一年）
藤田達生『秀吉神話をくつがえす』（講談社、二〇〇七年）
藤田達生「「鞆幕府」論」（『芸備地方史研究』二六八・二六九、二〇一〇年）
外園豊基『戦国期在地社会の研究』（校倉書房、二〇〇三年）
本多博之「戦国大名毛利氏の厳島支配と厳島「役人」」（『安田女子大学紀要』二八、二〇〇〇年）
本多博之「戦国大名毛利氏の厳島支配と町衆」（『安田文芸論叢　研究と資料』二〇〇一年a）
本多博之「厳島神社五重塔初重柱銘について」（『安田女子大学紀要』二九、二〇〇一年b）
本多博之『戦国織豊期の貨幣と石高制』（吉川弘文館、二〇〇六年）
本多博之「厳島門前町と住人構成」（『中国四国歴史学地理学協会年報』四、二〇〇八年）
本多博之「一次史料にみる備南の国人渡辺氏の動向」（『草戸千軒町遺跡調査研究報告一一　備後渡辺氏に関する基礎研究』広島県立博物館、二〇一三年）
松井輝昭「戦国大名毛利氏の尾道町支配と渋谷氏」（『広島県立文書館紀要』四、一九九七年）
松井輝昭「中世の瀬戸内海水運における尾道の位置」（柴垣勇夫編『中世瀬戸内海の流通と交流』塙書房、二〇〇五年）
松井輝昭「戦国大名毛利氏と厳島神社――棚守房顕の活動を手掛かりとして」（岸田裕之編『毛利元就と地域社会』（中国新聞社、二〇〇七年）

松井輝昭『厳島文書伝来の研究――中世文書管理史論』（吉川弘文館、二〇〇八年）
松井輝昭「厳島神社における月次連歌の成立とその史的意義」（『県立広島大学人間文化学部紀要』九、二〇一四年）
松浦義則「大名領国制の進展と村落――小領主を中心として」（『史学研究』一一八、一九七三年）
松浦義則「戦国末期備後神辺城周辺における毛利氏支配の確立と備南国人層の動向」（『芸備地方史研究』一一〇・一一一、一九七七年）
三浦正幸「建物の配置と構造」（『史跡吉川氏城館跡　万徳院跡――第3次発掘調査概要』広島県教育委員会、一九九五年）
水野嶺「足利義昭の栄典・諸免許の授与」（久野雅司編『足利義昭』戎光祥出版、二〇一五年）
水野椋太「毛利氏五人奉行制の再検討」（『日本歴史』八七一、二〇二〇年）
水野椋太「毛利氏執権制の再検討」（『史学研究』三〇七、二〇二一年）
村井良介『戦国大名権力構造の研究』（思文閣出版、二〇一二年）
村井良介「戦国期の地域秩序と城館」（『ヒストリア』二九六、二〇二三年）
村上絢一「水夫と戦国大名――厳島神社大鳥居造営の周辺」（元木泰雄編『日本中世の政治と制度』吉川弘文館、二〇二〇年）
矢田俊文『日本中世戦国期権力構造の研究』（塙書房、一九九八年）
山口佳巳「厳島神社五重塔の建立年代について」（『史学研究』二六四、二〇〇九年）
山内譲『海賊と海城――瀬戸内の戦国史』（平凡社、一九九七年）
山内譲『中世の港と海賊』（法政大学出版局、二〇一一年）
山内譲「因島村上氏――海賊衆の活動範囲を中心に」（『芸備地方史研究』三〇〇、二〇一六年）
山本隆志『山名宗全――金吾は鞍馬毘沙門の化身なり』（ミネルヴァ書房、二〇一五年）
山本浩樹「放火・稲薙・麦薙と戦国社会」（『日本歴史』五二一、一九九一年）
山本浩樹「戦国大名領国「境目」地域における合戦と民衆」（『年報中世史研究』一九、一九九四年）
山本浩樹「戦国期但馬国をめぐる諸勢力の動向」（研究代表者山本浩樹『戦国期西国における大規模戦争と領国支配』二〇〇四～二〇〇六年度科学研究費補助金　基盤研究（C）（2）研究成果報告書、二〇〇七年）
山本英男「毛利氏と雲谷等顔――大内文化への憧憬」（図録『毛利元就展――その時代と至宝』NHK・NHKプロモーション、一九九七年）

横畠渉「豊臣期毛利氏の備後国における動向――神辺周辺を対象として」(『芸備地方史研究』二六四、二〇〇九年)
吉田町歴史民俗資料館図録『記録にみる郡山城内の実像――新史料から郡山城内の構造を探る』(吉田町歴史民俗資料館、二〇〇一年)
吉野健志「いわゆる安芸郡山城合戦の再評価」(『芸備地方史研究』二二八、二〇〇一年)
吉野健志「室町期安芸宍戸氏の動向」(安芸高田市歴史民俗博物館図録『安芸宍戸氏～毛利一族、四本目の矢』安芸高田市歴史民俗博物館、二〇一八年)
吉野健志「頭崎城跡」(小都隆編『安芸の城館』ハーベスト出版、二〇二〇年)
和田秀作「大内武治及びその関係史料」(『山口県文書館研究紀要』三〇、二〇〇三年)

あとがき

NHK放送文化研究所は、一九七八年（NHK放送世論調査書『日本人の県民性――NHK全国県民意識調査』日本放送出版協会、一九七九年）、一九九六年（NHK放送文化研究所『現代の県民気質――全国県民意識調査』日本放送出版協会、一九九七年）と二回にわたって、全国県民意識調査を実施している。その結果からみえる現代の広島県民の伝統に関連する意識やその変化を、中国地域の他県と比較しながら考察してみたい。

まず、「あなたは○○県というところが好きですか」という質問では、広島（二五→一四）、山口（四→二〇）、岡山（三〇→四一）、鳥取（三三→二七）、島根（三四→三二）となっている（カッコ内は、七八年→九六年の全国順位、以下の質問も同じ）。「昔からあるしきたりは尊重すべきだと思いますか」という質問では、広島（一八→二）、山口（四→二〇）、岡山（三六→四二）、鳥取（二〇→三七）、島根（一七→一七）。「年上の人のいうことには、自分をおさえても従うほうがよいと思いますか」という質問では、広島（一四→四）、山口（四→一三）、岡山（三二→四七）、鳥取（二七→三八）、島根（一九→一三）。「この土地の人ではない、いわゆる「よそ者」というようなことばが、この地域ではまだ生きていると思いますか」という質問では、広島（六→二五）、山口（七→二四）、岡山（一五→二一）、鳥取（三一→一二）、島根（一→一）。「家の祖先には強い心のつながりを感じる」に「そう思う」とした人は、広島（三〇→六）、山口（一七→一九）、岡山（一二→三五）、鳥取（二一→二二）、島根（一→一）となっている。

よそ者意識を除き、広島県の順位は上昇しており、愛県心を除き、最上位層に位置している。また山口県では、祖先へのつながり意識を除き、七九年には最上位層に位置していたが、順位の下降がみられる。島根県は、よそ者意識・祖先へのつながり意識において、全国一位を維持している。逆に鳥取県では、よそ者意識・祖先へのつながり意識において、最上位層からの順位下降がみられる。
いずれにせよ、中国地域においては岡山県を除き伝統を重んじる意識が強い傾向がみられる。もっとも、しきたり尊重意識・年上尊重意識における山口県の順位下降・広島県の順位上昇といった、県による変化の相違もみられる。右記の順位変動は、広島県では意識に大きな変化がないのに対して、山口県では尊重意識が低下したことに起因するものであり、広島県における伝統を重んじる意識の根強さを示しているのではなかろうか。

右に掲げた伝統に関連する意識は、前近代における「ムラ」・「イエ」意識の影響を受けている面も少なくないと考えられる。戦国期における広島県の支配者層の多くは、関ヶ原合戦後、山口県など県外へ移動していった。一方で、被支配者層だけでなく村落上層の多くは、毛利氏の防長減封にもかかわらず、安芸・備後国を動かなかった。そうすると、現代の広島県の伝統に関する意識には、兵農分離や身分の固定化が進められ「イエ」意識や「ムラ」意識が高まった、中・近世以降期における安芸・備後国の社会構造の影響が残っているのではなかろうか。

本書でみたように、戦国期の安芸・備後国においては、応仁・文明の乱や防芸引分の際、地下人などによる一揆が勃発しているが、それは純粋に自発的なものではなく、支配者層によって誘発されたものだった。全国的にも有名な「国人一揆」は、被支配者層とも連帯したものではなく、地域支配者層が結束して、国外勢力に対峙しようとしたものだった。そこから、上位権力に従う「権威主義的志向」や、自分たちの組織・利益の保持を最優先する「内向き志向」が読み取れる。このような志向に現代の広島県民の意識との共通性を見出すことも可能だろう。もっとも、「権威主義的志向」と「内向き志向」が、利益相反関係に立つこともある。防芸引分は後者が優った結果といえよう。

このように、歴史は現代社会にもつながっている。したがって、歴史を学ぶ意義は、単に過去の出来事を知ることのみではなく、今を生きる者が歴史に学び、そこで得た教訓を現在・未来に活かしていくことにもある。本書がその一助になれば幸いである。

なお、本書の執筆にあたって、多くの先学に学ばせていただいた。この場を借りて御学恩に感謝申し上げる。また編集にあたっては、法律文化社編集部の田引勝二氏に多大のご尽力を賜った。深く謝意を表したい。
「あとがき」執筆時点において、ロシア・ウクライナ戦争、イスラエルによるガザ侵攻など、世界における戦乱は後を絶たない。「戦国」では「英雄」に注目が集まることも少なくないが、そのような「英雄」像を相対化し、今後も歴史の本質を追求していきたい。

二〇二四年残暑

光成準治

関係年表

和暦	西暦	関係事項	一般事項
享徳 三	一四五四	**12月**細川勝元、安芸国人へ山名八郎の備後入国の風聞を知らせるとともに、八郎へ同心した者は処罰するとの足利義政の意向を伝える。	**11月**山名宗全を討伐しようとした足利義政、細川勝元の反対で断念。
康正 三	一四五七	**3月**大内勢が武田氏領へ進攻。沼田小早川家領へも進攻したが敗北。大内方の野間公光討死。	
長禄 四	一四六〇		**10月**父宗全と対立した山名教豊、播磨へ下向。
寛正 二	一四六一	**4月**足利義政、東西条を大内氏から没収する旨の御教書を発給。	
四	一四六三		**4月**畠山義就、没落。
五	一四六四		**12月**山名是豊、山城国守護職に補任。
六	一四六五	**6月**足利義政、東西条を大内氏に安堵する旨の御教書を発給。	**9月**大内教弘死没。**10月**大内政弘討伐の御教書発給。
文正 元	一四六六		**9月**文正の政変。
二	一四六七	**2月**細川勝元、毛利豊元・吉川元経へ大内政弘上洛の噂を報じる。	**正月**管領畠山政長罷免。斯波義廉、管領就任。
応仁 元		**4月**大内氏家臣仁保弘有・杉重隆、呉に到着。**5月**父宗全から離反した山名是豊に宮氏従う。**8月**義政、宮下野守・	**5月**応仁・文明の乱勃発。**7月**大内政弘、兵庫津着岸。**9月**一条高倉合戦。洛中誓

二	一四六八	同若狭守を追放。**12月**竹原小早川家ら大内方国人、沼田小早川家領へ進攻。**1月**西軍方の備後国衆、東軍方に転じる。**8月**西軍山内勢、小世良において東軍小早川元平勢を破る。**11月**山名是豊、備後国へ下向。	願寺北合戦。**12月**洛中舟橋合戦。**11月**足利義視が西軍に加わる。
三 文明元	一四六九	**2月**西軍、苧原へ進攻。**4月**備後重永において合戦。**6月**竹原小早川家領高崎城が攻撃される。**11月**備後国において土一揆勃発。	**11月**是豊、兵庫津において大内勢と合戦。
二	一四七〇	**4月**山名是豊、備後国へ下向。**12月**大内道頓勢、廿日市へ向けて進発。	**2月**大内道頓、東軍に応じる。
三	一四七一	**1月**武田元綱、兄信賢に背き、西軍に荷担。毛利豊元勢、駿河守系宍戸家の入江城攻略。**4月頃**小早川熙平、大内方の諸城攻略。**閏8月**毛利豊元、三吉口から無断退陣。**11月**大田庄河尻において、西軍山内勢、東軍方と合戦。同時期に西軍宮下野守家敗北。	**6月**武田信賢死没。
四	一四七二	**12月**馬木合戦。	
五	一四七三	**9月**竹原小早川勢、沼田へ進攻。	**3月**山名宗全死没。**5月**細川勝元死没。**12月**足利義尚、将軍就任。
六	一四七四	**9月**以前に備後杉原氏、東軍から離反。	
七	一四七五	**3月**安芸国人・東西条郡代安富行房ら、山名是豊陣を攻略。**4月**沼田小早川家居城高山城をめぐる合戦終結。	
九	一四七七		**9月**大内政弘帰国。応仁・文明の乱が終わる。
十三	一四八一	**5月**武田国信、元綱との和解を受け入れる。	

十八	一四八六	**2月**山名政豊に従軍していた江田・和智・山内・吉川氏ら、兵庫へ撤退。	**1月**播磨英賀において、山名勢が赤松勢に敗れる。
長享 二	一四八八	**7月**備後国人、播磨国から撤退。	**7月**山名政豊、播磨坂本から撤退。
三	一四八九	**1月**この頃から山名俊豊の備後国における守護的役割がみられる。	**3月**足利義尚死没。
延徳 二	一四九〇		**正月**足利義政死没。**7月**足利義材、将軍就任。
明応 元	一四九二	**12月**俊豊、山内氏を通じて毛利氏らへ荷担を働きかける。	
二	一四九三	**閏4月**沼田小早川敬平、堺で大内義興に対面。	**4月**明応の政変。細川政元ら足利義材を追放。
三	一四九四		**12月**足利義澄、将軍就任。
四	一四九五		**9月**大内政弘死没。
五	一四九六	**12月**山名政豊方と俊豊方、入君において合戦。	
七	一四九八	**3月頃**駿河守系宍戸家の五龍城陥落、宍戸宮内少輔討死。その後、岩屋城も陥落し、駿河守系宍戸家滅亡。	
八	一四九九	**5月**山名俊豊死没。**8月**毛利弘元、武田氏被官温科国親の謀反鎮圧を命じられる。	**1月**山名政豊死没。**12月**足利義尹（義材）、周防国へ下向。
九	一五〇〇	**4月**足利義尹・大内義興、毛利氏・平賀氏へ忠節を命じる。	
文亀 二	一五〇二	**6月**頃杉原下総守、大内方に転じる。	
永正 三	一五〇六	**11月**以前に毛利勢が後詰として和智表へ出陣。	
四	一五〇七	**10月頃**毛利興元、大内義興に起請文を提出。**12月**山名致豊、上山氏・高須氏らへ、足利義尹の鞆・尾道寄宿への尽力を命じる。	**6月**永正の錯乱。細川政元が細川澄之に暗殺される。**8月**細川高国が澄之を討ち、細川澄元が家督継承。
五	一五〇八	**6月**足利義尹・大内義興入京、安芸・備後国人も供奉。**12**	**7月**足利義尹、将軍再任。

八	一五一一	月厳島神社神主藤原興親、京都で死没。**8月**船岡山合戦以前に毛利興元・吉川元経ら戦線離脱して無断帰国。	**8月**船岡山合戦。
九	一五一二	**3月**毛利興元ら安芸国人、一揆契約を結ぶ。**10月**毛利興元、沼田小早川興平らと盟約を結ぶ。**12月**尼子経久、毛利氏との連携を承諾。	
十	一五一三	**5月頃**高橋元光、三吉氏の城を攻略。	**3月**足利義尹、大内義興と対立し近江へ出奔。**5月**帰京。
十一	一五一四		この年、尼子経久が三沢氏を服属させて、出雲国をほぼ統一。
十二	一五一五	**3月**三吉氏領へ進攻していた高橋元光、入君において討死。**6月頃**大内氏から離反した武田元繁方の有田城を毛利興元・吉川元経が攻略。	
十三	一五一六	**1月**三吉・宍戸勢が毛利方長野城を攻撃。高田原で毛利勢と宍戸勢が合戦。**2月**毛利勢が三吉方志和地城を攻略。高橋氏の松尾城を毛利勢が攻撃。**8月**毛利興元死没。	
十四	一五一七	**2月**吉川氏領宮庄や有田城へ武田勢が進攻。**10月**有田中井手合戦。武田元繁ら討死。	
十五	一五一八	**8月**毛利勢と宍戸勢とが赤屋において合戦。**9月**撤退途中の毛利勢、小国において追撃される。	
十八	一五二一	**4月**宮下野守家の柏城攻撃されるが、撃退。	**3月**足利義稙出奔。
大永元			**12月**足利義晴、将軍就任。
二	一五二二	**3月**仁保島・府中などで大内方と武田方が合戦。	
三	一五二三	**4月**友田興藤が桜尾入城。厳島神主家継承。**6月**尼子経久、	**4月**足利義稙、阿波国で死没。

和暦		西暦	事項	関連事項
			安芸国へ進攻。大内氏の拠点鏡山城陥落。**7月**毛利幸松丸死没。**8月**元就、毛利家を継承。大内勢、安芸国へ進攻。	
	四	一五二四	**7月**大内義興、厳島に布陣。**10月**友田興藤降伏。	
	五	一五二五	**3月**毛利氏、大内氏に帰服。**6月**志和東天野家、大内氏に帰服。野間氏、大内氏に帰服。**8月**武田勢、天野氏領へ進攻。毛利勢、山県郡の武田氏領へ進攻。	
	六	一五二六	**7月**武田勢、草津へ進攻。	
	七	一五二七	**4月**阿曽沼氏、大内氏に降伏。**5月**大内方、府中へ進攻。**8月**細沢山合戦。大内方が尼子勢を破る。	**3月**足利義維・細川晴元ら、阿波国から堺へ渡海。
	八	一五二八	**5月**山名理興、備後国へ下向。**7月**尼子勢、多賀山氏の居城蔀山城を攻撃。	**5月**細川高国失脚。
享禄	元		**9月**尼子勢撤退。**11月頃**大内勢安芸国から引き揚げる。	**12月**大内義興死没。
	二	一五二九	**5月頃**大内氏の命令に基づく毛利氏らの攻撃により高橋氏滅亡。**7月頃**多賀山氏、尼子氏に降伏。	
	三	一五三〇	**7月**大内義隆、毛利元就に高橋氏旧領吉茂上下庄の領有を認める。	**3月頃**尼子経久・塩冶興久父子の対立激化。
	四	一五三一	**7月**元就、尼子詮久と兄弟契約を結ぶ。	**6月**大物崩れで細川高国が自害。
	五	一五三二	**4月**東西条代官弘中隆兼ら、平賀氏被官檜山氏を成敗。	
天文	元			**10月**足利義維が出奔。
	二	一五三三	**11月頃**尼子経久、塩冶興久を庇護した山内氏を攻撃。	
	四	一五三五	**3月頃**毛利勢、三吉氏領上里固屋を攻略。	
	五	一五三六	**3月**尼子経久、聟法師の山内氏継承を認める。同月頃武田氏、尼子氏の仲介に従い吉川氏との和解に同意。**8月頃**平賀弘保・興貞父子間の戦闘始まる。**11月**大内勢、平賀興貞	

六	一五三七	の居城頭崎城を攻撃。**6月頃**吉川氏、毛利氏との戦闘に突入。**12月**元就、長男隆元を山口へ送る。	
七	一五三八	**2月頃**武田勢、毛利氏領へ進攻。	**3月**大内氏、大友氏と講和。
八	一五三九	**8月**武田勢、離反した熊谷信直の居城高松城を攻撃。**9月**武田勢と毛利勢、戸坂で合戦。**10月**東西条衆財満氏、大内氏から離反。	**6月**三好長慶、細川晴元に対して挙兵。
九	一五四〇	**1月**大内義隆、防府に着陣。同月から広島湾頭で大内方と武田方との合戦。**6月**武田光和死没。毛利勢が造賀で平賀興貞勢を破る。**9月**尼子詮久、多治比に着陣。**10月**大内勢、厳島に渡海。	
十	一五四一	**1月**大内・毛利勢らに攻撃された尼子勢撤退。**2月**棚守房顕、大内義隆の御師となる。**4月**桜尾城陥落。友田興藤自害。**5月**金山伴陣で敗れた武田氏滅亡。	**6月**武田信玄、父信虎を追放する。
十一	一五四二	**1月頃**大内義隆、尼子氏討伐に向けて出陣。	**8月**斎藤道三、土岐頼芸を追放する。
十二	一五四三	**4月**吉川興経ら大内氏から離反。**5月**大内勢撤退に追い込まれ、小早川正平ら討死。**6月**沼田小早川家領椋梨へ尼子方備後勢進攻。	**5月**大内義隆養子晴持、撤退途中に死没。
十三	一五四四	**4月**毛利勢、田総において尼子方を破る。**7月**大内方三吉勢、進攻してきた尼子勢を破る。**11月頃**毛利徳寿丸、竹原小早川家へ入嗣。	
十五	一五四六		**12月**足利義輝、将軍就任。
十六	一五四七	**4月**大内方、山名理興討伐に向けて進攻。**7月**毛利元春の吉川家入嗣が正式決定。	**6月**武田信玄、甲州法度之次第を定める。

十七	一五四八	**6月**山名理興の居城神辺固屋口で合戦。	**12月**上杉謙信、兄晴景を追放する。
十八	一五四九	**9月**神辺城陥落。山名理興は逃亡。	**7月**ザビエル、鹿児島に来る。
十九	一五五〇	**1月頃**吉川元春、日山城入城。**7月**毛利元就、井上一族を殺害。**8月**宮氏領法成寺へ井原氏ら大内方進攻。陶隆房、毛利元就らに大内義隆排斥計画への賛同を求める。**9月**吉川興経・千法師、殺害される。	**2月**大友宗麟、家督継承。**5月**足利義晴死没。
二十	一五五一	**8月**陶隆房を中心とした義隆排斥クーデター表面化。陶勢厳島を占領。同月毛利勢金山城を占拠。**9月頃**隆景、沼田小早川家へ入嗣。同月毛利勢頭崎城を占拠。平賀隆保の籠もる槌山城を攻略。	**正月**ザビエル上洛。**9月**大内義隆自害。
二十一	一五五二	**3月**小早川隆景、平賀広相と兄弟契約。**7月**毛利・吉川・阿曽沼勢ら志川滝山城攻略。年末までに宮上野介家滅亡。**8月**尼子勢、備後国へ進攻。**10月**尼子勢撤退。	**3月**織田信長、家督継承。
二十二	一五五三	**2月**毛利・小早川・平賀三家の盟約成立。**4月**三家盟約に吉川元春も加わる。江田氏、大内氏から離反。**5月**江田氏の援軍として到来した尼子勢を高合戦において毛利勢が破る。**10月**旗返城陥落。江田氏滅亡。**12月**山内氏、多賀山氏とともに尼子氏から離反。	**8月**三好長慶、足利義輝を京都より追放。
二十三	一五五四	**5月**毛利氏ら安芸国人、大内氏から離反。金山城・桜尾城・厳島などを攻略・占領。**6月**折敷畑の戦い。毛利方が陶勢を破る。**7月**毛利方、吉和へ進出。**10月**毛利方、白砂の土豪層を味方につけ、玖島へ進出。毛利方、東西条の黒瀬衆を討伐。小早川隆景ら宇賀嶋を攻撃。**11月**落去。	**3月**武田信玄・今川義元・北条氏康が同盟する。
二十四	一五五五	**1月**大内方、草津などへ進攻。**3月**野間氏、大内氏に帰服。	

弘治	二	一五五六	**4月**野間氏降伏。**6月**陶晴賢、山里に布陣。**9月**陶晴賢、厳島へ上陸。**10月**厳島の戦い。陶晴賢、弘中隆兼討死。	**4月**斎藤道三が討死。
	三	一五五七	**2～3月**毛利方、周防山代を制圧。**3月**毛利方、陶氏の居城周防若山城を攻略。**4月**大内義長が切腹。大内氏滅亡。**12月**毛利元就・隆元と備後国人、傘連判。	**9月**後奈良天皇死没。
永禄	二	一五五九	**8月**石見小笠原氏、毛利氏に降伏。	**6月**大友義鎮、筑前・豊前守護職に補任される。
	三	一五六〇	**2月**毛利元就・隆元ら叙任される。	**5月**桶狭間の戦い。織田信長が今川義元を討つ。**12月**尼子晴久死没。
	四	一五六一	**3月**元就・隆元、隆景の居城高山城を訪問。**12月頃**毛利氏と尼子氏との講和成立。	**3月**上杉謙信、北条氏康を小田原城に囲む。**9月**川中島の戦い。武田信玄と上杉謙信が合戦。
	五	一五六二	**2月**毛利氏から離反した福屋氏滅亡。**6月**石見平定した毛利氏、尼子氏との講和破棄。	
	六	一五六三	**3月**毛利氏、大友氏との講和を承諾。**8月**毛利隆元、佐々部で急死。	**3月**細川晴元死没。
	七	一五六四	**7月**大友義鎮、元就・元春・隆景に宛てた起請文を提出。	**7月**三好長慶死没。
	八	一五六五		**5月**足利義輝、殺害される。**11月**三好三人衆と松永久秀の戦いが始まる。
	九	一五六六	**11月**尼子義久、富田城を開城。義久・秀久・倫久兄弟、安芸長田へ下向。	
	十	一五六七	**12月**観世大夫、安芸国へ下向。	**10月**松永久秀と三好三人衆の戦いで東大寺大仏殿延焼。

十一	一五六八	**2月**伊予鳥坂合戦で、毛利・河野勢が土佐一条勢を破る。**3月**元春・隆景ら伊予へ渡海し、宇都宮氏を降伏させる。**8月**元春・隆景ら九州へ渡海。	**2月**足利義栄、将軍就任。**9月**織田信長、足利義昭を奉じて上洛。**10月**足利義昭、将軍就任。
十二	一五六九	**1月**元就、和智誠春兄弟を厳島において殺害。**閏5月**毛利氏、筑前立花山城を奪取。**8月**神辺で山名理興旧臣蜂起。**10月**元春・隆景ら九州から撤退し、大内輝弘を破る。**11月**立花山城開城。	**6月**尼子勝久ら挙兵。**10月**大内輝弘、山口へ乱入。
十三	一五七〇	**2月**志和東天野家を継承した元就七男千虎丸、米山城に入る。	
元亀 元			**6月**姉川の戦いで信長が浅井長政を破る。
二	一五七一	**6月**毛利元就死没。**8月**出雲新山城を攻略。尼子勝久逃亡。	**9月**信長、延暦寺を焼き討ちする。
三	一五七二	**10月頃**毛利氏と浦上・宇喜多氏との講和成立。**12月**毛利氏、家中掟を定める。	**12月**三方ヶ原の戦いで武田信玄が徳川家康を破る。
四	一五七三	**3月**宇喜多直家と浦上宗景が対立し、毛利氏は直家を支援。	**2月**足利義昭挙兵。**3～4月頃**尼子勝久ら再挙兵。**4月**武田信玄死没。**7月**義昭、若江城へ逃走。
天正 元		**11月**鳥取城の山名豊国が毛利氏に従う。	**8月**信長が朝倉義景を討つ。
二	一五七四	**3月**宇喜多直家と浦上宗景が対立し、毛利氏は直家を支援。**10月**備中の三村元親、毛利方から離反。	
三	一五七五	**1月**毛利氏と但馬山名氏との同盟成立。**5月**毛利氏、三村元親の籠もる松山城攻略。	**5月**長篠の戦いで信長が武田勝頼を破る。**9月**浦上宗景の居城天神山城陥落。
四	一五七六	**2月**足利義昭、備後国鞆へ下向。**5月**毛利勢、尼子勢の籠もる因幡鬼ヶ城を攻略。**7月**木津川河口の戦いで毛利水軍が織田水軍を破る。	

五	一五七七	**7～閏7月**毛利勢、元吉合戦において三好方讃岐衆を破る。	**10月**信貴山城の戦いで松永久秀が敗死。
六	一五七八	**3月**市川元教の謀反計画発覚。**7月**毛利勢、織田方の上月城を攻略。尼子勝久切腹、山中幸盛殺害。	**2月**別所長治、織田信長から離反。**5月**御館の乱が起こる。**10月**荒木村重らが織田信長から離反。
七	一五七九	**6月頃**宇喜多直家が毛利方から離反。**9月**伯耆南条氏が毛利方から離反。**12月**毛利勢、宇喜多方四畝城攻略。	**8月**明智光秀が八上城を攻略。**11月**織田勢が有岡城を攻略。
八	一五八〇	**6月**鳥取城の山名豊国、織田方に転じる。**9月**豊国が鳥取城から追放される。	**正月**羽柴秀吉、三木城を攻略。**4月**本願寺顕如、大坂から退去。**8月**織田勢、尼崎・花熊城を攻略。荒木村重逃亡。
九	一五八一	**3月**吉川経家、鳥取入城。**10月**羽柴秀吉、鳥取城を攻略。吉川経家切腹。**12月**杉原盛重死没。	**2月**信長、京都馬揃を行う。
十	一五八二	**2月**八浜合戦で毛利勢が宇喜多勢を破る。**4月**来島水軍が毛利方から離反。**6月**備中高松城開城。清水宗治切腹。**9月頃**杉原元盛殺害される。	**3月**甲斐武田氏、織田氏に滅ぼされる。**6月**本能寺の変で明智光秀が織田信長を討つ。秀吉ら、山崎の戦いで明智光秀を破る。
十一	一五八三	**10月**輝元、吉川経言・毛利元総を人質として上坂させる。	**4月**秀吉、賤ヶ岳の戦いで柴田勝家を破る。**8月**大坂城の築城が始まる。
十二	一五八四	**1月頃**隆景、居城を三原へ移す。**4月**井原元尚ら在番として神辺城へ赴く。**5月**山内隆通、実子鬼松を人質として提出。**8月**杉原景盛誅伐される。	**3月**沖田畷の戦いで龍造寺隆信が討死。**4月**小牧・長久手の戦い。**11月**秀吉と織田信雄が講和。
十三	一五八五	**1月**毛利・羽柴国境画定。**5月**毛利元秋死没。**7月**羽柴・毛利勢の攻撃により、長宗我部元親降伏。伊予国は隆景に与えられる。	**3月**秀吉、和泉・紀伊を平定。**4月**大坂城天守完成。**7月**秀吉、関白就任。**8月**佐々成政、秀吉に降伏。
十四	一五八六	**9月**輝元、島津攻めに向けて出陣。**11月**吉川元春死没。	**12月**秀吉、太政大臣任官。

十五	一五八七	**6月**吉川元長死没。経言（広家）、吉川家を継承。同月隆景、北部九州を与えられる。この年から、惣国検地始まる。	**5月**島津氏、秀吉に降伏。**6月**伴天連追放令発布。
十六	一五八八	**6月**吉田郡山城修築計画。**7月**輝元初上洛。	**4月**正親町天皇、聚楽第に行幸。
十七	一五八九	**3月頃**広島城築城開始。	
十八	一五九〇	この年、惣国検地完了。	**7月**羽柴秀吉、北条氏政・氏直を降す。
十九	一五九一	**3月**秀吉、吉川広家の居城を出雲富田とする。**8月頃**広島城ほぼ完成。	**12月**秀吉、羽柴秀次に関白を譲与する。
二十	一五九二	**2月**輝元、朝鮮渡海に向けて広島を出立。**4月**秀吉、名護屋への下向途中に広島城に立ち寄り、輝元後継者として秀元を承認。	
文禄二	一五九三	**8月**輝元、朝鮮から帰国。	**閏9月**秀吉、伏見城を居城とする。
三	一五九四		
四	一五九五	**10月**輝元の実子秀就誕生。	**7月**秀次、高野山で自害。
慶長二	一五九七	**6月**小早川隆景死没。**7月**穂田元清死没。この年、兼重蔵田検地開始。	
三	一五九八	**8月**秀吉、秀就を輝元後継者として承認。この年、兼重蔵田検地完了。	**8月**秀吉、伏見城で死没。
四	一五九九	**6月**輝元から秀元への給地分配決定。**12月**輝元、給地替えに際する規則を定める。	**閏3月**石田三成失脚。
五	一六〇〇	**7月**毛利氏、石田三成らの挙兵に荷担。**10月**毛利氏、防長二国へ減封。安芸・備後二国は福島正則に与えられる。	**6月**徳川家康、上杉氏討伐に向けて出陣。**9月**関ヶ原の戦い。
八	一六〇三		**2月**徳川家康、将軍就任。
十	一六〇五	**7月**熊谷元直、天野元信ら誅伐される。	**4月**徳川秀忠、将軍就任。
十六	一六一一		**3月**後陽成天皇が譲位し、後水尾天皇が

十九	一六一四		践祚する。10月大坂冬の陣が始まる。12月大坂冬の陣が終わる。
二十	一六一五		4月大坂夏の陣が始まる。5月豊臣秀頼・浅井茶々が大坂城で自害。
元和 元		10月大坂へ入城した佐野道可の連座として、輝元の命により、内藤元珍・粟屋元豊切腹。	
二	一六一六		4月徳川家康死没。

人名索引

あ 行

青景隆著　93, 94
赤川筑前守　195
赤穴光清　81
赤松政則　14, 18
秋上庵介　122
明智光秀　133
浅野長重（長則）　144
朝山次郎左衛門尉　218
足利成氏　14
足利尊氏（高氏）　8, 27, 203, 206
足利持氏　203
足利義昭　116, 125-129, 200
足利義澄（義高）　42, 44, 48, 50, 51, 55
足利義尹（義材）　38, 41, 44, 46, 48-52, 55, 60, 72, 150
足利義輝　117, 137
足利義教　11
足利義晴　55, 81
足利義尚　157
足利義政　12, 16, 28, 31
足利義視　24, 33
足利義満　9, 26
麻生隆実　120
麻生土佐守　100
麻生与太郎　100
阿曽沼弘秀　53
阿曽沼広秀　137
阿曽沼（毛利）元理　145
阿曽沼弥三郎　62
尼子詮久　78, 79, 81, 83
尼子勝久　119-123, 125, 128
尼子清貞　58
尼子国久　86, 121
尼子高久　58
尼子経久　58, 64, 65, 67, 71, 78-81, 121
尼子倫久　118
尼子晴久　78, 117, 121
尼子久幸　86
尼子秀久　118
尼子誠久　86, 121
尼子義久　117, 118
天野家氏（讃岐守）　31
天野興定　68, 69, 82, 88, 208
天野興次　52, 53, 63
天野隆重　101, 118, 121, 122
天野隆綱　99, 100, 209
天野弘氏　31
天野政景　208
天野元明　126, 132, 138
天野元定　137, 209
天野元重　144
天野元連（元貞）　52, 53, 68
天野元友　101
天野元信　139, 142, 144
天野元政（毛利千虎丸，毛利元政）　139, 145, 209
天野元珎（元嘉）　138, 138, 139, 145
天野元因　142, 144
有木小次郎　157
有木民部丞　156, 179
有木盛安（藤左衛門尉）　156
有富（毛利）直元　25
有富元衡　25
有富頼広　25
粟屋掃部助　195
粟屋孝春　145
粟屋縫殿　194
粟屋元貞　194
粟屋元忠　60
粟屋元豊　145
安国寺恵瓊　133, 139, 142
飯尾昭連　127
飯尾為忠　127
飯川国資　49
池田輝政（照政）　144
石田三成　141, 142
出羽祐盛　77
伊勢貞宗　150
市川（吉川）経好　128
市川元直　140
市来藤左衛門尉　23
一条能保妻　155
一色昭秀　127
一遍　155
糸賀平左衛門尉　166
犬橋下野入道　13
犬橋満泰（近江守）　219
井上源右衛門尉　146
井上新左衛門尉　195
井上宗右衛門尉　146
井上春忠　214
井上元義　73
井原元尚　134
井原元茂（元以）　142
今川貞世（了俊）　8, 27
岩正興致　113
岩脇就延　176
上杉景勝　142
上田実親　125
上野隆徳　126
上野秀政　127
上原豊将　122
上原元将　122, 131, 132, 169
宇喜多直家　125, 129, 130
馬屋原越中守　117
馬屋原備前守　117
浦上宗景　125
雲谷等顔　161
江田豊実　65
江田光実　50
江良賢宣（弾正忠）　110
江良房栄　109
塩冶（尼子）興久　65, 76, 78
塩冶左衛門尉　104
塩冶豊綱　91
塩冶彦次郎　39
大内嘉々丸　30
大内高広（尊光）　48
大内武治　33, 34
大内輝弘　121

大内道頓（教幸） 30, 34, 150
大内教弘 11, 12, 21
大内晴持 89
大内政弘 17, 22, 24, 30, 32, 33, 36, 44, 45
大内盛見 9
大内義興 38, 44–46, 48, 49, 51, 52, 55, 57, 59–61, 63, 66–70, 72, 86, 150, 208
大内義尊 99
大内義隆 68, 74–77, 79, 82, 83, 85, 87, 89–91, 95–101, 104, 115, 151–153, 170, 201
大内義長（晴英） 103, 106, 112
大内義弘 9
大江惟光 6
大江親広 6
大江広元 6
太田垣定数 37
太田垣胤朝 42, 46, 47
太田垣誠朝 91
大館藤安 127
大谷吉継 142
大友義鑑 80
大友義鎮（宗麟） 119, 120, 125, 129, 153
大庭賢兼（宗分） 113, 161
小方加賀守 56
織田信長 116, 125, 126, 128, 129, 133
小奴可又次郎 66
麻原是広（少輔三郎） 25
小原隆言（隆名） 101, 113, 151
麻原広内 25

か　行

香川質景 47
香川行景 62
垣屋豊続 128
垣屋光成 128
笠井帯刀左衛門尉 96
笠間修理亮 99
堅田元慶 139
桂景信 214
桂就宣 183, 195
桂広繁 128, 132
桂元澄 109
加藤茂勝（嘉明） 143
金尾 133
兼重元続 190
兼時（坂）広正 194
上山実広（加賀守） 54, 55, 65, 90
上山広信 91
上山元忠 132
河井宮松 172
河屋隆通 113
観世大夫 160
北就勝 77, 96
北畠具親 127
吉川興経（次郎三郎） 77, 89, 90, 95, 96, 201
吉川国経 51
吉川是経 63
吉川千法師 95, 97
吉川経家 130, 131
吉川経兼 201
吉川経茂 201
吉川経高 201
吉川経見 201
吉川経光 201
吉川経基（元経） 22, 23, 29, 30, 36, 51, 58, 194
吉川経世 95, 128
吉川経義 200
吉川彦三郎 20
吉川広家（経言） 138, 141–143, 161, 201
吉川元経（次郎三郎） 52, 53, 57, 58, 62, 63
吉川元長（元資） 125, 133, 134, 137, 138, 163, 222, 224
吉川元教 128, 129
吉川（毛利）元春 95, 96, 99, 106, 114, 116, 120, 123, 125, 128, 130, 132, 137, 197, 201, 222, 224
吉川之経 20
木梨高恒 168
木梨陸恒 42, 168
木梨元恒 169
京極高次 142
九条稙通 161
久代宮景盛 119
口羽通良 116, 123
国司有相 47
国司元純 47
熊谷直経 205
熊谷直時 205
熊谷就真 131, 134, 136, 142, 145
熊谷信直（民部少輔） 80, 82, 101, 118, 120, 123, 125, 127, 135, 137, 138, 205
熊谷広実 101, 122, 134
熊谷元実 136, 142, 144
熊谷元直（信直父） 62, 82
熊谷元直（信直孫） 136, 138, 142, 144
熊谷元吉 144
熊谷膳直 47
蔵田就貞 190
蔵田備中守 63
栗原小次郎 45
栗原帯刀左衛門尉 33
黒川隆尚 87, 101, 151, 152, 175
黒田孝高 198
己斐宗瑞 62
己斐豊後守 108
香西元長 50
こうざん（甲山） 131
河野左近太夫 60
小坂三河守 101
後醍醐天皇 27, 218
児玉越後守 190
児玉治部丞 56
児玉修理亮 31
児玉太郎左衛門尉 176
児玉筑前守 175
児玉就英 127, 128
児玉兵部丞 176
児玉与三右衛門尉 152, 175
小早川興景 54, 76, 80, 97
小早川興平（小法師丸） 51, 53, 54
小早川景平 211
小早川清忠 211
小早川茂平 6, 211

小早川繁平（又鶴）　98
小早川扶平（小法師）　44, 49-51
小早川（毛利）隆景（徳寿丸）　93, 97-99, 106, 107, 110, 114, 120, 123-125, 132, 137, 160, 171, 197, 211, 214, 215
小早川（土肥）遠平　211
小早川弘景　20, 22, 33
小早川弘平　33, 45, 52-54, 68, 91
小早川熙平　12, 20, 22, 23, 30, 33
小早川福鶴　54
小早川政景　211
小早川雅平　211
小早川正平（詮平）　80, 90, 98
小早川宗平　203
小早川元平（敬平）　23, 29, 33-37, 44
小早川頼平　211
小林家孝　127
五龍局　85-87, 123
惟宗孝親　6
五郎左衛門　167

さ　行

財満備前守　82
佐伯景弘　3
坂匡時（道心）　25
坂元貞　122
坂元祐　120
佐々木高氏（道誉）　8
佐々木秀綱　216
佐々木秀義　216
佐々部承世　74
佐々部通祐　75
佐々部光祐　75
佐々部宮千代　74, 75
刺賀長信　116
佐武美久　154, 176
貞助源七郎　190
実秀　172
佐波次郎左衛門　144
敷名亮秀　54
宍戸安芸守　29
宍戸（八田）家政　203
宍戸興家（安芸守）　204
宍戸宮内少輔　204
宍戸左衛門尉　46, 204
宍戸治部少輔　56
宍戸駿河守　25, 29, 203
宍戸隆家　85-87, 104, 116, 120, 123, 135, 138, 204
宍戸筑後守　204
宍戸朝家（安芸守）　203
宍戸朝里（安芸四郎）　203
宍戸弘朝（宮内少輔）　45
宍戸弘朝（筑後守）　29
宍戸政慶　127
宍戸持朝　45
宍戸元家　86, 204
宍戸元孝（元秀）　135
宍戸元次（元続）　136, 138, 145, 160, 184, 204
宍戸元秀　87
宍戸元源（安芸守）　65, 75, 85-87, 204
志道広良　71, 75, 76
志道元良　45
司箭院興仙（宍戸家俊）　46
柴田勝家　133
斯波義廉　13
渋川満頼　10
渋川義隆　65, 66, 83
渋川義正　66
渋谷与右衛門尉　169
嶋田中務丞　100
島津家久　205
清水宗治　132, 133
庄伊豆守　34, 35
庄四郎次郎　39
庄資長　24
庄元資　24
庄元祐　125
白井元胤　47
白井膳胤（縫殿助）　69
陶興房　66, 68, 71, 75-77, 152
末長左近大夫　91
陶晴賢（隆房）　74, 83, 93, 98-101, 103-112, 115, 151, 152, 165, 197
陶弘護　28, 30, 35, 36
杉小二郎　80
杉重輔　112
杉重隆　22
杉重矩　83, 99
杉重良　129
杉隆真（佐伯景教）　88, 151
杉隆宣（次郎左衛門尉）　84, 85, 90
杉武明　45, 48
椙杜隆康　111
椙杜元種　111
椙杜元縁　139
杉原景盛　133-136, 219
杉原左衛門尉（高須盛忠）　70
杉原三郎左衛門尉　41, 42
杉原下総守　41, 42, 50
杉原修理亮　41
杉原高須右馬助　56
杉原（平）為平　18
杉原千代松丸　19
杉原（平）信平　18
杉原広亮（五郎）　134, 138
杉原豊後守　93, 110, 111, 118, 219
杉原伯耆守　18
杉原元盛（高須右馬助）　55, 133
杉原盛重　117, 119, 121, 219
杉原盛恒（中務丞）　19
杉原盛平（太郎左衛門尉，下総守）　19
杉宗長　151
宗碩　161

た　行

大願寺尊海　153
平光平　18
高須（楢崎）景好（少輔三郎）　136
高須元勝（弥三）　136
高須元忠（杉原駿河守）　19
高須元胤（中務大夫）　168
高須盛忠　19
高橋大蔵少輔　75
高橋興光（大九郎）　59, 60, 63,

64, 74, 75
高橋弘厚　52, 60, 75, 76
高橋元光（命千代）　29, 34, 52, 53, 59-61, 63, 72
多賀山通続　78, 112
竹内備後守　63
武田氏信　8, 27, 206
武田国信　25, 31, 36
武田高信　121
武田信景　127
武田信賢　20, 27, 31
武田信実　87, 88
武田信繁　47, 65
武田信武　8, 27, 206
武田信時　6, 26
武田信栄　27
武田信光　6, 26
武田信宗　6, 26, 206
武田信義　26
武田光和　66, 80, 87
武田元繁　38, 47, 49, 51, 56-58, 61, 62, 66, 72, 86
武田元綱　3, 27-32, 36, 37
武田元信　44, 47-49, 51, 57, 66
武田元光　66, 87
多胡辰敬　116
田坂全慶　98
棚守房顕（隆久）　151-154, 160
棚守元行　154
田原弥兵衛　184
田総信濃守　91
田総俊里　46, 55
田総豊里　35
土屋賢宗　29
豊嶋内蔵助　152, 175
藤堂高虎　143
徳川家康　141, 143
徳寿内侍　151
徳田新右衛門　175
所原肥後守　134
土肥実平　6, 211
友田興藤　56, 67, 68, 87, 88, 151, 180
友田広就　88
豊臣（羽柴）秀吉　116, 128, 131-134, 141, 145, 166, 183, 189, 200
豊臣秀頼　145
寅菊大夫　160

な　行

内藤興盛　83, 99
内藤如安　127
内藤助六　63
内藤隆時　85
内藤隆世　112
内藤元輔　129
内藤元盛（佐野道可）　145
内藤元泰　125
内藤元珍　145
長井貞広　26
長井（大江）時広　6, 7, 26
長井泰重　8, 26
長岡藤孝　130
中山中務少輔　63
名越宗長　6, 26
楢崎三河守　136
楢崎元兼　136
南条宗勝　121
南条元続　119
新里若狭守　56
二宮就辰　139, 173
仁保隆慰　113
仁保弘有　22
仁保盛安　30
入野（平賀）貞景　80
温科国親　47
野坂才菊　150
野坂彦三郎　150
野間興勝　53
野間公光　21
野間隆実　107
野間弘宣　22
乃美景興　131
乃美少輔四郎　133
乃美隆興（安芸守）　98
乃美備前守　52, 107
乃美宗勝　112, 120, 121, 126, 127, 133, 171
乃美元興　142
乃美元信　120
野村士悦　121, 122

は　行

羽柴秀吉　→豊臣秀吉
畠山政長　13, 15, 21
畠山義就　13-15, 19, 25
波多野興滋　113
八田知家　203
羽仁美濃守　56
林三郎左衛門尉　131
檜山十郎左衛門尉　80
平賀興貞　80-83, 88, 210
平賀兼宗　210
平賀隆宗　88
平賀隆保（船木亀寿）　100, 101
平賀広相（新九郎）　100, 101, 105
平賀弘保　42, 43, 46, 48, 49, 52, 53, 61, 71, 80, 82, 210
平賀妙章（弘章）　11
平賀元相　137
平賀元忠　144
弘中興勝（下野守）　80
弘中隆兼　76, 80, 90, 101, 103, 108, 110, 114, 183
弘中正長　151
深川工十郎兵衛　183
福島忠勝　145
福島丹波　219
福島正則　143, 145, 198, 219
福田盛雅　130
福原貞俊　120, 123
福原朝広　26
福原広俊（朝広の子）　26, 28, 31
福原広俊（元俊の子）　139
福原広世　26
福屋隆兼　122, 161
藤井皓玄　119
藤原興親　56, 57, 150, 151
藤原親実　6, 26, 149
藤原親直　149, 150
藤原教親　21, 57, 67, 150
藤原宗親　150
藤原行成　216
船木常平　100
別所長治　128

穂田（毛利）元清　126, 128, 131-133, 181, 184
法成寺兵部大夫　94
宝生大夫重勝　160
細川勝元　12, 13, 15-17, 20, 25, 32, 47
細川澄元　52
細川澄之　50
細川高国　60
細川晴元　86, 87
細川政元（九郎）　19, 38, 40, 42, 43, 45-50, 57
細川持之　170
細川基之　9
細川頼長　9
細川頼元　9
細川頼之　9
堀立直正　173

ま　行

前田利家　141
真木島昭光　127
増田長盛　141
益田貞兼　34
益田宗兼　59
真継久直　183
松田経通　81
松田藤弘　127
松田孫次郎　131
曲直瀬道山　161
三上元安　169, 171, 172
右田左馬助　100
三沢為虎　127
溝渕五郎兵衛尉　63
源頼朝　8, 200, 211
源義家　8
源義国　8
源義重　8
壬生元泰　57
三村家親　125
三村左衛門尉　45, 46
三村元親　125
三村元範　125
宮川甲斐守　107
三宅三法師　150
宮上野入道　42
宮実信（上野介）　70
宮式部丞　15
宮上州　42
宮庄資益　77
宮次郎左衛門尉　94, 95
宮忠宗（民部丞）　156
宮田教言　17, 23, 28, 34, 36
宮親忠（新五郎）　66, 157
宮教信（上野介）　15, 16
宮教元（修理亮，駿河守，下野守）　16
宮彦次郎　94
宮政信（若狭守）　16, 34
宮政盛（下野守）　24, 42, 66, 156, 179
宮元盛（下野守）　15, 156
宮盛重　156
宮盛忠（五三郎）　34
宮盛常　137
宮盛慶（久代宮）　137
宮師盛　156
妙玖（吉川国経娘）　95
三吉氏家（弾正忠）　59
三吉善兵衛　144
三吉隆亮　104
三吉広高　144
三吉致高　104
三吉元高　144
三輪元徳　139
椋梨盛平（常陸介）　85, 98
宗尊親王　18
村上亀若　170
村上宮内大輔　80
村上亮康　127, 136, 171
村上道祖丸　171
村上尚吉（新蔵人）　170
村上吉資（備中入道）　170
村上吉充（又三郎）　170, 171
毛利興元（幸千代丸）　49, 51-54, 57, 60, 61, 64, 79, 194
毛利幸松丸　61, 62, 65, 68, 76, 195
毛利（大江）季光　8, 26
毛利隆元（備中守）　81, 94, 95, 99, 101, 105, 106, 108, 112, 113, 118, 124, 137, 147, 160, 161, 195, 211
毛利親衡　25
毛利輝元　116, 120, 122-127, 129, 133-137, 141-143, 145, 146, 154, 158, 160, 161, 171, 173, 184, 191-194, 197, 198, 219
毛利豊元（少輔太郎）　3, 22, 24-26, 28-31, 33, 35
毛利秀就　141
毛利秀元　141-143, 160, 181, 184
毛利弘元　24, 43, 44, 47-51, 66, 194
毛利熙元　12, 194
毛利光房　26
毛利元秋　139
毛利元家　28, 33
毛利元就　38, 61-63, 68, 74-79, 81, 83-85, 89, 90, 93, 95-97, 99-101, 103-106, 108-110, 112-115, 117-124, 128, 137, 152, 153, 158-161, 183, 195, 201, 211, 214
毛利元春　25, 194
毛利（椙杜）元康　139, 142, 143, 184, 219
毛利之房（光房）　11
森脇祐有　95, 96

や　行

薬師寺長忠　50
安富行房　26, 30, 35
山内隆通（少輔四郎，媚法師）　79, 89, 104, 113, 118, 125, 127, 134, 135, 183
山内時通　218
山内豊成（大和守，豊通）　39, 40, 42, 46
山内直通（大和守，新左衛門尉，豊通）　42, 46, 55, 64, 65, 72, 73, 78, 79, 158
山内広通（鬼松）　135
山内元通　125
山内泰通　13, 17, 28, 35
山縣備中守　63

山名氏政　128
山中鹿介　119-121, 125, 128
山名是豊（弾正忠）　3, 9, 12-16, 19, 23, 24, 33-35, 37
山名丈休（近江入道）　218, 219
山名祐豊（宗詮，韶熙）　90-92, 104, 121, 128
山名理興（彦次郎，宮内少輔）　74, 91-94, 97, 100, 114, 219
山名時氏　8
山名時久　11
山名時熙（常熙）　9, 11, 14, 170, 183
山名時義　8, 9
山名俊豊　38-47, 50
山名豊重　39, 55
山名豊時　39
山名豊治　55
山名豊頼　55
山名誠豊　55, 56, 64, 71, 91
山名誠通　55
山名教豊　9, 11-14
山名八郎　12
山名熙貴　11
山名藤幸　119
山名政氏　8
山名政豊　14, 28, 37-44, 46, 157, 158, 165
山名満氏　10, 11
山名致豊　40, 42, 43, 46, 51, 55, 56, 91
山名持豊（宗全）　3, 9, 11-17, 22, 23, 32, 38, 41
山名持熙　219
山名師義　9
山名（源）義範　8
山名義熙　9
山名頼忠　35
山本賢勝　112
湯浅藤右衛門尉　91
湯浅将宗　122, 126, 131, 132
行松入道　119
柚谷元家　118
横山平兵衛　175
横山盛政　134
吉田興種　113
吉田兼右　153
吉原通親　54
吉見信頼　29, 36
吉見正頼　104
吉見義隆　41
淀殿　145
米原綱寛　121, 122
米原山城守　71

ら　行

龍造寺隆信　120
六角義堯　127

わ　行

鷲頭興盛　88, 100, 151
渡辺三郎左衛門尉　19
渡辺元　127
渡辺長　142
和智実国　59
和智信濃守　195
和智誠春　118
和智元郷　118

事項索引

あ　行

安濃津城（三重県津市）　142
「青柳種信関係資料」　78
上里固屋（三次市）　79
「安芸国衆連署起請文」（安芸国衆連署契状，安芸国人一揆契状）　52, 72
「浅野忠允氏旧蔵厳島文書」　120
「尼子家古記録」　103
尼子郷（滋賀県甲良町）　58
安摩庄（広島市安芸区・呉市・江田島市など）　3
有田城（北広島町）　57, 61, 62
有田中井手合戦（北広島町）　61, 62
「粟屋家文書」　60
祝山城（岡山県津山市）　130
「石井文書」　80, 82
磯神社棟札　112
市目代　165
厳島（廿日市市）　174-176, 179
厳島合戦　107-111, 152
「厳島社頭掟」　176
厳島神社（廿日市市）　3, 6, 28, 56, 57, 66, 67, 87, 88, 149-155, 159-161, 163, 165, 185
「厳島中掟之事」　176
「厳島野坂文書」　111, 117, 128, 133, 150, 152, 154, 160, 175, 176, 185
一手衆　138, 139
「一遍上人絵伝」　179
「一遍上人年譜略」　155
稲薙　188
井上一族誅伐事件　114
「井上文書」　173
「井原家文書」　109
「今仁家文書」　67
鋳物師　168, 169, 180, 183, 184
伊予西村（庄原市）　13
入江城（安芸高田市）　29
入江庄（静岡市清水区）　200
「石清水八幡宮文書」　38
岩成下村（福山市）　13
石成庄下村（福山市）　164
石見銀山　117, 182
「岩屋寺快円日記」　71
岩屋（祝屋）城（安芸高田市）　46, 86, 204
『陰徳太平記』　98, 198
院（因）島（尾道市）　170, 171
「因島村上文書」　170, 171
『蔭涼軒日録』　39
羽衣石城（鳥取県湯梨浜町）　121
上山郷（世羅町）　65
宇賀嶋（尾道市）　110, 111, 171
内海村（呉市）　20
内部庄（安芸高田市）　47
海裏庄（世羅町）　164
上山村（府中市）　13, 56
「浦家文書」　80, 93
「永享以来御番帳」　16, 18
江田庄（三次市）　65
撰銭令　181
応永の乱　9, 20
応仁・文明の乱　12-37
『応仁記』　16
大朝本庄（北広島町）　6, 201
「大内氏掟書」　181, 185
『大内氏実録土代』　68
生城山城（東広島市）　209, 210
大坂城（大阪市中央区）　142, 143
大田郷（安芸太田町）　101
大田庄（世羅町）　3, 6, 167, 172, 186, 192
「大館常興日記」　81, 94
大津城（滋賀県大津市）　142
大野要害（廿日市市）　68
「小川又三郎氏旧蔵文書」　169
小倉山城（北広島町）　201
御師　151
折敷畑合戦（廿日市市）　107
御嶋廻　153
尾関山城（三次市）　145
尾高城（鳥取県米子市）　119, 121, 133
「小田文書」　191
尾道（尾道市）　164, 167-169, 174, 192
御四人体制　123, 124, 137, 171

か 行

海応寺（北広島町） 223, 224
海賊 111, 170
鏡山城（東広島市） 21, 70, 76
楽音寺（三原市） 158
「楽音寺文書」 158
鍛冶 183
頭崎城（東広島市） 80, 81, 88, 100, 101, 210
柏城（福山市） 15, 66, 156
柏村（福山市） 23
「和長卿記」 60
金山城（広島市安佐南区） 67, 88, 100, 106, 174, 206–208
兼重蔵田検地 140, 158, 190, 193
金丸名（福山市） 13
「兼右卿記」 171
蒲刈島（呉市） 20, 67
上山郷（三原市） 51, 54
神村庄（福山市） 164
神村新庄（福山市） 13
亀居城（大竹市） 145
鴨城（岡山市北区） 132
唐船駄別役銭 165
河岡城（鳥取県米子市） 117
川内警固衆 106, 185
香春岳城（福岡県香春町） 120
「巻子本厳島文書」 151
貫高制 188
苅田松山城（福岡県苅田町） 120
神辺合戦（福山市） 92–94
神辺城（福山市） 91–94, 118, 119, 134, 135, 145, 218–222
冠山城（岡山市北区） 131
「祇園社記」 155
木津川口の戦い 127, 215
『吉川家文書』 29, 34, 36, 51, 58, 77, 79–82, 89, 93, 95, 96, 99–101, 103, 123, 134, 138, 194
木梨庄（尾道市） 18, 41, 168
「木下文郎氏所蔵文書」 169
鬼身城（岡山県総社市） 125, 140, 204
「黄薇古簡集」 109
吉備津神社（福山市） 155–157, 177–179
「吉備津神社尾多賀家文書」 156, 157
「吉備津神社古図」 177
給地総入れ替え 191–193
杭庄（三原市） 186
草津城（広島市西区） 106, 174
草戸千軒町遺跡（福山市） 19
草村（府中市） 56
久島村（廿日市市） 191
「忽那文書」 211
国広山城（三次市） 71
国吉城（手要害）（岡山県高梁市） 125, 126
『熊谷家文書』 81, 106, 107, 116, 118, 120, 132, 205
熊谷党誅伐事件 144–146
熊野要害（熊野町） 69
鞍掛山城（山口県岩国市） 112
来島村上水軍 110
呉（呉市） 20
「黒岡帯刀氏旧蔵文書」 167
『黒田家譜』 198
『黒田家文書』 133
「芸州広嶋城町割之図」 198, 199
『芸藩通志』 159
『芸備郡中士筋者書出』 43
『源氏物語』 161
「建内記」 165
遣明船 167, 170
己斐要害（己斐城）（広島市西区） 56, 57, 106
「康正二年造内裏段銭并国役引付」 15, 19
甲立庄（安芸高田市） 203
上月城（兵庫県佐用町） 128, 129
河戸村（広島市安佐北区） 20
甲山城（庄原市） 218
康暦の政変 9
郡山合戦（安芸高田市） 82–87, 97, 98, 197
郡山城（安芸高田市） 84, 194–198, 222
「郡山籠城日記」 83, 86
石高制 183, 189
国府（八尾山）城（府中市） 92, 218
極楽寺（廿日市市） 159
国料船 164, 167
「小寺文書」 90
「小早川家証文」 19, 20, 22, 28, 31, 33, 34, 36, 41, 44, 45, 49–52, 54, 64, 94
『小早川家文書』 30, 76, 211
五奉行制 113
「後法成寺尚通公記」 60
五品嶽城（庄原市） 145, 219
米山城（東広島市） 68, 69, 208, 209

五龍城（安芸高田市） 45, 49, 85, 135, 140, 203, 204

さ 行

西国寺（尾道市） 167
西条原村（東広島市） 31
「西大寺文書」 155
佐井田城（岡山県真庭市） 132
坂郷（安芸高田市） 173
相方城（福山市） 221
佐方村（廿日市市） 67
『相良家文書』 35
桜尾城（廿日市市） 56, 67, 68, 87, 88, 100, 106, 110, 151, 152, 180, 181
桜山城（福山市） 179
佐陀城（鳥取県米子市） 134
刺鹿城（島根県大田市） 116
猿掛城（岡山県矢掛町） 125, 126
散使 189
塩ヶ坪城（伊勢ヶ坪城）（広島市安佐北区） 205
志川滝山城（福山市） 103
重永本新庄（世羅町） 12
「宍戸家文書」 77, 86
宍戸庄（茨城県笠間市） 203
下地進止権 187
下地中分 186
七将襲撃事件 141
蔀山城（庄原市） 71, 72, 78, 218, 222
信敷庄（庄原市） 3
忍山城（岡山市北区） 130
地毗庄（庄原市） 3, 185, 186, 218
「渋谷文書」 169, 182, 189
下葉崎城（松江市） 122
赤銅 167
「社堂所々棟札扣」 175
「宗賢卿記」 16
『重編応仁記』 23
出頭人 137, 139, 143, 174
成君寺山城（山口県岩国市） 111
「城主三吉家系譜之写」 144, 215
「常徳院殿様江州御動座当在陣衆着到」 19, 24
浄土寺（尾道市） 56, 155, 157, 158, 167
浄土寺梵鐘鋳造事件 168, 169
「浄土寺文書」 56, 155, 157, 158
「証如上人日記」 82
「白井家文書」 69, 75
「白井文書」 82, 107
「白鷺図」（毛利隆元筆） 161
白山城（東広島市） 80, 210
志和地城（三次市） 59
志芳（志和）庄（東広島市） 208
「辛未紀行所収文書」 158
新山城（松江市） 121, 123
清神社（安芸高田市） 161
「杉家文書」 88, 112
杉原（福山市） 13
須佐城（島根県出雲市） 122
須々万沼城（山口県周南市） 112
住吉丸 164, 165
関ヶ原合戦 141-143
関役 165
瀬戸山城（鳥取県飯南市） 89
世能荒山庄（広島市安芸区） 6, 69
千光寺（尾道市） 185
惣国検地 140, 141, 157, 158, 183, 189, 191, 204, 217
惣中 175
「贈村山家返章」 103
杣人 184

た 行

「大願寺文書」 165, 174, 175
大工 183
『大乗院寺社雑事記』 14, 44
「大乗院日記目録」 16
『大日本古文書』 113
高崎城（竹原市） 23
高杉城（三次市） 103
高洲庄（尾道市） 19, 168
高瀬城（島根県出雲市） 122, 123
高松城（岡山市北区） 132, 133
高松城（広島市安佐北区） 62, 205
「多賀谷家文書」 67, 68
高山城（妻高山城）（三原市） 32, 98, 160, 161, 211, 212
高山城合戦（三原市） 32-36
竹原庄（竹原市） 211
「田坂文書」 80
多治比城（安芸高田市） 195
田島（福山市） 164, 170, 171
立花山城（福岡県新宮町・久山町，福岡市東

区） 120
「棚守房顕手日記」 152
「田総家文書」 35, 46, 55, 59, 71, 91
田総庄（庄原市） 13
「玉川文書」 122
俵崎城（三原市） 214, 215
「竹矢家文書」 122
『知新集』 185
茶臼山城（三次市） 71
中興寺（福山市） 156, 157
「中興寺文書」 156, 157
「中書家久公御上京日記」 205, 206, 209
長府勝山城（山口県下関市） 112
「長府毛利文書」 51, 59
都宇竹原庄（竹原市） 6
月次連歌 154, 161
土一揆 23
槌山（明神山）城（東広島市） 101
常山城（岡山市南区・玉野市） 126
「坪内家文書」 216
天満固屋（天満要害）（鳥取県南部町） 119, 134
手要害 →国吉城
「殿中伺候人数記録」 16
伝馬制 165
洞雲寺（廿日市市） 158
「洞雲寺文書」 158
「洞松寺文書」 24
東林坊（広島市東区） 185
富田城（島根県安来市） 58, 89, 118, 121, 122, 201, 203
鳥取城（鳥取市） 121, 130, 131
鞆（鞆浦）（福山市） 19, 126, 145, 164, 170–172, 174, 192
伴城（広島市安佐南区） 88
「鞆幕府」 127
鞆番所 172

な 行

「内藤家文書」 125, 206
長井庄（山形県長井市） 8
「中戸家文書」 156
長野庄（島根県益田市） 34
長野城（三次市） 59
鍋要害（山口県下関市） 112
「楢崎家文書」 118, 125
南山城（三次市） 71
新高山城（雄高山城）（三原市） 32, 211, 213, 214
西浦村（安芸高田市） 190
『蜷川家文書』 36
「二宮家文書」 133, 138
仁保島（広島市南区） 66
温科（広島市東区） 6
沼田庄（三原市） 3, 211
沼田本庄（三原市） 211
能楽 160
能美島（江田島市） 20, 67
「野坂文書」 150
野部新城（岡山県新見市） 72
「乃美文書」 171
「野村家文書」 122

は 行

『萩藩閥閲録』 19, 27, 29, 30, 34, 37, 44, 45, 47, 51, 55, 56, 59, 60, 65–71, 73, 75–80, 83, 86–88, 90, 91, 93, 94, 97, 98, 100, 101, 103, 106–109, 112, 113, 117, 120, 122, 136, 138, 166, 168, 172, 183, 194, 195, 198, 203
旗返城（三若要害）（三次市） 103, 222
「波多野家文書」 107, 111
「八箇国御時代分限帳」 165, 169, 172, 184, 189, 221
ハチが壇城（三次市） 71
八幡山城（三次市） 86
廿日市 166, 180, 181, 184, 192
八鳥城（岡山県新見市） 72
番匠 183
比叡尾山城（三次市） 215–217
「東山殿時代大名外様附」 18, 19, 42
比熊山城（三次市） 217
「備前吉備神社大藤内家文書」 156
「備前吉備津神社文書」 156
櫃田村（三次市） 157
日野本城（鳥取県日南町） 117
日山城（北広島町） 96, 128, 200–203
日幡城（岡山県倉敷市） 131
檜物師 183
『兵庫北関入船納帳』 164
『平賀家文書』 42, 43, 46, 48, 49, 61, 62, 69, 71, 80, 82, 101, 105, 122, 124, 144, 166
「平川家文書」 94

広島城（広島市中区） 145, 173, 174, 192, 198 –200, 224
「広島大学所蔵三上文書」 183
「枇杷に鷹図」（毛利隆元筆） 147, 161
「備後一宮吉備津神社社役祭礼等聞書」 156
備後苧原合戦 23
「深川工家文書」 183
『福原家文書』 26, 28, 94
『福山史料』 55
「房顕覚書」 56, 67, 68, 83, 87, 105, 106, 108, 152
藤掛尾城（廿日市市） 56
藤根城（島根県邑南町） 76
「仏通寺文書」 215
「仏通禅師住持記」 211
船岡山合戦（京都市北区） 19, 52, 53, 55, 57, 60
船管弦 153
「船越家文書」 107
「譜録」 69, 71, 88, 91, 92, 105, 107, 130, 136, 173, 195, 214
「文安年中御番帳」 16, 18
「碧山日録」 23
防芸引分 106, 115, 180, 206, 210, 215, 219
防長減封 143, 192, 200, 204, 205, 210, 218
防長侵攻 111–113
『防長風土注進案』 107
細沢山合戦 70, 71, 73

ま 行

馬木合戦（神石高原町） 28, 29
『益田家文書』 30, 34, 51, 69, 111
町村（広島市阿佐北区） 6
松尾城（松尾要害）（安芸高田市） 60, 75
「真継文書」 169, 183
「松本快蔵氏旧蔵文書」 215
松山城（岡山県高梁市） 125, 126
丸山城（島根県川本町） 209
満願寺城（松江市） 122
『満済准后日記』 170
万徳院（北広島町） 162, 163
三入庄（広島市安佐北区） 3, 6
『三浦家文書』 17, 19, 23
「三上家文書」 171, 172
三木城（兵庫県三木市） 128
右田ヶ岳城（山口県防府市） 112
「右田毛利家文書」 52, 63, 68, 69, 71, 82, 88, 99, 100, 106, 108, 208, 209
「御郷家文書」 112
三沢郷（島根県奥出雲町） 58
御薗宇城（東広島市） 210
御調八幡宮（三原市） 155, 157, 158
「御調八幡宮文書」 158
三庄（尾道市） 164
三原（三原市） 164
三原城（三原市） 145, 214
「壬生家文書」 47
壬生城（北広島町） 57, 82
宮尾城（廿日市市） 109, 152
宮路山城（岡山市北区） 131
宮庄（北広島町） 61
「三吉文書」 189
村請制 191, 193
「室町家御内書案」 51
明応の政変 38, 42–44, 46, 72
明徳の乱 9
「毛利家文庫」 157, 198
『毛利家文書』 24, 28, 30, 31, 35, 43, 45–49, 55–57, 75–77, 79, 81–83, 87, 90, 94, 101, 103–105, 110, 111, 113–115, 117, 123, 124, 126, 131, 134, 142, 161, 194, 195, 197
毛利庄（神奈川県厚木市） 8
「毛利元就御座備図」 1
「毛利元就外十一名連署契状」（安芸国衆傘連判） 113, 115
目代 167
門司城（北九州市門司区） 120
元吉城（香川県） 127
森山城（松江市） 122
「森脇覚書」 119

や 行

八木（広島市阿佐南区） 6
「安富勘解由左衛門尉筆記」 55
楊井庄（山口県柳井市） 75
『山内家文書』 17, 28, 35, 37, 40, 42, 43, 64, 71, 78, 79, 89, 101, 104, 106, 113, 118, 125, 135, 184
『山科家礼記』 17
山田郷（福山市） 170
山手銀山城（福山市） 19, 91
「山名家譜」 55, 91
山名郷（群馬県高崎市） 8
「山野井文書」 67, 112

山吹城（島根県大田市） 116, 117
「湯浅家文書」 71, 93, 103, 104, 122, 126, 129, 132-134
杠城（岡山県新見市） 125
「横山文書」 117
吉茂庄（安芸高田市） 29
吉田庄（安芸高田市） 6
吉田宮崎八幡宮（安芸高田市） 160
四畝城（岡山県高梁市・真庭市） 130
寄国固屋（三次市） 103

ら 行

両川 123
「冷泉家文書」 69
蓮華寺山城（山口県岩国市） 111

わ 行

「若狭守護代記」 57
若山城（山口県周南市） 112
和田固屋（北広島町） 222
「渡辺先祖覚書」 19, 23
和智兄弟殺害事件 118, 153
藁江庄（福山市） 13, 38, 164

《著者紹介》

光成準治（みつなり・じゅんじ）

1963年　大阪府生まれ・広島県育ち。
九州大学大学院比較社会文化学府博士課程修了。博士（比較社会文化）。

現　在　九州大学大学院比較社会文化研究院特別研究者（日本中・近世移行期史）。

著　書　『中・近世移行期大名領国の研究』校倉書房、2007年。

『関ヶ原前夜——西軍大名たちの戦い』NHKブックス、2009年／角川ソフィア文庫、2018年。

『毛利輝元——西国の儀任せ置かるの由候』ミネルヴァ書房、2016年。

『九州の関ヶ原（シリーズ・実像に迫る18）』戎光祥出版、2019年。

『小早川隆景・秀秋——消え候わんとて，光増すと申す』ミネルヴァ書房、2019年。

『本能寺前夜——西国をめぐる攻防』角川選書、2020年。

『天下人の誕生と戦国の終焉（列島の戦国史９）』吉川弘文館、2020年。

『毛利氏の御家騒動——折れた三本の矢』平凡社、2022年、ほか。

歴史ビブリオ

戦国時代の地域史③

安芸・備後の戦国史
——境目地域の争乱と毛利氏の台頭

2025年１月10日　初版第１刷発行

著　者　光成準治

発行者　畑　　光

発行所　株式会社 法律文化社

〒603-8053
京都市北区上賀茂岩ヶ垣内町71
電話 075(791)7131　FAX 075(721)8400
https://www.hou-bun.com/

印刷：共同印刷工業㈱／製本：㈱吉田三誠堂製作所
装幀：白沢　正

ISBN978-4-589-04360-3

「歴墾ビブリオ」発刊に際して

法律文化社は、1946年の創業以来、法律や政治など社会科学分野の学術書を刊行してきました。このたび、その経験と蓄積を生かし、日本史の編集部門「歴墾舎（れきこんしゃ）」を発足させ、「歴墾ビブリオ」というレーベルで本づくりを始めます。

明治期に始まった実証主義を基盤とする歴史学は、約150年間にわたり膨大な成果を積み上げてきました。史実は絶えず更新され、私たちの歴史観に少なからぬ影響を与えてきました。先人たちの営みを知ることで自らのルーツや地域のアイデンティティを知り、果てしない歴史探索の世界に多くの人々は夢中になっています。そうした熱い思いに応えるため、良質な歴史書は今後さらに求められるでしょう。

歴墾舎は、歴史の大地を切り拓き、沃野を耕しつつ新たな題材を発掘し、論点を社会に提示することを目的として出版活動を行ってまいります。さらには、多くの読者が広大な歴史の時空を行き交う旅の一助となることを願っています。

2024年５月

法律文化社 歴墾舎